"十三五"跨境电商实战型人才培养精品规划教材
职业教育改革与创新成果

跨境电商理论与实务

Cross - border E - commerce Theory and Practice

主编 陈江生

中国商业出版社

图书在版编目(CIP)数据

跨境电商理论与实务/ 陈江生主编. — 北京:中国商业出版社, 2017.2

ISBN 978-7-5044-9313-2

Ⅰ. ①跨… Ⅱ. ①陈… Ⅲ. ①电子商务-教材 Ⅳ. ①F713.36

中国版本图书馆 CIP 数据核字(2016)第 026208 号

责任编辑:蔡凯

中国商业出版社出版发行
010-63180647 www.c-cbook.com
(100053 北京广安门内报国寺 1 号)
新华书店经销
北京市书林印刷有限公司印刷

* * * * *

787×1092 毫米 16 开 16.5 印张 390 千字
2017 年 2 月第 1 版 2017 年 2 月第 2 次印刷

定价:39.80 元

* * * *

全国跨境电商实战型人才培养精品系列教材
编委会

内容简介

本书以跨境电商典型工作岗位为基准,贯穿跨境电商实战型人才培养过程进行设计编写。第一章:跨境电商认知篇,主要内容有跨境电商发展趋势和传统外贸产业链。第二章:跨境电商基础知识篇,主要分析了跨境电商的新概念和运营流程。第三章:跨境电商 B2B 经营篇,主要讲述 B2B 营销方式的发展变化。第四章:跨境电商网店菜鸟篇,主要内容有卖家销售模式的介绍和店铺注册及取名技巧。第五章:跨境电商网店经营篇,主要内容有店铺的定位及定价和产品货源。第六章:跨境电商网店店长篇,主要讲述了客户管理和数据分析。第七章:跨境电商风险与防范篇,主要讲述了关于跨境电商的相关风险以及相关的知识产权和法务。

本书是"职业教育改革与创新成果"之一,适合于高等职业院校、应用型本科、成人院校商贸、电子商务专业或商务英语专业、国际贸易与实务等相关专业的跨境电商基础教材,也作为自学参考书及培训教材。

前　言

《跨境电商理论与实务》以跨境电商典型工作岗位为基准，深入浅出，通过介绍跨境电商基本概念及实战操作技巧，附以典型的有参考价值的跨境电商实战案例，使学生掌握跨境电商的基本概念、基础知识和基本实战操作技巧，提高学生对跨境电商运营操作的分析、判断、决策和实战能力。为此，本书以跨境电商实战操作为主线进行编写。

本书共分七个学习篇章，本书以“校企结合一体化”、“典型工作任务为驱动”为指导思想，符合目前职业教育改革的趋势与方向和跨境电商人才岗位需求。本书可操作性强，有较强的实用价值，紧跟时代的发展和跨境电商技术的更新，力求将知识学习与工作岗位无缝对接，同时本书设置了很多生动活泼的特色模块，包括知识要点、核心概念、情境导入、小贴士、知识链接、知识总结、知识检测和拓展阅读等，增强本书的可读性和趣味性。

本书的编写得到商务部中国国际贸易学会、广东省跨境电子商务协会、海贸会、香港跨境电子商务协会、深圳跨境电子商务协会、阿里巴巴、速卖通、敦煌网、亚马逊、Ebay、Wish 等商协会和平台运营的大力支持，提供大量一手素材和开放账号实战演练，同时在全国率先专注于跨境电商实战型人才培养的高等院校潮汕职业技术学院跨境电商实战学院进行历时两年多的公司化运营实战检验和大胆探索，不断修正和丰富本书的体例和素材，在此一并致谢！

国家对跨境电商带动传统外贸企业转型的支持政策是空前的，力度之大，速度之快，是以往任何行业无法比拟的。跨境电商的发展，重要的核心是人才的发展，我们期待本书的面世能实实在在为中国跨境电商实战型人才的培养贡献微薄之力。

编　者

2017 年 2 月

目　录

学习模块一　认知篇

学习模块二　知识篇

学习模块三　经营实战篇

学习模块四　技能提升篇

学习模块五　风险防范篇

学习模块一　认知篇

第一章　跨境电商认知篇

【知识要点】

1. 掌握跨境电商的概念、模式及职业技能；
2. 了解跨境电商的兴起、发展与趋势；
3. 明确跨境电商和传统外贸的区别和特征；
4. 熟悉跨境电商进出口贸易模式及发展趋势。

【核心概念】

1. 跨境电商是依靠“互联网+第三方跨境电商平台”所进行的国际进出口贸易活动，其中包括跨境B2B进出口电商、跨境B2C进出口电商等多种跨境贸易模式。

2. 跨境电商改变了传统外贸的思维方式以及贸易方式，贸易方式从线下转到线上，减少了贸易的供应链，降低了企业及工厂的贸易成本。

【情境导入】

两会政府工作报告：实施鼓励进口政策，扩大跨境电商试点

2014年3月5日讯，在十二届全国人大二次会议开幕会上，国务院的报告中表示要实施鼓励进口政策，增加国内短缺产品进口，扩大跨境电商试点。

报告中多次强调电子商务，分别提出了要“鼓励电子商务创新发展”、要“加快电子商务等新议题谈判”等，并将跨境电商单独强调，表示要“鼓励进口政策，增加国内短缺产品进口，扩大跨境电商试点”。

国家从2013年七月份开始多次提出关于跨境电商的利好政策。包括：2013年7月底的“外贸国六条”；2013年8月初国务院的《促进信息消费扩大内需的若干意见》；2013年8月底国务院的《实施支持跨境电商零售出口的通知》；2013年9月底启动第二批国家跨境电商示范城市创建工作；2013年11月底商务部的《关于促进跨境电商应用的实施意见》；以及2014年1月份发布的《关于跨境电商零售出口税收政策的通知》等。

目前，除了第一批跨境电商试点城市上海、重庆、杭州、宁波、郑州5个城市之外，广州、深圳前海以及青岛也相继获批了跨境电商试点城市。

中国电子商务研究中心高级研究员张周平此前对本社表示，2014年国家关于跨境电商的一系列措施将会逐步落地，今年会有更多条件合适的城市申请跨境电商试点。

在第二届中国跨境电商年会上获悉，商务部近日正在评定第二批跨境电商示范城市，目前全国已有40多个城市报名，预计第二批示范城市评定后，全国预计达30家左右。2014年政府部门在跨境电商的服务监管上会加快完善法律法规，人大已经把跨境电商法列入了立法计划。

【思考】

1. 国务院发布的利好政策给跨境电商带来什么影响?
2. 国务院为什么要大力支持进口电商?
3. 跨境电商试点城市应该如何全面配合跨境电商发展?

一、跨境电商概念与发展趋势

(一)跨境电商概念

跨境电商可以分为广义和狭义:

从狭义上看，跨境电商实际上基本等同于跨境零售。跨境零售指的是分属于不同关境的交易主体，借助计算机网络达成交易、进行支付结算，并采用快件、小包等行邮的方式通过跨境物流将商品送达消费者手中的交易过程。跨境电商在国际上流行的说法叫 Cross – border E – commerce，其实指的都是跨境零售，通常跨境电商从海关来说等同于在网上进行小包的买卖，基本上针对消费者。从严格意义上说，随着跨境电商的发展，跨境零售消费者中也会含有一部分碎片化小额买卖的B类商家用户，但现实中这类小B商家和C类个人消费者很难区分，也很难界定小B商家和C类个人消费者之间的严格界限，所以，从总体来讲，这部分针对小B的销售也归属于跨境零售部分。

从广义上看，跨境电商基本等同于外贸电商，但分属不同关境的交易主体，通过电子商务的手段将传统进出口贸易中的展示、洽谈和成交环节电子化，并通过跨境物流送达商品、完成交易的一种国际商业活动。

从更广义上看，跨境电商指电子商务在进出口贸易中的应用，是传统国际贸易商务流程的电子化、数字化和网络化。它涉及许多方面的活动，包括货物的电子贸易、在线数据传递、电子资金划拨、电子货运单证等内容。从这个意义上看，在国际贸易环节中只要涉及到电子商务应用都可以纳入这个统计范畴内。

本教材中跨境电商是指广义的跨境电商，主要指跨境电子商务中商品交易部分(不含跨境电商服务部分)，不仅包含跨境电商交易中的跨境零售，还包括跨境电商 B2B 部分，不仅包括跨境电商 B2B 中通过跨境交易平台实现线上成交的部分，还包括跨境电商 B2B 中通过互联网渠道线上进行交易撮合线下实现成交的部分。

（二）中国跨境电商的兴起

由于市场的开放性和全球性，以及电子商务的迅猛发展和互联网全球普及，利用互联网进行国际贸易早已兴起。在“互联网 +”的时代，将跨境电商推向风口浪尖上，作为极具前景性的一种商业模式，在刚开始发展的时候，就有业内名人打趣说：“就是猪，站在这个风口也能飞起来。”

几年前，因购买渠道的局限性，进口商品对大多数国内消费者来说，还是挺无法触摸的事；而近年来的传统海淘、代购模式，通过国际直邮、转运公司、人肉快递等方式送达国内顾客手中，不仅运输时间长，各种通关手续费多，而且商品质量也无法得到保证；如今在跨境电商的强劲发展下，改善了上述的种种弊端，以消费者为主导的跨境电商重点发展了以下四大优势，真正做到让海外商品送到家门口：

优势	概述
产品类目丰富	跨境电商的快速发展，让海外商品更简单地进入我们的生活，且类目丰富、多元化，能够解决国内买不到、价格高、质量不过关等问题，让消费者足不过户，只要动动手指在跨境电商平台上下单，就能买到海外正品。
保证海外正品	跨境电商平台上的商品，是通过国家规定的途径进口的，每批货物均有正规的海外采购凭证和海关专业抽检，并附带品质检验证书，保证消费者购买的商品是 100% 海外正品，这从根源上杜绝在传统海淘、代购中商品被掉包或破损等情况发生。
物流快速便捷	国家对跨境电商进口业务采用了“集中报关、简化手续”的模式，进口商品从进口那一刻就集中在保税仓，保税仓系统平台协同海关、商检等部门提前对商品进行检查和商检，全程绝不卡关、绝无额外征税，相比海淘、代购到货速度提升了 4 – 27 天。
价格更加便宜	跨境电商模式大幅度降低了跨国运输的物流成本，改善了本地化配送速度，大大提高了通关效率和降低了销售成本；相对于传统海淘，通过跨境电商购买的海外产品在价格上至少减低 20%，运输成本降低 80%，大幅度的降低了进口商品价格，自然受到消费者欢迎。

同时，中国是全球最大的生产、制造基地，而且中小型企业是中国制造中最重要的组成部分；但是传统外贸的模式约束了国内中小型企业的发展，太过依赖传统销售，导致买家需求封闭、订单周期长、汇率风险高、利润空间低等问题长期存在。相应地，对跨境电商一直保持积极推动发展的国家决策部门，也颁布了相关意见政策为跨境电商的发展保驾护航。在“十二五”期间，跨境电商产业被列入到战略性新兴产业的重要组成部分，跨境电商将是下一阶段信息化建设的重心，中小型企业的发展问题也得到了更多的关注，商务部、财政部、国税总局先后发布外贸“国六条”，同期又联合海关总署等九个部门发布《关于实施支持跨境电子商务零售出口有关政策的意见》，正式提出支持跨境电子商务零售出口发展，率先开通宁波、上海、重庆、杭州、郑州、广州 6 个跨境电商贸易试点，且试点范围在不断加大，这标志着我国跨境电商发展进入新阶段。总的来说，以草根创业和价格战为特色的第一波跨境电商已经过去，接下来将迎来第二波跨境电商热潮，那就是传统企业和品牌商的觉醒和爆发。

跨境电商在“互联网 + 外贸”这种大背景和国家政策的扶持下，顺应了中国企业应走出国门，将中国制造引至中国创造，这意味着跨境电商将从试点走向推广，由国家领导和开拓的一片新蓝海的大势汹涌袭来。

(三)世界跨境电商发展状况

从最早的电子商务国际贸易到现在的跨境电商我们可以对外的互联网商业模式共经历了三个阶段，实现从信息服务，到在线交易、全产业链服务的跨境电商产业转型。

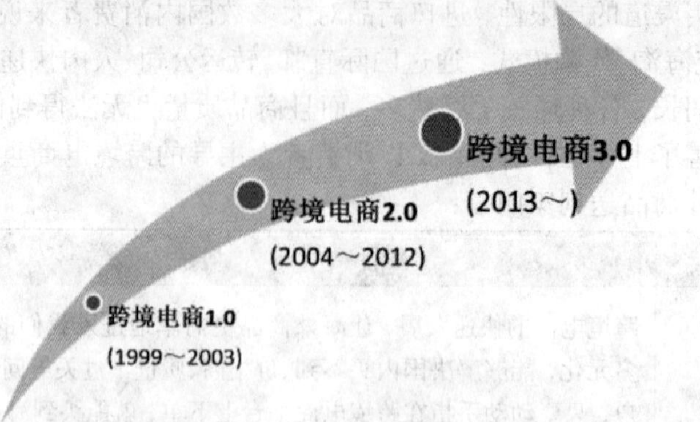

跨境电商1.0**阶段**(1999～2003)主要商业模式是网上展示、线下交易的外贸信息服务模式。第三方平台主要的功能是为企业信息以及产品提供网络展示平台，并不在网络上涉及任何交易环节。

跨境电商2.0**阶段**(2004～2012)随着跨境电商第三方平台和垂直官网的上线，跨境电商2.0阶段来临。这个阶段，跨境电商平台开始摆脱纯信息黄页的展示行为，将线下交易、支付、物流等流程实现电子化，逐步实现在线交易平台。

跨境电商3.0**阶段**(2013～)2013年成为跨境电商重要转型年，跨境电商全产业链都出现了商业模式的变化。随着跨境电商的转型，跨境电商3.0"大时代"随之到来。首先，跨境电商3.0具有大型工厂上线、B类买家成规模、中大额订单比例提升、大型服务商加入和移动用户量爆发五方面特征。对于3.0阶段的主要卖家群体正处于从传统外贸业务向跨境电商业务艰难转型期，生产模式由大生产线向柔性制造转变，对代运营和产业链配套服务需求较高。另一方面，3.0阶段的主要平台模式也由C2C、B2C向B2B、M2B模式转变，批发商买家的中大额交易成为平台主要订单。

各国跨境电商都呈现快速增长态，这相当于各国线下市场不景气，线下交易开始饱和，而跨境电商全球市场争夺格局初定，进入精细化运营阶段。中国和欧美等各国零售商、批发商为了谋生存、求发展，纷纷开始越界之旅。

1. 规模最大的欧洲市场

欧洲跨境电商市场可以分为北部成熟的市场、南部增长迅速的市场和东部新兴市场。一旦资金和物流体系有所改善，东欧将会有很大改变。仅以俄罗斯来说，该国共有6000万互联网用户、1500万在线购物用户和很高的移动设备渗透率，跨境电商发展环境较好。虽俄罗斯较低的信用卡渗透率以及落后的物流服务等，导致了俄罗斯的跨境电商仍停留在现金交易阶段；尽管如此，俄罗斯的在线零售市场仍然呈现快速增长趋势，有望在近两年达到160亿美元，无疑是各国跨境电商力争的一个潜力市场。

2. 最受欢迎的北美市场

全球约37%的跨境电商买家集中在北美，目前，有88%以上的美国网民都在网购，并且这一数字还在上升。北美的南部和加勒比海地区的跨境电商发展势头迅猛，这些地区对于美国和加拿大来说都是潜在客户，但目前来看，欧洲的电子商务发展得更加迅速。美国在线零售商期望在 2015 年达到 2790 亿美元的营业额，占全球总量的 15%，然而，美元的贬值也吸引了更多欧洲、加拿大和亚洲的在线购买者。

3. 发展最快的亚洲市场

亚洲各国、各地区之间都有着很强的关联，排名前三的跨境电商地区分别是：中国香港、中国大陆、日本。在亚洲在线销售统计中，日本和韩国独树一帜，25% 的韩国人和 18% 的日本网购者都会海淘。

2015 年是中国跨境电商的转折年，第一阶段以草根创业和价格战为特色的跨境电商已经过去，接下来将迎来第二阶段的跨境电商热潮，即以传统外贸为主的企业和外贸工厂的觉醒和爆发，这也是响应中国制造走出国门的发展大趋势。

除了增长的财富和繁荣的中产阶级，互联网的普及是跨境电商的重要部分，没有互联网的普及跨境电商就不可能快速发展。在网民增长率排名中，中国和印度分列第一和第二位。

目前，印度互联网的渗透率正在急速上升，跨境电商机会巨大。随着 3G 和 4G 技术的应用，印度政府计划在两年内为每个村庄都铺设高速宽带；如果印度政府采取正确的措施，并且公司都能认真投入跨境电商，那么印度的跨境电商交易额有望在 2024 年达到 2600 亿美元。

（四）跨境电商的发展趋势和格局探析

关于跨境电商，我们会更注重地谈到出口电商，忽略了进口电商，然而对于一个国家来说，进口电商和出口电商一样重要，并且它们的差别还是很大的。就中国来而言，出口电商主要是指将“中国制造”推向全球国家，而进口电商是引进国外品牌来开拓中国这个庞大的市场。所以，进出口电商是跨境电商的两个方面，要正确理解跨境电商发展趋势，必须同时通过这两个方面来了解。

1. 出口电商

在短短两三年间，跨境电商发生了显著而深刻的变化，这种快速的发展无疑对任何人充满了诱惑，然而这一切发展更多的是基于出口电商的发展。出口电商主要几个关键点在于跨境电商平台、支付系统、物流体系、仓储管理、海关政策等。

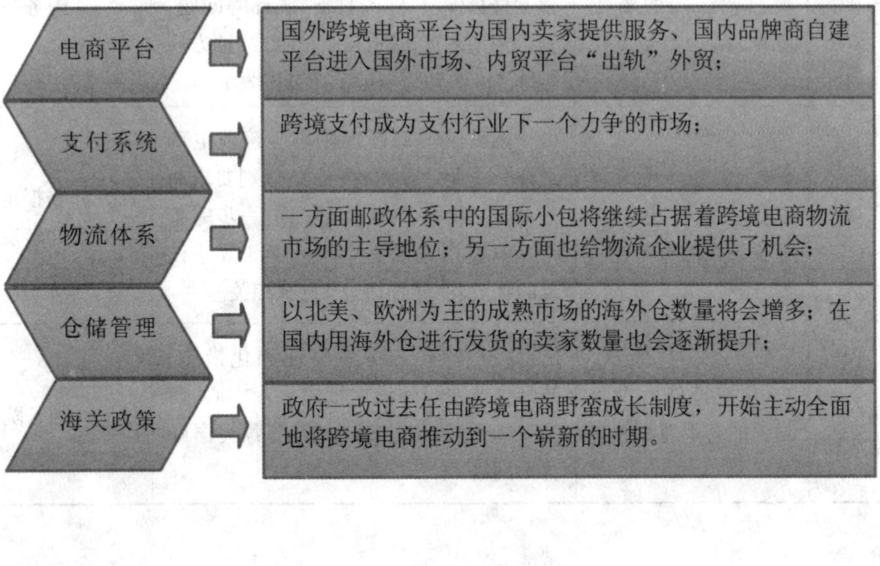

2. 进口电商

长期以来，进口电商一直由国外品牌商及企业强势入驻为主导，但是在跨境电商兴起的时候，一向平静不为人熟悉的进口海淘一下子也跟着热闹起来，进口电商则开始由国内直销和海外代购一并推动发展起来。未来进口电商主要以这三种方式进行：

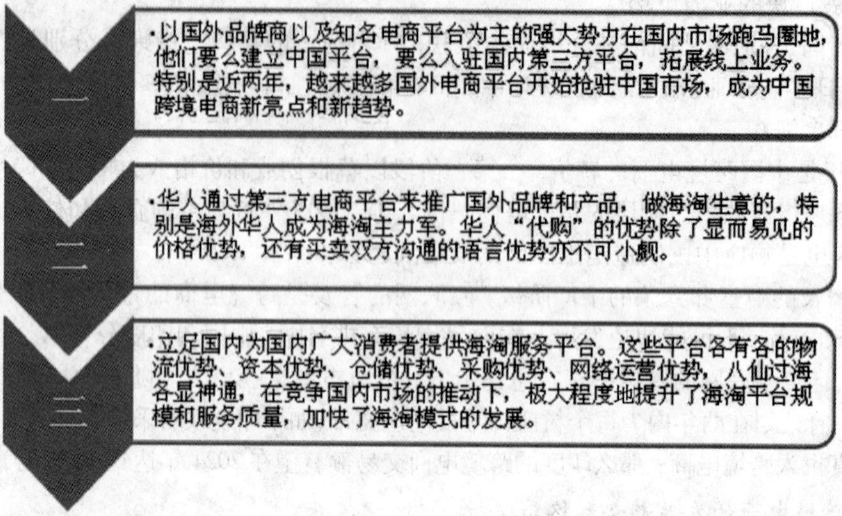

(五)跨境电商政策解读

近年来国家非常重视对外贸易的发展，跨境电商因承载着中国传统外贸转型升级的使命，得到了国家的大力推动，几乎每年发文指示。自 2013 年起，在国务院下发的促进对外贸易稳定发展的相关文件中，均涉及跨境电商，即跨境电商已经开始作为一个常态事项列入国务院对国际贸易的例行指导文件中。

跨境电商政策见下表：

发布时间	法律法规	主要内容	发文单位
2013.07	《关于促进进出口稳增长调结构的若干意见》	积极研究以跨境电子商务方式出口货物(B2C、B2B 等方式)所遇到的海关监管、退税、检验、外汇收支、统计等问题，完善相关政策，抓紧在有条件的地方现行试点，推动跨境电子商务的发展。	国务院
2013.08	《关于实施支持跨境电子商务零售出口有关政策的意见》	指导意见第 1/2 条旨在培养跨境电商平台和企业，第 3/4/5/6 条分别要求海关、商检、税务、外汇等部门进一步完善跨境电商相关政策、制度，第 1/8 条谈及的物流均与“海外仓”息息相关。	由九部委拟定，国务院办公厅转发
2014.05	《关于支持外贸稳定增长的若干意见》	出台跨境电子商务贸易便利化措施。鼓励企业在海外设立批发展示中心、商品市场、专卖店、“海外仓”等各类国际营销网络。	国务院

续表

2014.10	《关于加强进口的若干意见》	抓紧总结试点经验，按照公平竞争原则，加快出台支持跨境电子商务发展的指导意见。	国务院
2015.04	《国务院关于改进口岸工作支持外贸发展的若干意见》	支持跨境电子商务综合试验区建设，建立和完善跨境电子商务通关管理系统和质量安全监管系统，为大众创业、万众创新提供更为宽松、便捷的发展环境，取得经验后，逐步扩大综合试点范围。加快出台促进跨境电子商务健康快速发展的指导意见，支持企业运用跨境电子商务开拓国际市场，按照公平竞争原则开展并扩大跨境电子商务进口业务	国务院
2015.05	《关于加快培育外贸竞争新优势的若干意见》	大力推动跨境电子商务发展，积极开展跨境电子商务综合改革试点工作，抓紧研究制订促进跨境电子商务发展的指导意见。培育一批跨境电子商务平台和企业，大力支持企业运用跨境电子商务开拓国际市场。鼓励跨境电子商务企业通过规范的“海外仓”等模式，融入境外零售体系。	国务院
2015.06	《关于促进跨境电子商务健康快速发展的指导意见》	这份文件是目前国务院唯一的一份专门针对跨境电商的指导意见文件，从多个方面列明了对跨境电商的政策支持。	国务院

在国务院下发的相关文件中，主要有三个方面，一是要求海关、商检、税务、外汇等部门分别进一步完善关于跨境电商的相关政策、制度，具体到各个地方监管单位，还需要制定相应的管理办法、实施流程。在完成这一系列政策与制度时，对跨境电商影响最大的是设立综合保税区，在综合保税内，国外货物入区保税、货物出区进入国内销售按货物进口的有关规定办理报关，并按货物实际状态征税、国内货物入区视同出口，实行退税、区内企业之间的货物交易不征增值税和消费税；二是支持“海外仓”。对于企业来说，海外仓能很好的改善客户的物流体验，进而提升效益；对于国家来说，海外仓更多的是一种战略布局，将跨境电商渗入到当地，形成一定的 FDI(外国直接投资)规模，做到真正的“走出去”。三是培育跨境电子商务平台和企业。跨境电商平台和企业包括三类：第三方平台、独立网站、平台卖家。这三类都是跨境电商行业的主体，他们通过跨境电商积极地为中国商品开拓国际市场。

总而言之，在国务院提及跨境电商的相关文件中，都是在强调以上三点内容：完善政策和制度、支持“海外仓”、培育跨境电子商务平台和企业。足以见得，跨境电商已经成为国务院的“重点关注对象”。我们相信，在国家的推动下，跨境电商必然能够支撑起传统外贸的转型，并引领跨境电商走向全球。

知识链接

行业主管部门

跨境电子商务行业的行政管理部门主要包括工信部、商务部、工商总局、海关总署及相应的地方各级管理机构。

(1)工信部负责统筹推进国家信息化工作，组织制定相关政策，促进电信、广播电视和计算机网络融合;统筹规划公用通信网、互联网、专用通信网，依法监督管理电信与信息服务市场，会同有关部门制定电信业务资费政策和标准并监督实施，负责通信资源的分配管理及国际协调，推进电信普遍服务，保障重要通信。

(2)商务部负责推进流通产业结构调整，指导流通企业改革、商贸服务业和社区商业发展，推动流通标准化和连锁经营、商业特许经营、物流配送、电子商务等现代流通方式的发展;拟订规范市场运行、流通秩序的政策，按有关规定对特殊流通行业进行监督管理。

(3)工商总局负责指导广告业发展，负责广告活动的监督管理，以及负责监督管理市场交易行为和网络商品交易及有关服务的行为。

(4)海关总署负责监管进出境运输工具、货物、物品;征收关税和其他税、费;查缉走私;编制海关统计和办理其他海关业务。

(5)国家质检总局负责出入境商品检验、出入境卫生检疫、出入境动植物检疫、进出口食品安全和认证认可、标准化等工作。

二、跨境电商重构传统外贸产业链

(一)跨境电商转变传统外贸思维

跨境电商 B2B 与传统外贸 B2B 最密切的关系是同属外贸 B2B 行业，在 2003 年之前，大多数从事外贸的工厂都是以传统 B2B 形式进行代工或者批发，但是传统 B2B 模式存在过度依赖传统销售、买家需求封闭、订单周期长、利润空间低等问题，这些问题更是制约着中小企业进出口贸易的发展，并且外贸流程复杂，手续繁琐;直到 2007 年，eBay 开始实行国际化战略，将跨境电商推向全球，与此同时，在我国跨境电商市场也呈现出繁荣发展的良好势头，社会消费品零售总额保持在每月近 20% 的持续增长，并且国家出台的一系列扩大内需、扶持中小企业成长的利好政策，成为外贸市场的强大推动力，在这高增长高利润的诱惑下，许多“外贸型“企业调整发展重心，转向跨境电商市场发展，将产品摆上 B2B 跨境电商平台上，实行工厂直销，将品牌国际化，因此，外贸企业与工厂由传统外贸向跨境电商转型的趋势开始形成。那么，跨境电商相对于传统外贸有哪些特性呢?

1. 交易范围的全球性

跨境电商化解了传统外贸所具有的地理因素限制，实现了无国界贸易，使得工厂与企业直接面对全球消费者。

2. 信息交流的即时性

在跨境电商平台中，贸易双方可以即时进行信息交流，无论实际距离远近，一方发送信息与另一方接受信息几乎是同时的，下单、付款都在瞬间完成。

3. 贸易渠道的便捷性

传统外贸模式，中国商品到海外消费者手上，至少要跨越 5 个渠道:国内工厂 → 国内贸

易商 → 目的国进口商 → 目的国分销商 → 目的国零售商。通过跨境电商平台，供应链大幅缩短，省去了传统外贸的很多中间环节，降低了从事外贸行业的门槛，使得国际贸易变得简化、透明，同时节约了交易成本，缩短了运营周期，为广大中小企业提供了直接面向国外买家的营销渠道。

（二）跨境电商重构传统外贸产业链

1. 产业链

（1）传统外贸：

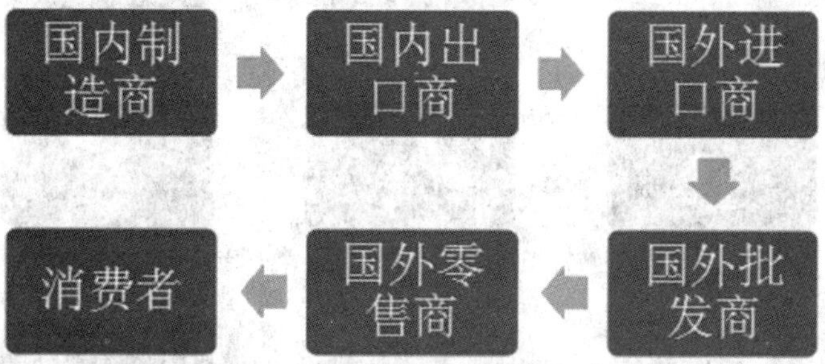

（2）跨境 B2C 电商：

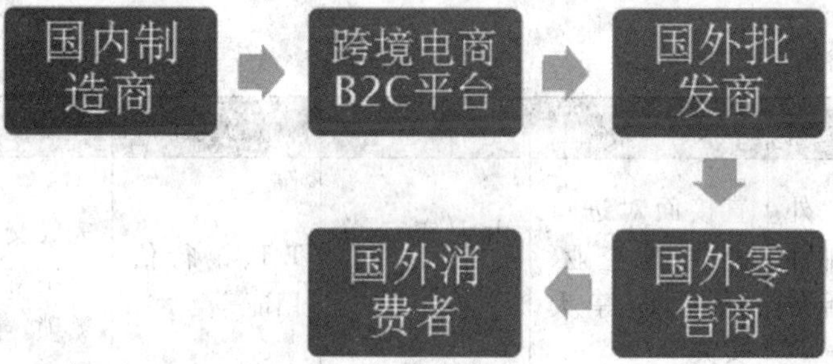

(3)跨境 B2B 电商：

2. 贸易方式：

模式	获取客户方式	客户群体	订单频率	付款方式	交易
传统外贸	参加展会、外贸黄页、邮件营销电话营销等	直接面对进口商、当地企业、批发商等大买家	由大宗订单主导，出单率低	T/T、银行信用证等	完成交易时间三至六个月不等，交易期间手续繁琐。
跨境电商	上传产品、站内推广、站外推广等引流方式	间接面对全站消费者、批发商、零售商等小买家	以中小宗订单为主，出单频繁	平台支付、PayPal 等	即时付款，即时交易，完成交易时间 15 - 60 天不等，通过物流通关出口，方式简单。

通过对比，我们可以看出跨境电商的多元化运营模式缩短对外贸易中间环节，提升进出口贸易效率，对国外渠道如进口商、批发商、分销商甚至零售商的垄断，使得企业可以直接面对个体批发商、零售商，甚至是消费者，有效减少了贸易中间环节，节省中间环节成本和商品流转成本，所有外贸订单由大变小，订单周期由长变短，出单频率由缓变急，为企业获利能力提升及消费者获得实惠提供了可能；在当前复杂严峻的外贸形势下，传统的外贸模式已经制约着中小企业进出口贸易的发展，而跨境电商作为基于互联网的运营模式，正在重塑中小企业国际贸易链条。

(三)传统外贸企业如何转型做跨境电商

跨境电商和传统外贸相比，在交易方式上有一定的区别，跨境电商的特点是交易频繁、产品数量少、交货时间短，而传统外贸更多的是接收 OEM 代工订单或出口自主产品，这些订单的特点是交货货期长、产品数量多和金额大。

传统外贸企业（尤其是制造业）往往有较强的产品研发能力，但是对产品给客户带来体验的感知，却不如零售渠道。因此，要立足于自己的产品或者自己所在行业的产品来打开跨境电商市场的企业，在保证产品质量的前提下，一定要在产品调研上下工夫；产品调研的内容包括产品性能、竞争品情况、主要目标市场、国内外竞争对手情况、客户的产品使用体验、同类产品短板、同类产品卖点等。所以从事跨境电商的传统企业，除了可以借助自己强大的产品研发能力，还可以从零售渠道的客户反馈和海量的互联网信息中获得改进产品的信息。

传统外贸企业在跨境电商平台的定位应该选择做大杂烩的大卖场还是只做单一类别的专营店？事实上，这个问题没有绝对答案。主流的观点认为，固定了自己销售产品的类别，就等于限制了销售规模，因为单个类目的市场总是比所有类目的市场小很多，所以这又是很多采销型卖家不断扩充类目的动力。想进军跨境电商的传统企业分两类：第一类是有多年各种产品 OEM/ODM 经验的工厂；第二类是从事传统 B2B 外贸的外贸企业；事实上，这两类企业在多年的制造或者外贸经验中已经累积了很多的“大数据”，比如，某个产品以何种标准出口、主要市场是哪个国家等等，这些对于从事跨境电商时目标市场的选择有着非常重要的参考价值。

在产品类目的选择上，上述第一类传统企业，产品和供应链资源最强，但是产品数量可能制约跨境电商规模的增长，在这种情况下，可以选择供应链上下游企业的产品进行整合。选择产品其实是检视自身资源的过程，只要手上有过硬的产品，在不盲目扩张类目的前提下，进行一定的整合也是一个不错的方式。那么传统外贸企业在确定跨境电商平台的定位时应做好以下三点：

1. 抓准细分类目

对于卖家来说，不断增加产品类目的理由在于产品销售平台的多元化，在平台上的店铺除非在客户维护和店铺标识上做了足够多的文章，否则都会对类目扩充蠢蠢欲动。因此，选择大卖场还是专营店？这是个在采销型卖家身上没有答案的问题，但是传统外贸企业在切入跨境电商初期，必须选择垂直类目，相比因为增加产品类目而带来销售额大幅增长的诱惑，垂直类目有更低的运营、客服、产品、库存、供应商维护一系列成本，是传统外贸企业的一大优势。

2. 细分目标市场

这一点理解起来其实更容易，即使是一模一样的产品，也会由于不同的国情而导致不同的产品使用习惯和使用体验。一句话：了解客户使用产品的场景。对于产品使用场景是否了解，直接决定了销售是否可以直击用户的需求点。研究好具体目标市场用户的特点，意义就在于此。

3. 注重社交媒体

在产品同质化严重的平台上，除了所谓的店铺表现和产品页面展示的专业程度，还有什么决定着销量？答案是：推广流量。也就是传统的论坛、书签、SNS 等推广渠道带来的流量和订单；产品是可以抄袭和模仿的，运营和推广的能力却是基本无法抄袭和模仿的。

事实上，这些运营推广的方式、方法正是通过自建网站来从事跨境电商的 B2C 企业们常做的，所以可以说，平台店铺的运营正在独立网站化，更多地借助外部资源来促进店铺发展。推广渠道上，SEO、论坛、书签等渠道都是人们耳熟能详的，针对想从事跨境电商的传统企业，这里讲社交媒体，也就 Facebook、Twitter 这些渠道。社交媒体对于跨境电商的意义有两个，一是推广，二是信息收集。推广的意义最好理解，首先产品要有唯一可辨识的一个姓氏(商标)和名字(型号)，社交媒体推广的方式仍然是发帖、测评、用户讨论等内容。信息收集的功能则是需要与产品本身结合，通过各种渠道去搜索用户对于同类产品性能、设计、缺点方面的讨论信息，以帮助改进产品来迎合客户需求，甚至做精准的产品促销信息推送。

三、跨境电商出口模式与趋势

(一)跨境电商出口常见模式

在发展跨境电商之前，企业想要面对国外的终端消费者只能通过与国外零售商或批发商合作的形式实现，跨境电商发展后，由于可以直接面对国外的终端消费者、有效减少中间环节、节约成本和拓宽经营空间，将为更多的企业提供服务。跨境电商与传统外贸相比：1. 具有成本低、效率高、时间短的优势，有利于产品快速进入海外市场；2. 跨境电商模式主要有 B2B(商家对商家)、B2C(商家对消费者)、C2C (个人对个人)、M2C(生产厂商对消费者)等业界模式，贸易模式更为多元化。

常见模式见下表：

类别	模式	内容
产业终端用户类型	跨境电商 B2B	B2B 跨境电商平台所面对的最终客户为企业或集团客户，提供企业、产品、服务等相关信息。目前，中国跨境电商市场交易规模中 B2B 跨境电商市场交易规模占总交易规模中 90% 以上。在跨境电商市场中，企业级市场始终处于主导地位。
	跨境电商 B2C	B2C 类跨境电商企业所面对的最终客户为个人消费者，针对最终客户以网上零售的方式，将产品售卖给个人消费者。
平台运营类型	第三方开放平台	平台型电商通过线上搭建商城，并整合物流、支付、运营等服务资源，吸引商家入驻，为其提供跨境电商交易服务。同时，平台以收取商家佣金以及增值服务佣金作为主要盈利模式。
	自营型平台	自营型电商通过在线上搭建平台，平台方整合供应商资源通过较低的进价采购商品，然后以较高的售价出售商品，自营型平台主要以商品差价作为盈利模式。
服务类型	信息服务平台	信息服务平台主要是为境内外会员商户提供网络营销平台，传递供应商或采购商等商家的商品或服务信息，促成双方完成交易。
	在线交易平台	在线交易平台不仅提供企业、产品、服务等多方面信息展示，并且可以通过平台线上完成搜索、咨询、对比、下单、支付、物流、评价等全购物链环节。在线交易平台模式正在逐渐成为跨境电商中的主流模式。

(二)跨境电商 B2B

从国家战略看，B2B 前景更广阔，并有成为主力的潜力和前景，特别是通过推动制造型企业上线，促进外贸综合服务企业和现代物流企业转型，从生产、销售端共同发力，成为跨境贸易电子商务发展的主要策略。以跨境电商 M2B 模式为核心，全球首次将国内厂家生产刚需与海外碎片化中小订单需求进行线上线下对接，从而实现低成本、高收益、保障售后的目的。通过平台对接制造厂商和零售分销商，这其实是 B2B 的一种方式。

“为何定位中小订单而不是小包裹呢?”，全球金融危机后，外贸出现新特点，大订单、长期订单逐步被碎片化的中小订单、短期订单代替，4 万亿的外贸交易额中 30% ~50% 询单量都是中小订单，市场体量庞大。

一个时代结束，新的时代会接踵而来。外贸 B2B 两个创新模式正在接受市场认可:在线交易模式和外贸独立电商模式。

在线交易模式，是将商业地产模式引到了在线 B2B 业务上面。首先搭建一个平台，然后采用招商的办法，使得企业来做生意，然后通过产业分工，将会做电子的做电子，会做商业的做商业，并在企业推广时，将很多企业一起推广，这样分摊到每个企业的成本就减少很多;物流方面，由于商业对物流的预判，使得物流不再是恼人的体验，加上平台自身不是消费者，所以在支付上，它的结算支付可以在后期挪到线下支付。那么，这样的情况下，用户体验好，买家需求频次比 B2C 平台高，购买周期相对会高，重复购买频次自然会高一些。

独立电商模式上，顺应买家购买习惯，解决了供应商之间的价格竞争，给供应商带来的毛利很高，有效地解决了传统外贸企业如何进军跨境电商的问题，帮助传统外贸企业实现“前店后厂”的外贸模式。所以发展速度比较快。传统企业做外贸电商，是非常需要专业的服务公司来帮助他们加速企业发展，因为不仅要提供建站、高效推广和专业的技术型人员服务，还要包括解决他们的外贸能力和外贸电子商务能力，这是一个复杂的体系。

(三)跨境小额批发

跨境电商 B2B 在发展中发生重大变化，客户从“大 B”变“小 B”，然而为什么不是直接 B2C 呢? 主要障碍在于支付系统和物流系统，支付系统尚未完善，物流太慢，服务太差等因素都影响了线上交易的发展，所以目前即便受到冲击，跨境 B2B 的主要过程仍然少不了小 B (small B)的这一环节。以前，中国工厂的目标客户显然是国外大采购商、大批发商等客户，而目前主要目标客户变成小 B 客户了，面对碎片化、电商化的趋势，该如何应对呢?

1. 加强供应链的专业化。不管是 B2B 还是 B2C，在跨境电商中最好的营销方式就是保证产品合格，产品不过关，就没有任何竞争意义了。跨境电商产品的关键是具备差异化，既然 B2C 环境已经完善了，那么 B2B 就必须有差异化产品来拉开竞争优势。

2. 充分利用线上营销方式。充分利用一切第三方平台和自由独立网站积累客户流量，并且运用 SEO、SEM 等线上营销措施。

3. 加强本土化服务，把线上流量变成线下订单。在互联网时代需要加强线下投入，解决线下物流配送、收款、退换货、售前售后服务等问题，线上成交转化率必然提高。

可能还有工厂还存在幻想针对大 B 客户开发国外市场。其实贸易碎片化早已成为趋势，乃至事实，因为互联网时代不支持过多中间环节，不要对跨境电商抱有任何历史倒退的幻想，面对现实，服务好小 B 客户，顺势而为。

(四)跨境在线零售

一般而言，国家的行业政策往往就像千军万马中的军旗。军旗所指，万军齐进！国务院

“外贸 B2C 指导意见”的出台，正指引着外贸企业转型的方向，指引着中国制造转型的方向。

一直以来，中国生产的产品种类繁多、价格低廉，深受国外消费者喜欢。但缘于国外实体店中购买不到或价格高等问题，消费者的购买需求并不能得到满足。而外贸 B2C 的出现恰好解决了这个问题。一方面海外买家购买到了物美价廉的产品；另一方面，国内企业通过网络销售，获得了可观的“暴利”营收。于是，外贸 B2C 出现了井喷式发展，大家都跃跃欲试，期望在这个领域分得一杯羹。

过去与现在，“中国制造”在地球上所向披靡，但在未来，这种处在产品价值链最低端的模式是否仍然能“笑傲江湖”，答案已经显而易见——不能！那么，未来“中国制造”将何以制胜？零售、品牌、研发，让“中国制造”跃上微笑 曲线的两端。这是一种共识，更是一种常识！但是，如何让“中国制造”从 OEM 的命运转变，直接以自主品牌面向国外零售市场呢？

外贸 B2C 的新模式就是改变“中国制造”命运的神器！在互联网上，在电子商务中，中国无数的中小外贸企业都有了打造自主品牌，直面国外零售市场的机会！所以，国家出台政策鼓励企业去做外贸 B2C。

（五）移动跨境电商

伴随移动互联网兴起，跨境电商对交流和信任要求更高，单纯的线上交易平台已经很难满足跨境 B2B 的需求，同时在移动端发力的跨境 B2B 平台迅速崛起，定位是移动跨境电商 B2B 商机平台，这里面有两个关键词，移动跨境和商机平台，主打移动跨境电商 B2B 模式。它的关注点是解决跨境贸易商人之间沟通交流和信任问题，其做法是移动互联网 + 外贸，即在线上通过移动 APP 解决跨境商人之间的连接与沟通问题，在线下通过全球网贸会实现品牌发布、样品展示、商务洽谈等本土化方式解决信任问题。

总体说来，移动跨境电商 B2B 平台跟上了全球贸易小额、碎片化发展和移动端订单激增的趋势，解决渠道缺失和信任问题两个核心痛点，成为目前最具发展潜力的跨境 B2B 模式。目前，国内品牌商找海外销售渠道，海外批发商、零售商找国内货源，商机对接仍是跨境 B2B 的核心，各个跨境平台的主要精力聚焦在用新方法、新模式解决渠道缺失和沟通信任问题的痛点上。

随着移动技术的进步，线上线下商务之间的界限逐渐模糊，以互联、无缝、多屏为核心的“全渠道”购物方式快速发展。从 B2B 方面看，全球贸易小额、碎片化发展的趋势明显，移动端可以让跨国交易无缝完成，卖家随时随地做生意，白天卖家可以在仓库或工厂用手机上传产品图片，实现立时销售，晚上卖家可以回复询盘、接收订单。同时，基于移动端，买卖双方沟通将变得非常便捷。此外，移动跨境电商拥有的市场存量空间非常惊人，除了美国等发达市场有很大市场存量，在一些发展水平类似中国几年前的新兴市场，如俄罗斯、东南亚和非洲，大量用户将直接进入移动跨境电商市场，更是存在极大的增量市场。

四、跨境电商进口模式与趋势

（一）跨境电商进口宏观环境解读

2015 年被称为跨境进口电商元年，这一年里，传统零售商、海内外电商巨头、创业公司、物流服务商、分销商纷纷入局，在竞争中共生；国家也一直在释放跨境贸易利好政策；国内跨境电商市场用户规模及交易量迅速增长。根据以下三点我们进一步来了解跨境进口电商所处环境：

1. 政策红利期

国家从政策层面上承认了跨境电商，早期“6 + 1”个跨境电商试点城市的开放给予了跨境电商在税收上的优惠政策，即通过跨境电商渠道购买的海外商品只需要缴纳行邮税，免去了一般进口贸易的“关税 + 增值税 + 消费税”，同时也认可了业内通行的保税模式，这些都是明显的政策红利信号，表明了政府促进消费回流国内的决心。

2. 用户需求潜力巨大

近年来海淘人群接近2000万，成交规模约1800亿，市场消费规模从百亿级步入千亿级，随着旅游、海归群体的消费习惯带动周围亲友海淘，导致多数人对海外品牌认知度不断提高、消费需求和消费观念不断升级，预计在未来几年内年，市场规模将达万亿级别。

3. 各行各业互利共生

部分国内电商平台巨头都将海购版块作为重要战略；创业公司纷纷加紧融资步伐；海外电商逐步试水国内市场，利用国际化优势试图分一杯羹；物流供应链服务商纷纷发挥自身行业优势，不断畅通流程，为行业发展保驾护航。不论是哪个行业，面对新兴市场都要从头摸索，在竞争中共生，一并推动这个庞大的市场。

(二)跨境电商进口模式详解

1. M2C 模式

优势：开放平台入驻国际品牌，用户信任度高，商家需有海外零售资质和授权，商品海外直邮，并且提供本地退换货服务。

2. B2C 模式

(1)保税自营 + 直采

优势：平台直接参与货源组织、物流仓储买卖流程，销售流转高，时效性好，通常 B2C 玩家还会附以“直邮 + 闪购特卖”等模式补充 SKU 丰富度和缓解供应链压力。

(2)母婴垂直品类

优势：最容易赢得跨境增量市场的切口，刚需、高频、大流量，是大多家庭单位接触海淘商品的起点。

3. C2C 模式

优势：C2C 形态构建的是供应链和选品的宽度，电商发展至今，不论进口出口线上线下，其本质还是商业零售和消费者认知。

4. BBC 保税区模式

优势：跨境供应链服务商通过保税进行邮出模式，与跨境电商平台合作为其供货，平台提供用户订单后由这些服务商直接发货给用户，便捷而无库存压力。

5. 海外电商直邮

优势：有全球优质供应链物流体系和丰富的 SKU。

6. 返利导购/代运营模式

优势：两种方式有着早期优势，易切入，成本低，解决信息流处理问题，SKU 丰富，方便搜索。

7. 内容分享/社区资讯

优势：在于天然海外品牌培育基地，将流量带到社区转化为交易。

（三）跨境电商进口的“玩家群像”

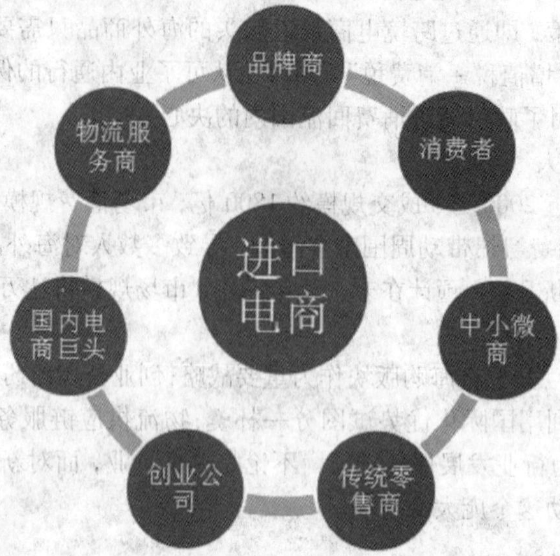

1. 品牌商：合作，探索，观望，平衡。

对于海外一线（爆品）品牌商而言，除了要维护自己原有线上线下零售体系稳定和品牌形象，部分品牌商也在自主积极探索以何种方式在中国这个大增量市场中分得一杯羹。

2. 物流服务商：趁“市”而上，服务前端。

拥有多年的跨境贸易、物流、分销、供应链服务的经验积累，趁着行业整体向好的趋势，大家既有危机感又积极拥抱红利，为提高行业整体服务体验努力往前跑。

3. 国内电商巨头：维系原有巨头地位，争取更大市场。

2014 年开始，电商巨头们纷纷以不同形式涉水跨境，一边坐拥大流量，一面不敢懈怠积极发展跨境业务维护自身地位稳定。

4. 创业公司：在混战中求生。

巨头们的加入进一步推进了价格战的提早到来，很多初创企业模式还在摸索，海外正在拓展，供应链正在构建。

5. 传统零售商：转型已成必然。

面对持续上涨的电商规模，传统零售商也看到跨境这个大市场，正在转型 O2O，积累线上数据。

6. 中小微商：毛利低。

中小微商包括买手，朋友圈代购，和一些中小贸易商家。

7. 消费者：认知提升，带动市场壮大。

一部分以母婴领域作为起点培养了自己海购的消费习惯，另一部分是海归和有海外旅行购物经验的人，除了有自用需求外还辐射到周边的亲友逐步接受国外质优价廉的商品品牌。

（四）谁会是赢家？

目前让消费者普遍认同的跨境进口电商名额暂时还待定中，在这个新兴的风口，老玩家和新势力的起跑线没有差太远，早期都是依靠政策红利、价格优势和品类丰富度等各自发展壮大，但最终还是会回归到零售层面的品牌、供应链和服务体验的竞争，需要不断提高能力从而带动消费者复购率。现阶段的B2C模式已成定局，不再适合一般创业公司和经营个体轻易涉足，C2C代购或其他模式还存在较大的早期投资机会。如果想在跨境电商进口市场上立足，想成为赢家的企业都必须具备以六个方面：

1. 有强大的海外商品组织和货源整合能力，拥有强大的海外正品货源就等于握住了打开国内市场的金钥匙；

2. 抢市场，在国内有较好的流量获取和转化能力，比如切中消费者需求，正品保证，客户体验、售后保证，价格优势等；

3. 团队有跨境电商人才和海外供应链管控的人才，有良好的物流清关流程管控能力；

4. 能有良好的地方政府政策支持与指导；

5. 有很好的行业格局观和正确的战略模式；

6. 创始人要有很强的融资能力，这是一种综合实力，是战役胜利的补给保障。

所以真正的赢家要有海外正品供应链、将国内消费者流量转化成销售量、把握竞争格局和认清自身优缺点、不断调整战略战术并吸引关键人才加入，才能做到在万亿级的国内跨境电商进口市场立足。

五、跨境电商从业人员职业能力和综合素质

跨境电商人才的培养要秉承“以能力为中心”的基本目标，“能力”不仅仅是操作技能（Ability），而是一种职业能力（Competence），跨境电商是利用电子商务平台从事跨境贸易，所以作为跨境电商复合型人才要具备一定的外语能力、电子商务技能和外贸业务知识、理解客户网络购物的理念和文化、掌握跨境电商平台的营销技巧，从事跨境贸易和电子商务技能。

（一）跨境电商职业岗位分类

1. B2B公司主要岗位介绍：

2. B2C 公司主要岗位介绍：

（1）初级岗位

客户服务

- 采用电话、邮件等沟通方式，熟练运用英语、法语、德语和各种小语种与客户沟通交流；
- 熟悉不同国家法律，能够处理产生的纠纷；

视觉设计

- 既精通设计美学，又精通视觉营销，能够拍出合适的产品图片和设计美观的页面；

网络推广

- 要求能够熟练应用信息技术，编辑、上传发布产品，利用搜索引擎优化、交换链接、网站检测等技术和基本的信息分析方法进行产品的推广；

跨境物流

- 要求懂得国际订单处理，电子商务的通关、检验检疫的流程和规则，协助处理好与外经外贸、海关、商检等相关部门的关系；

报关员

- 全面负责公司进出口产品的报关方面的日常业务和管理工作，组织、实施和监督报关业务的全过程，了解货物在报关和查验环节的情况，处理相关问题。

（2）中级岗位

市场运营管理

- 既精通互联网，又精通营销推广，能够运用网络营销手段进行产品推广，包括活动策划、商品编辑、商业大数据分析，用户体验分析等等；

采购与供应链管理

- 要求对公司的整个供应链运作负责，保证采购、生产、仓储、运送等管理工作正常，能根据不同国家人民的消费习惯、文化心理、生活习俗和消费特点采购合适的商品，并且和供应商保持广泛而稳定的关系

国际结算管理

- 要求能够灵活地掌握和应用国际结算中的各项规则，有效地控制企业的国际结算风险，确实地提高贸易出口商品及金融等领域综合管理能力和运用法律法规的水准。

(3)高级岗位

熟悉跨境电子商务前沿理论，能够从战略上洞察和把握跨境电子商务的特点和发展规律，有前瞻性地思维，能够引领跨境电子商务产业的发展，懂得为什么要做跨境电子商务的战略性人才，主要包括熟悉跨境电子商务业务的高级职业经理人以及促进跨境电商产业发展的领军人物。

知识链接

·广东省跨境电商协会表示，初步统计显示，广东省跨境电商的商家已经有 8 万 ~10 万家;包括物流、金融、经销商等在内，从业人员已经过百万。目前全国的跨境电商进出口额度在千亿美元的级别，其中广东的市场份额占据了6 ~7 成，当之无愧是中国跨境电商第一大省。

·虽然不及一般进出口贸易的零头，但是其每年 30% 的增长速度让众多人眼红，可以说跨境电商将成为下一轮经济的引爆点。不过，在蓬勃增长的背后，人才缺口却十分大，初步调查发现，广东跨境电商的人才缺口不少于 30 万。

(二)跨境电商职业岗位能力和综合素质要求

在国际贸易呈现出新趋势的今天，跨境电商这种新的交易模式被越来越多企业所重视，发展前景大好;而在新型贸易模式快速发展的背后，人才的缺乏与培养成为了阻挠企业发展的一大原因，市场上还没有涌入大量专业人才，那么跨境电商需要怎样专业素质的人才，具有怎样的专业背景才适合进入跨境电商企业呢？跨境电商行业从业人员需要具备怎样的专业技能？通过调研，跨境电商从业人员需要具备以下职业能力和综合素质：

1. 外贸运作技能

跨境电商企业的业务范围是全球化的，从性质上说属于国际贸易的范畴，这要求跨境电商的从业人员必须具有较好的能力:一在线上业务方面需能与国外客户沟通交流、洽谈业务、开发新客户、能熟悉外贸业务流程、处理国外客户订单;二在业务知识方面能了解国际商务法律法规，妥善处理跨境业务纠纷;三在线下业务方面能掌握国际物流相关技能、国际保险、国际货币结算、报关报检的相关业务处理，以及其他相关事项。

2. 电商业务技能

跨境电商是通过电商平台开展业务活动，要求从业人员具有一定的电商业务能力，能熟悉线上客户开发，能在 B2B、B2C 跨境电商平台上发布产品，处理订单;能利用社交平台等做好产品互联网推广。

3. 语言沟通技能

跨境电商业务面向的是国外客户，这就对从业人员的基础英语能力有一定的要求，除了基本的书面表达能力外，对英语口语同样提出要求，要求熟练地进行基础对话;产品的介绍、往来信函的处理、在线客户谈判、售后客服等等工作内容都需要利用英语来完成。

4. 计算机操作技能

跨境电商离不开计算机，除了日常的计算机操作与办公软件使用外，跨境电商从业人员还需要较强的计算机应用操作能力，要熟悉使用 Work 文档、Excel 表格等基础应用，对网页设计软件、Photoshop 软件都需要有所涉及，对于互联网搜索、及推广的也需要灵活与深入应用。

5. 职业素养

除了以上所提到的技能，跨境电商行业对人才的职业素养也提出了更高的要求。跨境电商业务面临的是来自世界各地的客户，他们语言、思维方式、文化习惯不同，跨境电商从业人员将面临更加复杂的商务环境，具备灵活应变的处事能力、良好的沟通交流能力、踏实认真的工作态度与积极合作的团队意识是必不可少的。

知识链接

跨境电商人才缺失

跨境电子商务贸易在快速发展的同时，逐渐暴露出综合型外贸人才缺口严重等问题。跨境电商人才缺失主要是因为:(1)语种限制:目前做跨境电商的人才主要还是来自外贸行业，但英语专业居多，一些小语种电商人才缺乏，但事实上，像巴西、印度、俄罗斯、阿拉伯、蒙古等国家，跨境电商具有很大的发展潜力，也是跨境电商企业关注的重点。(2)能力要求高:从事跨境电商业务的人才，除了语种的限制外，还要能了解国外的市场、交易方式、消费习惯等等，此外，还要了解各大平台的交易规则和交易特征基于这两个特点，符合跨境电商要求的人才很少，跨境电商人才缺乏已经成为业内常态

六、综合案例解析

沐家:代工企业 如何走上货销海外之路

巴黎 11 区的一栋三层公寓里，一个法国人靠着舒适的枕头酣然入梦，而在地球另一端的纽约布朗克斯，刚下班不久的年轻职员怀抱沙发上的抱枕，一边看电视一边品尝着刚煮好的醇香咖啡。两人并无交集，枕套却是相同款式——最简单鲜艳的红色，优良的做工使普通的纤维材质摸上去也光滑柔软。

这种“巧合”在今天并不罕见:两个枕套都出产自中国浙江的一家工厂，当地出产的包括家居类的诸多小商品以高性价比走红世界。但两个相同款的枕套也有些不同之处:法国人使用的印着一个在当地拥有多年历史的品牌，而美国人的则印着一个新生的中国品牌。另一点不同在于，后者回到沐家公司总经理郭君手中的利润更高一些。

不算太高的利润差正是从事外贸 20 多年的郭君希望得到的，这对他的企业意味着巨大的转变。

从 B 到 C 不容易

在空气里都透出商业气息的浙江，对外贸易早已成为可观产业，郭君和他的沐家公司也是大军中的一员。经过十多年的积淀，沐家的家居产品在欧洲多国建立了稳定的货源供应，在国内市场也有所展露。

生意的过程对郭君谈不上复杂:出国考察、参加展览会和贸洽会、谈判、拿到生产订单，再交给下面百人规模的工厂生产。这家成熟的 OEM 企业不断循环这一过程，以 B2B 的形式稳

步发展。但目光敏锐的郭君并不太习惯风平浪静。

“当时我感到了一些压力，一是产品价格比较单一，另外竞争环境变得更激烈了。”郭君说的“当时”是2012年，资本市场降温给外贸企业造成了不小冲击。

郭君决定开拓另一条渠道——B2C，他把目光瞄准了电子商务。这个决定在管理层几乎没有遇到任何阻力，毕竟网购连年的增长势头人人了然于心，与此同时，沐家的家居产品在几家实体店的销售都鲜有增长。

但从“to B”到“to C”，一个字母之变却是千差万别，最直接的就是从“市场导向”转变为“消费者导向”。没什么电商经验的郭君坦言，一开始并不清楚怎样“炼成”自己的品牌。“网络是更节省时间和成本的新渠道，如果按照传统做法，可能需要好几年才能做成。”那时，他的很多同行竞相在一些知名电商平台开店，传统企业“触网”业已成为趋势。

不甘落后的郭君起初想把反响较好的产品放到旗舰网店，主攻国内，结果“相当困难”——十几个人的团队要负责售前售后多项事务，刚成立的品牌在竞争激烈的环境中缺少认知度，混乱无序的价格战让消费者首选“价格”，国内市场已经是饱和的红海，郭君和沐家需要另一片蓝海。

跨境电商的新命题

不过，郭君最擅长的“博览会、代理商、收订单”流程却帮不上多大忙，“跨境电商”成了摆在他面前的新命题。想把商品直接卖给海外顾客，需要探寻新的目标市场和客户、选择符合需求的产品及定价，还要熟悉当地的经商环境。在许多外贸卖家的销售体系中，都有B2B批发、自有网站和第三方的多种销售渠道，而相比较大的公司，更多中型电商更依赖在全球拥有影响力的第三方平台。

郭君带领着团队又一次从零做起，收集国外市场的需求走向、政策等信息，在一家国内平台开起了外贸网店。但受限于物流条件，商品总要几十天才能送到顾客手里，与外国买家的沟通不畅又影响了用户体验，更让郭君难以接受的是，一些国内卖家把坏习惯照搬过来——无底线低价、虚假描述，“还是‘价格为王’，提升销量靠的都是拙劣的销售技巧，根本不是质量。”倔强的郭君一度郁闷不已。

去年年底，郭君和一些从事外贸的朋友聚会，他得知周围做跨境电商的公司并不少，志同道合的商人们建起了朋友圈，不时分享下进展和心得。后来的半年，郭君发现越来越多的商人对亚马逊大加赞赏。“他们没具体说哪里好，但都公认很不错。”

亚马逊对新手最便利

郭君并没有接触过亚马逊，但既然出自同行的肯定，他决定放手一试——更何况开店不用交入场费、年费和平台使用费。详细查看了亚马逊“全球开店”的项目介绍并核算成本后，郭君发现，全球开店的成本竟和在国内开店差不多。

对比之前的经历，郭君觉得这不会是一段特别艰难的B2C之旅，公司看重美国市场终于有望被打开。他的团队开始在新店发力，员工仔细学习了亚马逊提供的辅导材料和视频，郭君也逐渐发现亚马逊的很多要求和其他平台不太一样，比如商品图片要描述得真实准确、客服的应答时间要在24小时之内，物流也是越快越好。“他们对商品质量和服务的要求很高，这很符合我的思路，而且简单明了的页面才能展示产品的真实状态。”

不过，美国店铺上线的头一个月却没有一单生意，这让之前乐观的郭君有些发懵。开店第二个月的一天，他接到了亚马逊卖家团队经理的电话，建议他对一些产品的尺寸和花色进行调整，比如把尺寸改为美国消费者习惯的英寸，还要“突出单品、打造爆款”。另一个提议是产品发到亚马逊的美国仓库，选择 FBA（Fulfillment by Amazon）——亚马逊的全套服务体系，包括分仓租赁、代包装、代发货、代收款等。

“以前在别的平台上从来没有人给我这些建议，”谈起这个电话，他说自己有些受宠若惊。选择 FBA 成了转折点：商品到达美国后，仓储和配送就进入亚马逊物流体系，退换货也随之进入美国的客服系统。入仓后第三天，沐家公司就接到了第一笔订单。

FBA 既解决了物流的时间问题，也让外语客服不再是累赘，沐家负责亚马逊店铺的唯一一名员工可以把更多时间放在产品优化和关键词选择上。相比之下，其他平台的店铺则需要美工、设计、客服等诸多人手。客户经理还帮郭君在亚马逊站内注册品牌，亚马逊也为沐家带来了消费能力更强、选择更理性的中产顾客群体。

销量提升后，郭君每天都能收到亚马逊的反馈邮件，包括销量数据、热卖商品以及后台使用培训等，此前，货品调整主要凭借郭君多年从事出口的经验。对于开店遇到的运营问题，郭君会主动联系亚马逊的服务团队——2014 年，“全球开店”团队从原来的十几个人扩展到 50 人，也因此带来了更好的服务，比如卖家收到的销售和库存邮件被翻译成了汉语。

“亚马逊团队会结合自身经验或从系统的角度给卖家一些建议，我之前没有得到过这样的服务。”这些看起来简单的建议，实则是在长期积累中摸索出来的。郭君透露说，目前美国店铺的销量一直在上升，尤其在万圣节和圣诞节前迎来了高峰，上个月的销售额达到了 3 万多美元。

“中外有别”的价差是这家企业打开外贸电商之门的“金钥匙”。虽然开店不满三个月，几款热卖产品下面已经有了四星、五星的评价和顾客评论。“这些评论都是真实的，在亚马逊，顾客的评价无论好坏都不能做手脚，所以都是有效信息，对其他顾客的购买很有帮助。”

如今，郭君把团队重心都放在亚马逊的店铺上，与公司产品的简单风格相同，他并不急于让自家的品牌加入多个电商平台。沐家在客户经理的提议下购买了亚马逊的战略广告，通过多种促销方式得到了更多流量。

郭君下一步的计划是启动站外引流——Facebook 和 Twitter 都将成为沐家产品的宣传阵地。在他的构想中，有一天会有代理商在亚马逊上看到沐家产品后，找上门代理品牌，这并非遥不可及，因为他身边已经有朋友的品牌受到了国外代理商的追捧。

“我还想把产品卖到欧洲市场，”在美国市场立足后，公司希望更进一步。目前，亚马逊开放了美国、加拿大、德国、英国、法国、意大利、西班牙等各个热门经济国家的站点，在欧洲，卖家可以用统一账户管理跨境销售。“亚马逊对新手来讲最便利，几乎可以提供我们原来不知道的一切，卖家要做的就是选择好产品。”郭君说，开拓欧洲市场，亚马逊仍将是他们的不二之选。

显然，郭君的外贸梦已经启航。

【问题：】

1. 你认为“沐家”从工厂转型跨境电商的成功之处在哪里？

2. 通过此案例可以看到传统外贸工厂想转型跨境电商需要具备哪些能力和做好哪些方面的准备？

3. “显然，郭君的外贸梦已经启航”，那么工厂转型成功后，需要怎样把握好“方向盘”，让工厂能一直在跨境电商中走正轨？

知识链接

在本章课程中，首先掌握了跨境电商的含义。跨境电商是建立在互联网上、依托第三方跨境电商平台而进行的国际贸易活动，其中就包括进口电商和出口电商；跨境电商在各个地区与国家都是双向的，有进必有出，唯一的区别在一与不同地区与国家的进出口电商比重不同，发达国家出大于进，发展中国家优进优出，不发达的国家进大于出。

其次，了解到了跨境电商对于传统外贸工厂发展的重要性及传统外贸转型跨境电商之后的定位。跨境电商平台在工厂转型中占据很重要的地位，工厂成功转型后如果在运营这一块做不好，那这个工厂便失去了转型的意义。

最后了解的是跨境电商人才稀缺，特别是“传统外贸＋跨境电商”综合型人才更是可遇不可求，跨境电商从业人员需要具备更突出、更精炼的职业能力和综合素质，以适应跨境电商行业的快速发展。

【知识检测】

一、名词解释

海淘　跨境小额批发

二、问答题

1. 什么是跨境电商？
2. 传统外贸该如何转型跨境电商？
3. 跨境电商 B2C 因为什么而兴起？

【拓展阅读】

盘点：发展跨境电商的六大任务和六条路径

与发达国家相比，我国跨境电子商务虽已具备一定的规模，但在发展质量和管理水平方面还有较大差距，且随着市场竞争的加剧及起点低、零散化、不规范等原因，我国跨境电子商务显现的问题不断增多，已在一定程度上制约了跨境电子商务的发展并可能产生系列风险。要使跨境电子商务成为未来我国参与国际竞争的制高点，在经济全球化过程中获取更大利益，当前的主要任务有六个：

任务一：创新政府监管与通关体系。虽然海关在一些试点城市采取了先行先试的做法，但目前的监管和通关仍落后于跨境电子商务发展的需要。应改变现有监管措施缺乏实际可操作性的现象，重新制定专门针对跨境电子商务发展的通关、商检措施。使跨境电子商务的监管符合信息化的发展要求，并逐步建立起政府与行业、制度与规范、普适与专项相结合的多层次监管体系。

任务二：构建企业诚信经营体系。完善法律法规，建立以真实交易为背景的跨境电商信用评价体系，加强对我国跨境电商平台及电商企业的规范与监管，打击跨境电子商务中的假冒伪劣以及侵犯知识产权的行为。根据企业诚信记录对企业进行分类，采取差别化管理措施，对高信用类别企业提供投融资、通关、检验检疫等多方面便利，对诚信度低的企业则采取严密的监管措施，提高管理的科学性和监管效率。

任务三：完善产品和企业管理提升体系。建立"来源可追溯、去向可查证、风险可控制、责任可追究"的产品质量监控体系，以培育外贸竞争新优势为目标，提升跨境电子商务企业的质量、技术、品牌、服务竞争力。采取积极措施，引导企业重新配置、整合、提升渠道资源，提升供应链管理能力，加快构建跨境电子商务产业服务支撑链条。

任务四：构建跨境服务生态体系。继续完善跨境电商公共服务体系，加强我国跨境电子商务企业与国际贸易商之间的合作，不断完善跨境电子商务产业服务水平，构建跨境服务生态体系，推动我国跨境电子商务实现更好更快的发展。要支持跨境电商企业汇集境内境外流通要素，引导企业重新配置、整合、提升渠道资源，从供应链、价值链和资源链上构建跨境电子商务的服务支持链条。提高跨境电商的综合服务能力，鼓励中介组织和研究机构为跨境电商发展提供更多服务。

任务五：完善国际合作与纷争解决体系。跨境电子商务是国际贸易的新渠道和新模式，仍要遵循国际贸易的国际规则，纳入国际贸易管理，因此跨境电子商务离不开国际间的交流与合作，包括加入国际组织的相关协议、制定相关国际标准和规则、建立区域信息安全保护机制、货币结算清算合作机制等，为我国跨境电子商务纷争解决提供法律依据。加强双边、多边的跨境电子商务区域合作、国家间合作、部门合作、企业合作，建立纠纷解决机制，形成跨境电子商务商谈与合作的主导权和话语权。

任务六：构建市场安全保障体系。放任跨境电子商务的无序发展，可能引发多种经济安全问题，要加快建立跨境电子商务的纠纷处理机制和协调管理机构，加强对违法行业的惩处力度，多途径多方式保障我国跨境电子商务的市场安全和竞争秩序。研究跨境电子商务产品质量的安全监管和溯源机制。针对 B2C 的小邮包问题要未雨绸缪，采取积极稳妥的解决办法，加强引导与规范，保证跨境网络零售模式的可持续发展。维护中国跨境电子商务发展的国际形象。

六条路径：

当前我国的改革开放和经济发展面临多重困境，需要新的增长点。应使跨境电子商务成为企业拓展市场、推动"中国制造 2025"计划的有效手段，发挥跨境电子商务对"稳外需、扩消费、调结构、转方式、重统筹、促平衡"等商务核心工作的全面带动作用。因此，发展路径要具有目标导向性和战略性。

路径一：大力扶持跨境 B2B 电子商务发展。B2B 模式仍将是未来跨境电子商务的主流，要加大扶持力度，尽早谋划产业布局，通过大力发展跨境 B2B 电子商务，促进国际贸易无纸化和便利化，降低贸易成本。做大做强国际 B2B 全流程无纸化贸易并非一朝一夕之事，需实施试点先行政策。特别是特定经济体之间的试点，例如与"一带一路"国家之间。在国家外交及国际合作的大前提下，打通中国与特定经济体之间的绿色通关、电子单证传输、货物运输、外汇结算等传统一般贸易无纸化的绿色通道。

路径二：鼓励跨境网络零售品牌化发展。引导更多的品牌企业和制造业的优势企业进入跨境网络零售市场，改变"中国制造"产品低质低价的形象。鼓励跨境网络零售平台向国际一流服务商看齐，比拼服务和商品质量，并帮助中小企业创建自主品牌，通过提升产品质量和用户体验，做好品牌维护和网络推广，提升品牌形象和产品利润率。引导跨境网络零售平台成为国外消费者了解中国优质品牌的窗口，成为中国制造走向中国品牌和中国创造的重要途径。

路径三:推进跨境电子商务服务业发展。鼓励第三方电子商务服务平台不断拓展服务深度，在信息服务的基础上向涵盖贸易信息流、贸易物流、贸易资金流的交易全流程电子商务服务方向发展。采取积极措施，引导和鼓励中小企业应用成熟、可信的第三方电子商务服务平台，面向国际市场在线销售和采购，全面开拓国际市场。结合各地经济发展的不同产业特色，重点推动行业电子商务服务平台建设，扩大区域产业在国内外市场的影响，带动产业集群发展。

路径四:促进跨境电子商务均衡协调发展。促进交易市场均衡发展，加强与主要贸易伙伴国家和地区及相关国际组织的电子商务国际交流与合作，建立跨境电子商务合作机制，推进"一带一路"跨境电子商务应用项目的示范实施，实现跨境电子商务的多元化发展;促进东中西协调发展，加强内陆、中西部地区的信息化基础设施建设，扩大中西部地区的对外开放水平，减少东部与中西部地区跨境电子商务发展落差;促进进出口平衡发展，有效缓解B2B顺差过大现象。

路径五:支持线上线下境内境外联动发展。跨境电子商务不是对线下贸易的替代，而是要渗透到国际贸易的各个环节。一是要支持跨境电子商务平台的创新发展，推动以平台为核心的监管制度变革，鼓励线下制造业企业上平台设立线上营销店铺;二是要鼓励电商企业和物流企业、外贸综合服务企业、跨境电商综合服务平台企业形成产业链和供应链发展格局。鼓励跨境电商平台培育国际竞争优势，打造国际化的跨境电商平台;积极扩大跨境电商领域的开放，引进境外跨境电商平台企业，用境外资源销售境内产品。

路径六:促进企业优质经营。诚信是保证跨境电子商务发展质量的基础，标准是提高跨境电子商务发展质量的依托，实现中国跨境电子商务的高质量发展，一是要避免政府过于刺激，出现各地出于政绩原因勉强推动跨境电子商务发展，只注重形式，难保证质量的现象;二是要防止跨境电子商务平台企业间的过度竞争、不良竞争，防止市场垄断，形成健康的市场发展秩序;三是要建立跨境电子商务交易主体、客体基础信息采集、交换和存储标准体系及可追溯体系;四是要开展商品质量安全风险监管，对商业欺诈行为、侵犯知识产权和销售假冒伪劣产品行为给予严厉处罚。

学习模块二　知识篇

第二章　跨境电商基础知识篇

【知识要点】

1. 掌握跨境电商的新概念。
2. 了解跨境电商的基本流程。
3. 明确跨境电商的基本面貌。
4. 熟悉跨境电商的支付流程还有物流的重要性。

【核心概念】

1. 夯实跨境电商的基础知识，了解跨境电商。
2. 物流在跨境电商中的作用。
3. 物流跟支付的作用。

【情境导入】

90 后创业跨境电商:一年变身大卖家

在跨境电商平台敦煌网上活跃着一大批 90 后的创业队伍，他们虽然不像余佳文那样一时名声大震，却用默默演绎出的精彩让人不禁惊叹“后生可畏”。用一年时间从零做到 TOP 卖家的 90 后小帅哥 Jack 就是其中一位。

Jack，中文名郑伟铎，来自于广东潮汕地区，就在去年 11 月，他还是一家传统外贸公司的职员，一年时间，摇身一变成了敦煌网 3C 行业 TOP 卖家。他说，“传统贸易必死，未来电商就是生活”;他说，“维护好大客户，店铺早晚会火起来。”他说，“我不欢迎小单，大单是我的目标”。

注册 5 个淘宝店，只为摸索跨境电商门道

Jack 毕业后两年时间一直在传统贸易公司工作，从未接触过电子商务，但是目睹了传统贸易的不景气，认识到电子商务是必然趋势。了解到敦煌网的跨境模式，毅然辞去了工作，专心做起了跨境贸易。为了摸索电子商务的门道，他一口气注册了五个淘宝店铺，因为他觉得在无论淘宝还是敦煌，在线交易都有相同的地方。经过几个月的摸索，淘宝店铺也能月入

2 万元，但是那不是他的终极目标，他的终极目标是跨境贸易。

于是，2 台电脑，一个小屋，一个没日没夜上传产品的90 后，经过6 个月的时间，使敦煌网商铺步入了正轨。没有订单、亏本、不够支付房租的迷茫，在6 个月后转化成了前进的动力和做跨境贸易的信心，再6 个月后，推广、招人、扩大办公区，敦煌网 TOP 卖家，月交易额成倍增长，不过一年时间而已。

关注海外信息打有准备的仗

一年时间，从零做到 TOP 卖家，一定有着自己的独特玩法。他的特长是善于使用社交网络进行推广，Facebook、Twitter 以及各大海外论坛，是他经常逗留的地方。有时投入 10 美元推广费，能换来8 万点击量，他觉得这个投入非常值得，他说，有了这个流量和点击，还用担心生意做不好吗？

此外，他还积极关注海外相关的活动。比如2015 年拉斯维加斯即将举办的网游大赛，他是这样认为的，专业玩家对电脑配件的要求非常高，所以产品需求量大，而这恰好是他销售产品的好时机。现在他已经在为此做准备了。

不欢迎小单 B2B 很适合我

Jack 说，做跨境电商定位很重要，要想清楚自己想做批发还是零售。我就想做 B2B，发货和收款效率高，敦煌网很适合我。我不喜欢在其他平台上做小单，小单物流成本和人力成本都高，维护好几个大客户就不愁赚不到钱了。比如我有一个大客户，每个月有4 次采购，每次2000 美元，我维护好他们就足够了。

对于给其他卖家的建议，他提到，定位、效率和坚持三个关键词。

对于未来，他还有着很多想法和规划，你会发现，这个90 后 Jack，他丝毫不任性，很理性，有想法，有态度，想好了就去做，也许这就是跨境电商90 后的特点吧。

他的故事是不是让你们有种冲动去做跨境电商呢？

一、跨境电商出现的新概念

(一)第三方平台大卖家和垂直官网

大卖家的形成是具备很多的要素。如果能具备以下的要求，你即将成为大卖家行列。

1. 产品专注，主题明确，深度丰富，是为了凸显专注和专业。

2. 大店页面水准高，色调贯穿，品牌调性十分明显。大卖家对首页的重视程度超出很多看官的想像。很多人认为关联销售来自详情，其实是来自首页。首页也是消费者判断卖家水准的最重要依据。

3. 首页长度较长，让消费者一步到位地解决整体认知。详情页比较长，目的是留住消费者，传递更多的感性和理性卖点，更多的场景带入，更多的对比和解释，显示专业和细腻。

4. 主推非常明确，促销活动主题简洁，让消费者明了促销产品。

5. 大卖家的等级中，比较高，原因是核心消费群体的品质追求大于价格追求，20% 的消费人群贡献了 80% 的交易额，而不是 80% 的消费人群贡献了 80% 的交易额。

6. 大卖家的静默成交占比相对小卖家要高很多。核心的消费人群购物讲求效率，并且比较自信，他们的内心大致是说“以我的信息收集能力和判断力，可以下单了”，或者说“以我的信息收集能力和判断力，还是没有办法做决定，那么，不是我的问题，是这个店铺不靠谱，我得换一家店”。即便咨询，也是三两句话就下单了，不会一直在那里和你可爱的客服亲来亲去的。

7. 大卖家在意首页在比较明显的位置一定有旺旺咨询模块，而且可能在靠前的位置和靠后的位置各出现一次，目的是方便消费者随时发起咨询，店铺首页的腔调大文案是必须要有的。产品包装形象和品质，比一般的店铺起码高出几条街。拆开包裹的那一刻，才是购物流程真正对接消费者预期的关键时刻。

8. 大卖家的老客户营销极其温和、节制、隐忍。大卖家不一定会给一堆赠品，即便给，也不会明示。明示了，还给什么惊喜？没有惊喜，还传播什么？大店铺的形象统一性几乎做到了极致，这也不仅仅是为了好看，而是给消费者细致、专业的感觉。

9. 大店的核心人员爱阅读，或者爱读书、或者爱看电影、或者爱听音乐、或者爱摄影，或者都爱。做电商，得爱点艺术。艺术关乎人心，不懂人心，还做什么电商零售？

能成为大卖家都是不容易的事情。

垂直官网是与平台大卖家不同的概念。

注意力集中在某些特定的领域或某种特定的需求，提供有关这个领域或需求的全部深度信息和相关服务，作为互连网的新亮点，垂直网站正引起越来越多人的关注。在越来越多的网络吸引老百姓的注意力时，网民却逐渐走出时髦、好奇的初级阶段，不断在网上寻找着实际、实用和实惠。

在做垂直官网的有很多，比较显著的也有很多，例如:米兰网、大龙网、兰亭集势、蜜芽宝贝等。

(二)SEO/SEM 初步了解

1. SEO

现在是互联网的时代，提到百度大家肯定不陌生，但是说到 SEO 还是有很多人闻所未闻。

先给大家介绍一下什么是 SEO。SEO(Search Engine Optimization)，意思是搜索引擎优化。至于搜索引擎，就是大家所熟悉的百度、谷歌、搜搜等等。SEO 是 Search Engine Optimization 的缩写，翻译成中文就是“搜索引擎优化”，一般可简称为搜索优化。与之相关的搜索知识还有 Search Engine Positioning(搜索引擎定位)、Search Engine Ranking(搜索引擎排名)。

SEO 的主要工作是通过了解各类搜索引擎如何抓取互联网页面、如何进行索引以及如何确定其对某一特定关键词的搜索结果排名等技术，来对网页进行相关的优化，使其提高搜索引擎排名，从而提高网站访问量，最终提升网站的销售能力或宣传能力的技术。

搜索是除了电子邮件以外被用得最多的网络行为方式。通过搜索引擎查找信息是当今网民们寻找网上信息和资源的主要手段。搜索引擎营销已经成为网络营销最重要的组成部分。如何使自己的网站被主要的搜索引擎收录、然后获得较高的排名，成为网站建设者们绞尽脑汁的话题。

在国外，SEO 开展较早，那些专门从事 SEO 的技术人员被 Google 称之为“Search Engine Optimizers”，简称 SEOs。

看下图：

图 2－1

2. SEM

SEM 是 Search Engine Marketing 的缩写，中文意思是搜索引擎营销。SEM 是一种新的网络营销形式。SEM 所做的就是全面而有效的利用搜索引擎来进行网络营销和推广。SEM 追求最高的性价比、以最小的投入、获最大的来自搜索引擎的访问量，为广告投放客户带来大量的购买行为转化。

SEM 可以在搜索引擎中进行品牌的维护，将品牌的负面信息尽可能少的呈现在搜索用户面前，可以预防竞争对手在网络上恶意的诬陷。同时可以在进行正面和商业信息的推广，进而达到品牌推广的目标！

3. SNS

SNS，全称 Social Networking Services，即社会性网络服务，专指旨在帮助人们建立社会性网络的互联网应用服务。SNS 营销，随着网络社区化而兴起的营销方式。SNS 社区在中国快速发展时间并不长，但是 SNS 现在已经成为备受广大用户欢迎的一种网络交际模式。伴随着网络媒体和新型网站的诞生，也衍生出各种不同的营销手段，SNS 营销就是一种。SNS 做为一个软件的特征，就是营销全球化，没有地域的限制。

SNS 营销也就是利用 SNS 网站的分享和共享功能，在六维理论的基础上实现的 种营销。通过病毒式传播的手段，让你的产品被众多的人知道。你也可以在这里做问卷调查什么的。反正要是有足够的准备，一个圈到另一个圈，你可以把这个 SNS 网站都传播遍，当然这是理论上的。实际上网络还是有很多冷角的。SNS 营销相对来说还比较新型。很多地方都没这种观念。伴随着网络的变化，越来越多的营销方式会产生和应用的。不管任何营销方式，结果是衡量营销效果的唯一标准。例如：Facebook，QQ. skype 等等 SNS 软件。

营销的形式：

分享	分享的是商品？是店铺或者行业或者商品相关的资讯？还是日常生活内容？
转发	这里要分几种情况。我们可以选择假转或者自己转发(用软件提高转发数)。也可以找大号付费做真实转发。
评论	很多会玩的朋友是不会浪费一亩风水宝地的。就好比我们做店铺的时候买家的评价是很重要的因素。在这里我们可以留下自己的联系方式寻求合作、也可以用第三方的身份给自己宝贝做一个不错的评价。
私信	这个私信里面是需要讲究一些技巧的。到底要发给谁？以什么样的内容发？
粉丝	不管是在SNS还是微博，还是SNS动态，如果想引来更多流量或者想做到很大的影响力，粉丝及好友的数是非常重要的。因为粉丝数量的基数不同，所展现的威力是不一样的。
发展状况	SNS在中国，一方面互联网和SNS服务的迅猛发展，一方面3G商用手机应用带来的机遇，SNS虽然在中国发展的时间很短，社交网页游戏更处于发展初期。基于大规模的用户基础以及较强的用户付费能力，中国社交网页游戏的潜在商业价值仍有极大挖掘空间。

4. 海外仓

顾名思义：中国卖家通过海运、空运或者快递等方式将商品集中运往的海外仓储中心进行存储，并通过物流承运商的库存管理系统下达操作指令。

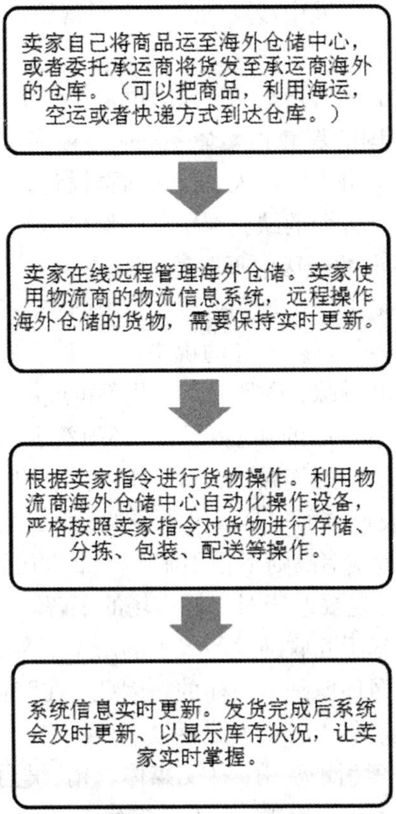

然而经过五年左右的发展，海外仓终于在2014年浮出水面，迎来疯狂增长。深圳大卖家都纷纷在海外建仓。各种物流公司，海外实体公司都纷纷转向海外仓项目。最早做海外仓的出口易和递四方都陆续扩大海外仓规模。受到亚马逊良好业绩的影响，eBay，速卖通也开始加大布局海外仓的力度。浙江省更是推出扶持百家海外仓计划。无论从哪个方面来看，海外仓无疑成为了2015年初跨境电商行业最热门的话题。也预示着2015年可能成为海外仓井喷的一年。

海外仓能够扩展跨境电商品类。通过海外仓，原来笨重，泡货，易碎的商品也可以进行跨境交易，当地发货。另外，海外仓离消费者很近，可以实施退换货，能够极大地提高客户体验，进而提高销售额。

但海外仓并不是完美的。海外仓需要巨大的投入和精细化管理。国外的人力成本相当高昂。很多人眼中的海外仓，其实只是在海外租个仓库，采用很简单的WMS系统，想要达到亚马逊仓储运营中心那样的效率还差地很远。正所谓，让专业的人做专业的事。并不是所有的人都适合海外建仓。建议更多的卖家使用专业高效的海外仓，本身做好选品和运营就很不错了。

国外真正需要和适合开展海外仓的地方非常集中，就那么几个国家：美、德、英、日、澳、俄等。由于德英的租金和运营成本很高，很多人开始考虑在波兰、捷克等国建仓。从总体来看，目前说海外仓发展到了拐点有点言之过早，但无疑海外仓已经有点过火。在德国法兰克福，就有6—7家做海外仓的公司。最新信息显示，早期做海外仓的公司都在收缩调整。

5. 本土化运营

对于任何的国际化业务，本土化都是一项不可或缺的战略。在跨境电商运营中，无论是上游产品的控管，还是下游渠道拓展中涉及的跨境电商营销，物流和支付，都需要遵循这样一个黄金法则——本土化。

然而，就算是那些身经百战的跨境电商巨头，也常常犯下本土化不足的战略错误。当年eBay进军中，完全复制其在美国的那套拍卖体系，最终被淘宝击溃，退出中国市场；亚马逊虽在中国差不多十年，但业绩一直不温不火，小到网页设计，大到中国式价格战营销及跨界合作，无不显示出亚马逊本土化方面的缺失。中国的跨境电商企业在“走出去”的进程中，完全可以从这些国际巨头们血淋淋的经历中吸取教训。

产品本土化，在当前的跨境电商市场，相当多的中国产品是通过牺牲产品设计和品质来达到价格的低廉。确实，这很容易俘获国外的价格敏感性消费者，但难以打入主流市场。想融入当地市场，获得主流人群的青睐，产品的本土化不可或缺。

本质上看来，产品本土化指产品的功能和设计必须符合当地的消费者的使用习惯和需求。功能是最基本的，例如俄罗斯的气温比较低，如果商家出售手套属于轻薄性透气，显然不符合俄罗斯的消费者需求；设计方面也是极为重要的，例如美国的电压是110V，如果将中国的220V的电器销售给美国消费者，则不得不附加一个电压转换器，从而给消费者使用带来不便，因此，产品的本地化一定要基于对目标市场的了解。

营销本土化，跨境电商是基于互联网发展起来的新型贸易方式，其营销方式以网络营销为主。然而，不同国家的互联网环境是不一样的。因此，在跨境电商营销方面，一定要根据该国的实际互联网环境来开拓有针对性的营销活动。

跨境电商的网络营销以搜索引擎营销，社交媒体营销，电子邮件营销为主。在搜索营销方面，虽然谷歌是全球第一的大搜索引擎，但并非在每个国家都是最为主流的，例如：在俄罗斯，Yandex是人们的首选。在韩国，Naver是搜索领域的领头羊。在日本，雅虎搜索占据了很大的份额。跨境电商企业在面对这些国家时，或许应该把重心放在谷歌之外的搜索引擎上。在社交媒体方面同样如此，虽然Facebook，Twitter等在全球范围内是领先的，但俄罗斯最受欢迎的社交网站是vk. com，日本第一大社交网站是MIXI。在电子邮件营销方面，要特别注意不同国家的法规要求。例如，加拿大的《反垃圾邮件法》对邮件营销有严格的要求，如果违法，则可能面临高达1000万加元的罚款。因此，在从事跨境网络营销活动中，不仅要了解当地的互联网环境，也需要注意相关的法律法规，以避免不当行销带来的损失。

此外，跨境电商还涉及语言文化的问题，物流本土化的问题，支付本土化的问题。

解决物流本土化这个问题，最重要的途径是海外仓，以便于商品配送的时效性。

至于支付本土化，对于第三方平台的卖家来说，线上支付按照平台规则来操作就可以了，然而，对于独立B2C网站，在对接支付系统的时候，就需要考虑支付的本土化。虽然信用卡和PayPal是全球流行的线上支付手段，但各个国家的支付习惯依旧存在非常大的差异。

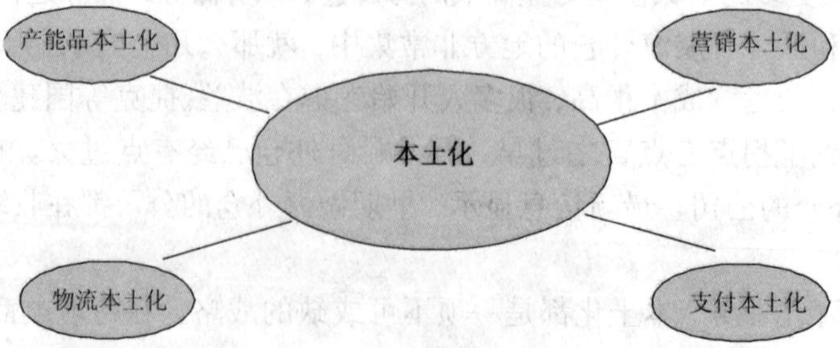

6. 小语种电商市场

近几年来跨境平台商开始激烈争夺小语种市场。在小语种地区提供本地化服务的平台并不鲜见，比如速卖通专门针对巴西市场推出葡萄牙语网站，在物流和支付上也加强与巴西本土服务商的合作。又比如，兰亭有27种语言，利用北京多语言优势，找到留学生、海归、兼职翻译人员等，实现了小语种的市场突破。跨境电商帮助外贸企业打破了时空的界限，把信息快速传递到老外眼前。然而，能不能看得懂，成为彼此深入了解的第二个障碍。因此，企业要搭建小语种网站，让老外觉得你的售前服务做得很好。正是因为还有很多人没有想通这个问题，小语种投放才拥有真正的机会。当大家都明白的时候，小语种询盘的质量和成本估计跟英文的也没什么区别了。

目前最有价值的小语种市场主要有：(1)俄语。排名第一。人多地大，无可争议。国内大龙网这两年都在深耕俄罗斯市场；(2)日语。世界第三大经济体，身处亚洲却自认为是西方世界一员。不然怎么能出个乐天，和阿里巴巴、亚马逊一较高下？(3)德语。欧洲经济实力最强的国家。金融危机之后一枝独秀；(4)西班牙语。西班牙曾为第一个日不落帝国。随着当年殖民扩张，还在广大的拉丁美洲，甚至北美，欧洲都有很大的影响和受众。西班牙语是开拓南美电商市场的通用语言；(5)法语。在拿破仑时期，法国是欧洲最强大的国家，但随着英国崛起，法语受到了英语一统天下的威胁。目前影响力还不如西班牙语。

早期的电商主要是以欧美市场为主。2013年俄罗斯市场大爆发。金砖国家受到国际大电商平台高度关注。但是到了2015年，俄罗斯市场由于乌克兰危机卢布大幅度贬值，购买力严重下降。其他金砖国家表现也开始趋于疲软。环顾全球，只剩下中东、非洲和东南亚未受到影响，还对中国价廉物美的商品有着巨大的需求。

在跨境电商中现在小语种市场还算“蓝海”，平台顾客直接下单的比例较高，语言阻碍尚不大，所以很多小卖家在小语种市场活得不错。

二、跨境电商运营流程

(一)跨境电商分为：

1. 跨境B2C电商主要表现在以下三个方面：

(1)交易流程的扁平化，产品/服务提供商直接面对消费者：买卖双方重回整个交易流程的核心，在数字化平台上直接互动，完成交易。传统模式下的各中间环节不再作为买卖双方达成交易的中介，其承担的物流，支付等职能转由基于平台的服务提供商完成。

(2)跨境交易买卖双方的碎片化以及交易数据的海量化：跨境B2C电商平台数字化的交易模式降低了交易成本，跨境交易参与者的门槛随之降低。数以亿计的消费者通过平台直接完成跨境消费，大量的中小厂商一跃成为交易的直接卖方。跨境交易直面消费者带来交易数据的海量化，使之成为有价值的资产：海量的消费数据分析产生的洞察将让卖方、平台上的服务商、甚至政府部门都能从中获益，使产品设计、营销、交易更加精细，投入产出回报更高。

(3)线上线下融合的众筹与服务集成和优化：大量的交易集中在电子平台完成，以及相关的服务在平台上的聚集，使得服务的集约化和众筹能够以很小的成本顺利实现。跨境交易中的卖方，可以在平台上以众筹模式寻找最优的服务商；服务商则可以在平台上将大量的需求进行整合与归集，实现集约化运营，同时也可以推动产品、营销和服务在效率和效益方面的持续优化。

下面是跨境电商 B2C/B2B 的基本流程图：

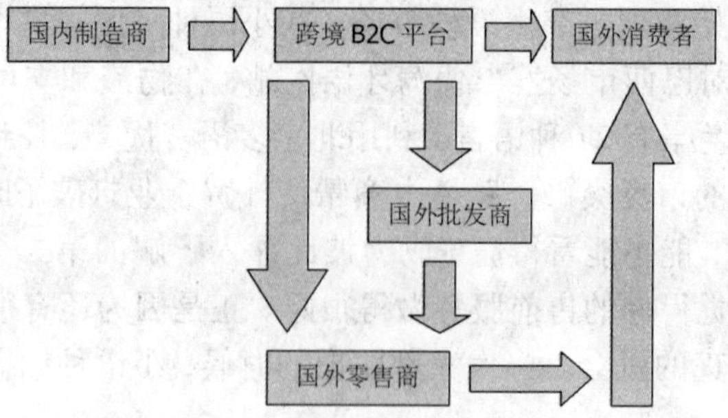

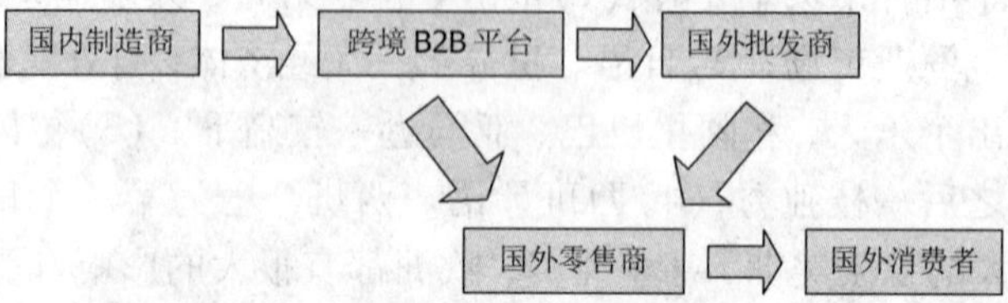

跨境电商的流程中，每一环都不可缺少。跨境电商全流程需要采购供应、物流配送、电子支付、售后服务等环节的衔接配合，任何环节出问题都可能影响跨境电商的发展。

影响跨境电商的流程有

1. 供货渠道受限，难以保证货源数量及品质。目前进口跨境电商货源采购多由个人买手或者是专业团队向国外零售商代购，再销售给国内消费者。除了天猫国际、苏宁易购等大型电商与海外直接洽谈对接外，其他的跨境电商与海外品牌商家未能实现货源上对接，很难取得国外品牌商或大型零售商的授权。跨境电商进货渠道窄且不固定，对海外货源掌控力弱，货源品质得不到保证，造成供货不及时，甚至成为假货销售的平台。

2. 物流瓶颈成为跨境电商切肤之痛。物流是跨境电商发展的核心链条，同时也是目前制约跨境电商发展的主要瓶颈。主要表现在两个方面：一方面，国内物流企业与国际物流公司差距较大，难以有效满足电商和消费者的需求。国内物流企业在全球的覆盖范围、物流仓储设施、物流配送效率、物流信息处理、物流服务系统等方面尚处于低水平。依靠转运公司完成跨境物流容易造成供应链断裂，降低商品流转速度。另一方面，海外建仓使电商告别传统快递模式，远程掌控物流供应链，但同时也面临巨大挑战。海外仓库更多地聚焦于提高库存周转、降低运营成本等问题，服务系统不完善，货物转仓信息登记不及时、货物丢失、客户信息泄露、仓库与客服信息衔接不畅等问题时有发生。

3. 电子支付面临制度困境和技术风险。跨境电商支付涉及到国际贸易、外汇管理等环节，复杂程度较高。跨境电商第三方支付行业发展迅速，支付宝、易宝支付、钱宝、京东网银等22家第三方支付公司已经获得跨境电商外汇支付业务试点资格，拥有跨境支付牌照，被允许通过银行为小额电子商务交易双方提供跨境互联网支付所涉及的外汇资金集中收付和相关结汇服务。但是第三方支付还是面临不少现实困难。通关、退税等跨境业务复杂，在一定程度上制约跨境支付的推进。境外买家支付美元不能直接到国内兑换成人民币，企业资金回笼面临外汇兑换问题。目前缺乏统一的法律法规制度对跨境支付加以规范，支付信用安全风险、跨境消费者和商户身份认证技术性风险高，跨境交易资金流向监管难。

4. 售后服务难题让消费者望而却步。对于国内消费者而言，海外购商品的售后服务面临一系列的麻烦。由于涉及到跨境通关和物流，换货后的商品很难有顺畅的通道返回国内；物流等种种费用要消费者承担，出现退货费用严重超出货品价值的现象;同时，跨境购的商品质量维权、货品丢失处理、技术售后服务等都需要耗费巨大时间成本，让消费者打消跨境购的念头。

跨境电商所面临的难题大部分属于技术层面的，随着跨境电商发展的不断成熟壮大，这些技术难题也会迎刃而解。政府出台促进跨境电商发展政策，将会从对跨境电商的主体培育逐步转向从战略高度进行布局，跨境电商迎来难得的历史机遇，同时也将对我国的外贸发展和国内消费流通注入新的活力。

拉动外贸增长，引燃国内消费。当前，我国外贸发展乏力，扩大消费缺少爆发点。跨境电商作为一种新型的国际贸易模式，市场潜力巨大，将成为外贸的重要增长点，并且缩小国内外消费品尤其是奢侈品的价格距离、产品种类差异等，有效扩大进口商品消费。预计未来几年跨境电商贸易额年均增速将超过30%，2016 年我国跨境电商贸易额将增长至1 万亿美元，占进出口贸易总额比例将大幅度提升。尤其是进口零售电商交易额增长将更加迅猛，消费者对跨境网购认知程度的提高，消费习惯的改变、消费结构升级以及国家各种宏观利好政策的推进，将有力推动境外消费购买力回流。

自贸区试点，助力跨境电商跨越发展。2015 年，上海自贸区扩区及天津、福建和广东三个自贸区的获批，将为跨境电商发展提供更广阔的试验田。这四个地方将发挥全球供应链物流节点中的核心作用，整合链条上的各种资源和要素，成为“买卖全球”的跨境电商成长的沃土。自贸区推出的人民币国际化、贸易便利化、监管平台无缝对接等先行先试政策将会在跨境电商领域得到检验，并推动跨境电商飞跃发展。

三、跨境电商国际支付

(一)跨境电商的国际支付

跨境支付有两大类，一是网上支付，包括电子账户支付和国际信用卡支付，适用零售小金额;二是银行汇款模式，适用大金额。信用卡和 PayPal 目前使用比较广泛，其他支付方式可当做收款的辅助手段，尤其是 WcbMoney、QiWi wallet、CashU 对于俄罗斯、中东、北非等地区的贸易有不可或缺的作用。

做跨境电商，涉及跨境转账，问题就不那么简单了。不同的跨境收款方式差别很大，有着不同的金额限制和到账速度，而且各自都有优缺点和适用范围。那么在这种情况下，如何选择收款方式呢?

1. 信用卡收款(信用卡是欧美最流行的的支付方式，信用卡用户群非常庞大。)

2. Paypal (Paypal 与支付宝较类似，是美国 EBAY 旗下的支付平台，在国际上知名度较高，是很多国家客户的常用付款方式。)

3. Boleto(一种电子钱包付费方式，也是一种本地支付方法，且无需支付额外费用，常用于巴西)

4. Moneybookers(免手续费，提现会收取少量费用。)

5. Cashpay(刚进入中国市场，国内知名度不高。)

6. Payoneer(中国身份证即可完成 Payoneer 账户在线注册，并自动绑定美国银行账户和欧洲银行账户。可以像欧美企业一样接收欧美公司的汇款，并通过 Payoneer 和中国支付公司的合作，完成线上的外汇申报和结汇。而且费用不高，笔单不超过 2%。）

7. ClickandBuy（ClickandBuy 是独立的第三方支付公司。收到 ClickandBuy 的汇款确认后，在 3－4 个工作日内会收到货款。每次交易金额最低 $ 100，每天最高交易金额 $ 10000。）

8. Paysafecard（PaysafeCard 购买手续简单而安全。除线上支付外，它还是欧洲游戏玩家的网游支付手段。用户用 16 位账户数字完成付款。要开通 Paysafecard 支付，需要有企业营业执照。）

9. WebMoney（Webmoney 是俄罗斯最主流的电子支付方式，俄罗斯各大银行均可自主充值取款。）

10. CashU（隶属于阿拉伯门户网站 Maktoob（yahoo 于 2009 年完成对 Maktoob 的收购）。主要用于支付在线游戏、电信和 IT 服务，以及实现外汇交易。CashU 允许你使用任何货币进行支付，但该账户将始终以美元显示您的资金。CashU 现已为中东和独联体广大网民所使用，是中东和北非地区运用最广泛的电子支付方式之一。）

11. LiqPAY（LiqPAY 是一个小额支付系统。一次性付款不超过 2500 美元，且立即到账，无交易次数限制。LiqPAY 用客户的移动电话号码为标识。账户存款是美元，所以如果你存另一种货币，这将根据 LiqPAY 内部汇率折算。）

12. Qiwi wallet（Qiwi wallet 是俄罗斯最大的第三方支付工具，其服务类似于支付宝。该系统使客户能够快速、方便的在线支付水电费、手机话费，以及网购费用。还能用来偿付银行贷款。）

13. NETeller（NETeller 是在线支付解决方案的领头羊。免费开通，全世界数以百万计的会员选择 NETeller 的网上转账服务。你可以把它理解成一种电子钱包，或者一种支付工具。）

14. Wetern Union，T/T 银行汇款（这是跨境 b2b 的主流支付方式，大额交易更方便。如果买家使用这种方式支付，避免了类似 B2B 支付金额限制，降低了手续费用。）

（二）跨境 B2C 主流国际支付方式和特点

1. 在跨境电商 B2C 有很多种支付方式：信用卡、借记卡、QIWI，Yandex. Money，WebMoney，Boleto 等。

2. 信用卡/借记卡支付，跨境电商网站可通过与 Visa、MasterCard 等国际信用卡组织合作，或直接与海外银行合作，开通接收海外银行信用卡支付的端口。在欧美最流行的的支付方式，信用卡的用户人群非常庞大。但是接入方式麻烦、需预存保证金、收费高昂、付款额度偏小。黑卡蔓延，存在拒付风险。

3. PayPal，Paypal 与支付宝较类似，本是美国 EBAY 旗下的支付平台，现已经独立出来。在国际上知名度较高，是很多国家客户的常用付款方式。PayPal 在全球 190 个国家和地区，有超过 2.2 亿用户，已实现 PayPal 网站首页在 24 种外币间进行交易。

（1）品牌效应强：

PayPal 在欧美普及率极高，是全球在线支付的代名词，强大的品牌优势，能让您的网站轻松吸引众多海外客户。

（2）资金周转快：

PayPal 独有的即时支付、即时到账的特点，让您能够实时收到海外客户发送的款项。同时最短仅需 3 天，即可将账户内款项转账至您国内的银行账户，及时高效地帮助您开拓海外市场。

(3)安全保障高:

完善的安全保障体系，丰富的防欺诈经验，业界最低风险损失率(仅0.27%)，不到使用传统交易方式的六分之一。确保您的交易顺利进行。PayPal 支持以下银行发行的银联卡:中国工商银行、中国建设银行、中国农业银行、中国银行、交通银行、招商银行、上海浦东发展银行、华夏银行中信银行、兴业银行、中国民生银行、中国光大银行、中国邮政储蓄银行。

4. Boleto，是一种电子钱包付费方式，也是一种本地支付方法，且无需支付额外费用，由于欧美跨境电商竞争激烈，很多人开始将目光转向巴西、俄罗斯等市场，巴西是金砖国家之一，也是拉美发展比较好的国家，除了信用卡，当地人习惯使用 Boleto 支付。巴西国内的在线支付方式就是 Boleto。Boleto 是由多家巴西银行共同支持的一种使用 Bar Code 识别码的支付方式，在巴西占据重要地位，客户可以到任何一家银行，ATM，等指定的网点完成支付

Boleto，全称是 Boleto Bancário，是受巴西中央银行监管的巴西官方的一种支付方式，每年大约除了20亿笔交易，其中30%的交易来自在线交易。由于巴西很多人倾向于使用 现金交易，还有就是申请可用于跨境交易的信用卡很困难，另外 Boleto 通常是公司以及政府部门的唯一支持的支付方式，可以说 Boleto 是跨境电商打通巴西支付的不二之选。国内如速卖通、兰亭集势都已经支持了 Boleto 支付。

Boleto 支付主要有以下几个特点:(1)非实时交易，这点和 paypal 或者信用卡的实时交易不同，买家一般可在3-5天内完成支付，具体取决于 invoice 上的 Vencimento 日期。(2)No chargeback，不能拒付，而 paypal 或者信用卡可以拒付，在180天内买家都可以拒付。(3)交易有限额，每个巴西人每月累计支付不超过3000美金。(4)交易费用便宜。paypal 对中国商家的费率是4.3% +0.3 $，另外还有每笔30 $ 的提现费用，而 Boleto 一般低于4%。(5)无保证金或者循环保证金，而且 paypal 或者信用卡一般都会有一定的交易保证金，以及10%的循环保证金，这对商家的资金周转造成很大的压力。

5. QIWI 是俄罗斯客户的主要支付方式。例如速卖通网站上的 QIWI 是 QIWI 金融集团旗下的电子钱包系统，其服务类似支付宝，依托 QIWI bank，买家支付的时候，其付款页面会有此支付方式的提示，买家可以根据自已的情况选择适合的付款方式，卖家就不用进行任何的设置。

WebMoney 简称(WM)是由成立于1998年的 WebMoney Transfer Techology 公司从开发的一种在线电子商务支付系统，该系统可以包括中国在内的全球70个国家使用，是俄罗斯三大主流支付机构之一。

在速卖通网站的 WebMoney 这种支付方式的消费额度是0.01~5000美元，同时不同买家在使用 WebMoney 的支付额度也有限制，WebMoney 的支付额度会根据会员类型有不同的限制。

每个地区的支付方式都有当地的主流。要做跨境电商 B2C 垂直网站，必须要有针对性了解市场的主流。

(三)国际快递和国际支付的衔接

国际快递是指在两个或两个以上国家(或地区)之间所进行的快递、物流业务。

互联网让中国的中小制造企业有了直接接触海外终端消费者的机会，但随之而来的支付、物流等问题也是考验他们的难题。遇到政局动荡、大型体育比赛、罢工，快递都经历过大

规模延时，一些来不及派送的快递，只好选择就地销毁，因为运回国内的成本也不低。

借助电子商务平台努力转型的中国中小型制造企业还有很多。阿里巴巴旗下的速卖通平台只用了五年时间，就成为俄罗斯市场占有率第一的购物网站。

速卖通2013年的销售额只有24亿美元，但令人吃惊的是，它在许多国家每年以10倍左右的速度增长，2013年白俄罗斯的增速甚至高达1371倍。

即便是跨境网络支付和物流服务并不尽如人意，最近几年，全球消费者自己开始参与跨境电子商务的趋势依旧难以阻挡。他们从中国网购商品，而不再借助中间商。

中国最大的电器生产商海尔集团已经开始通过与阿里巴巴合作，尝试没有库存的网络定制。消费者选择自己喜欢的冰箱以后预付定金，厂家才开始采购和生产，这让库存、仓储这个制造业最痛苦的成本控制环节一夜之间不再成为问题，让价格可以下调30%。这对于"利润像刀片一样薄"的中国制造来说，这样的创新让人眼前一亮。

先销售后生产让许多敏锐的中国厂商开始加入其中。消费者可以完成一年的必需品订购，然后请卖家按月送到家中。这种计划性对中国的农民尤其重要，他们可以在买种子和化肥之前就接受预订。

电商平台和制造型企业还在为跨境支付和物流布局，尽管这是一个浩大的工程。

四、跨境电商国际物流

在跨境电商中，国际物流基于一个很重要的角色，不可缺失的。出口商品通过物流到达购买者手中。在跨境电商平台里，国际快递就是一个支撑者，支撑着整个跨境电商平台。

（一）国际快递在跨境电商网店中的作用

在跨境电商平台销售当中，跨境电商平台成快递行业新宠，跨境电商平台为国际快递做出了巨大的贡献。目前，顺丰、中通、圆通、韵达、宅急送、苏宁云商等公司都已申领了国际快递业务经营许可证。申通快递美国官网预计将于2015年2月底上线，目前已开启海淘转运业务内测。苏宁在2014年9月就开始布局海外网购市场战略，2014年12月苏宁易购与跨境购物网站"洋码头"合作，上线了"全球购"。韵达的美国服务中心官方网站也在2014年9月低调上线。

"顺丰海淘的上线标志着顺丰有了真正意义上的电商平台。"顺丰内部消息人士告诉记者，顺丰未来将布局完成快递+冷链+电商直供+跨境物流+顺银金融+嘿客门店+嘿客电商的线上线下的O2O闭环布局。顺丰目前名气最大的电商平台顺丰优选主要还是为了配合顺丰的生鲜冷链系统，电商平台的属性相对较弱，2015年年初上线的顺丰海淘才是顺丰老总王卫真正着力打造的电商平台。

实际上，从2014年年初开始，王卫便针对跨境电商业务做了诸多布局。先后推出海购丰运（Sfbuy）和"全球顺"，又与多家国外电商网站洽谈合作，动作频繁。

"顺丰以嘿客店为主的线下扩张并不顺利，让王卫感到了一定成本压力，从2014年就开始布局的跨境电商将成为他2015年翻身的一个重要砝码，在跨境电商上顺丰还将会有大动作。"一业内人士认为。

除了快递巨头外，紧盯跨境电商的还有阿里。

2014年"双十一"，阿里通过天猫国际平台将购物狂欢节拓展到全球范围。多位专家在公开场合上表示，"跨境电商将成为阿里未来的布局重点。"

阿里2014年三季度财报显示，阿里集团国际零售业务(B2C)收入4.19亿元，同比增长100%，增长主要来自于速卖通交易额的大幅增加，跨境业务的高速增长满足上市后的阿里的需求。

面对2015年的阿里跨境电商业务，马云也提出了“逢山开路，遇水搭桥”的八字方针。马云将俄罗斯、美国与新加坡、支付宝国际化、基础支撑作为四个主攻方向。马云计划将国际B2C事业部独立，还将聘请前美国财政部高管负责国际企业事务，可见其对这部分业务的重视。

(二)国际快递介绍

1. 概述

国际快递是指在两个或两个以上国家(或地区)之间所进行的快递、物流业务。例如意大利有一家专门经营服装的公司，它有5000家专卖店，分布在60个国家，每年销售的服装约5000万件。其总部在意大利，所有的工作都是通过80家代理商进行。若某一专卖店发现某一款式的服装需要补货，立即通知所指定的某一代理商，该代理商立即将此信息通知意大利总部，总部再把这一信息反馈给国际快递配送中心，配送中心便根据专卖店的需求在一定的时间内进行打包、组配、送货。整个快递过程可在一周内完成。

特点：

(1)快递环境的差异性，不同的法律法规、人文、习俗、语言、科技发展程度和硬件设施。

(2)快递系统范围的广泛性，快递本身的复杂性，加上国际快递的特殊性，操作难度较大，面临风险更多。

(3)快递的信息化要求决定其先进性，对信息的提供、收集与管理有更高的要求，要求有国际化信息系统的支持。

总之，国际快递的一个非常重要的特点是，各国快递环境的差异，尤其是快递软环境的差异。不同国家的不同物流适用法律使国际快递的复杂性远高于一国的国内物流，甚至会阻断国际快递；不同国家不同经济和科技发展水平会造成国际快递处于不同科技条件的支撑下，甚至有些地区根本无法应用某些技术而迫使国际快递全系统水平的下降；不同国家不同标准，也造成国际间“接轨”的困难，因而使国际快递系统难以建立；不同国家的风俗人文也使国际快递受到很大局限。

国际快递运输是国家与国家、国家与地区之间的运输，与国内货物运输相比，它具有以下几个主要特点：

(1)国际快递运输涉及到国际关系问题，是一项政策性很强的涉外活动。国际快递运输是国际贸易中的一个组成部分，在组织货物运输的过程中，需要经常同国外发生直接或间接的广泛的业务联系，这种联系不仅是经济上的，也常常会涉及到国际间的政治问题，是一项政策性很强的涉外活动。因此，国际快递运输既是一项经济活动，也是一项重要的外事活动，这就要求我们不仅要用经济观点去办理各项业务，而且要有政策观念，按照中国的对外政策的要求从事国际运输业务。

(2)国际快递运输是中间环节很多的长途运输。国际快递运输是国家与国家、国家与地区之间的运输，一般来说，运输的距离都比较长，往往需要使用多种运输工具，通过多次装卸搬运，要经过许多中间环节，如转船、变换运输方式等，经由不同的地区和国家，要适应各国不同的法规和规定。如果其中任何一个环节发生问题，就会影响整个的运输过程，这就要求我们作好组织、环环紧扣，避免在某环节上出现脱节现象，给运输带来损失。

(3)国际快递运输涉及面广，情况复杂多变。国际快递运输涉及到国内外许多部门，需要与不同国家和地区的货主、交通运输、商检机构、保险公司、银行或其他金融机构、海关、港口以及各种中间代理商等打交道。同时，由于各个国家和地区的法律、政策规定不一，贸易、运输习惯和经营做法不同，金融货币制度的差异，加之政治、经济和自然条件的变化，都会对国际快递运输产生较大的影响。

(4)国际快递运输的时间性强。按时装运进出口货物，及时将货物运至目的地，对履行进出口贸易合同，满足商品竞争市场的需求，提高市场竞争能力，及时结汇，都有着重大意义。特别是一些鲜活商品、季节性商品和敏感性强的商品，更要求迅速运输，不失时机地组织供应，才有利于提高出口商品的竞争能力，有利于巩固和扩大销售市场。因此，国际快递运输必须加强时间观念，争时间、抢速度，以快取胜。

(5)国际快递运输的风险较大。由于在国际快递运输中环节多，运输距离长，涉及的面广，情况复杂多变，加之时间性又很强，在运输沿途国际形势的变化、社会的动乱，各种自然灾害和意外事故的发生，以及战乱、封锁禁运或海盗活动等，都可能直接或间接地影响到国际快递运输，以至于造成严重后果，因此，国际快递运输的风险较大。为了转嫁运输过程中的风险损失，各种进出口货物和运输工具，都需要办理运输保险。

(6)国际快递运输相比于商业快递速度偏慢。查询网站信息滞后、通达国家较少、一旦出现问题查询只能做书面查询、时间较长。

目前中国国际快递是快递业务中最重要的组成部分，它是 EMS、DHL、UPS、FedEx、TNT、ARAMEX 等快递业“巨头”的主营业务，每年的业务量以 30% 的速度增长，在中国对外贸易工作中发挥了举足轻重的作用，为中国经济融入全球一体化作出了贡献，取得了令人瞩目的社会经济效益。

现代航空快递，是传统航空货运的发展和延续，是从航空货运代理业派生出来的。因此，要了解和掌握国际快递业务，还应学习与国际货代有关的业务知识。但国际货代业务并非本书的论述范围，本章只对“进出口作业流程及海关政策规定”等相关知识点，做一引领性的概述。

(三)国际快递方式选择

1. 速卖通、EBAY、亚马逊大卖家对物流的要求比较高，需要选择时效稳定的渠道，产品价值不高，利润低的产品优先考虑中邮小包，产品价值高的，则优先考虑 E 邮宝和 E 特快、速通全球商务包裹、速通国际专线。然后再选择商业快递，DHL/UPS/FedEx/TNT。

2. 速卖通、EBAY、亚马逊大卖家对物流的要求跟公司的契合度比较高：中邮小包是空邮中心的账号，时效快，信息灵通，保障度较高；中邮小包精选掌控力较好的邮局中直达的国家，在淡季时为客户提供超高性价比的渠道。

速卖通、EBAY、亚马逊大卖家可以综合渠道的稳定性、利润率、价格来综合考虑物流，总体上来说需要选择优质的物流渠道和物流商。

3. 综合各个国际快递渠道的时效、运费比较，更具产品的货值、利润的高低、国外客户时效要求、选择快递渠道。中邮小包较其他快递是最便宜的渠道，也是时效最慢的渠道。速通库 E 邮宝较其他快递是运费相对便宜、时效还可以的渠道，但是局限在国家较少，速通可发线下加拿大、美国、英国、澳洲。这个渠道选择的客户也较多。速通库 E 特快是即 E 邮宝为适应更多客户对时效的要求增开的一个新渠道，价格和 E 邮宝差不多，但是时效更快了，一般根据国家不同时效在 2 –3 天，3 –5 天，5 –7 天。可到达的国家都有，最重要的有俄罗斯、白俄罗斯、巴西、乌克兰这些国家才 5 – 7 天就到。还可以到的国家有英国、法国、西班牙、加拿大、澳大利亚、荷兰，还有一些亚洲国家。速通国际专线更是为了迎合跨境电商的发货要求和运输时效开通的，价格稍微高一些，但是时效绝对保证，而且可到的国家很多。商业快递（DHL/UPS/FedEx/TNT.）是出现最早的国际快递渠道，也比较成熟，但是对运输货值较高、重量较大的产品比较合适，运费高、时效快。速通国际快递也在商业快递上开辟了更多时效快，价格相对便宜的渠道，香港 DHL、马来联邦、青岛 UPS，速通库全球商务包裹这四个渠道时效很快，价格相对其他商业快递较低。

选择一个好的快递渠道，是对跨境电商做好国际业务的一个垫脚石，物流不能让国外客户满意，那么很容易让客户提起纠纷，产生问题件，所以选择一家可靠的、有实力的发货商很关键。

五、跨境电商金融

跨境金融是中国经济政策上的趋势。

在 APCE 上，习近平总书记也指出中国经济的发展，是一个不断开拓创新和寻求突破的过程，从沿海地区向西部内陆不断推进，“一带一路”跨境金融建设将为全面深化改革和持续发展创造前提条件，在区域合作新格局中寻找未来发展的着力点和突破口，可谓是“一子落而满盘活”。“一带一路”沿线大多是新兴经济体和发展中国家，总人口约 44 亿，经济总量约 21 万亿美元，分别约占全球的 63% 和 29%。这些国家普遍处于经济发展的上升期，开展互利合作的前景广阔。从“一带一路”到“互联互通”，中国思路一以贯之。

发起并同一些国家合作建立亚洲基础设施投资银行是要为“一带一路”有关沿线国家的基础设施建设提供资金支持，促进经济合作。设立丝路基金是要利用我国资金实力直接支持“一带一路”建设。充分借鉴现有多边金融机构长期积累的理论和实践经验，制定和实施严格的规章制度，提高透明度和包容性，确定开展好第一批业务。亚洲基础设施投资银行和丝路基金同其他全球和区域多边开发银行的关系是相互补充而不是相互替代的，将在现行国际经济金融秩序下运行。

它对推进我国新一轮对外开放和沿线国家共同发展意义重大。当前，经济全球化深入发展，投资格局正在酝酿深刻调整，亚欧国家都处于经济转型升级的关键阶段，需要进一步激发域内发展活力与合作潜力。“一带一路”战略构想的提出，契合沿线国家的共同需求，为沿线国家优势互补、开放发展开启了新的机遇之窗。

监管部门开放的态度，为跨境金融的发展提供了支持：

（1）深圳前海的设立 。截至 2014 年 7 月底，前海入驻企业已超万家！其中，金融企业占比超过 60%，初步形成以创新金融为核心的现代服务业企业集群。

国务院 22 条主要着眼于财税、金融、法制、人才、教育医疗及电信六个方面先行先试，支持深圳前海深港现代服务业合作区实行比经济特区更加特殊的先行先试政策，力图将前海打造成现代服务业体制机制创新区、现代服务业发展集聚区、香港与内地紧密合作的先导区、珠三角地区产业升级的引领区。

（2）上海自贸区的设立。上海自贸区的设立，有助于企业离岸业务。国内保税港区向自贸区转型，使区内形成大量的非居民企业，这些企业从事贸易、运输和服务贸易进口和出口业务，具有两头在外的离岸公司特点，存在离岸资金流的进出和沉淀，需要相应的结算、融资、保值避险等离岸金融配套服务.因而可产生大量的离岸金融业务。发展离岸金融业务。可以提高国内保税港区向自贸区转型中的贸易和运输的自由度。国际通行的自贸区需要贸易和运输的自由。离岸金融通常可以为贸易、物流企业的境外业务提供资金结算便利。为内资企业“走出去”提供资金平台和国际结算渠道国内保税港区开展离岸金融业务。

跨境金融的对策：

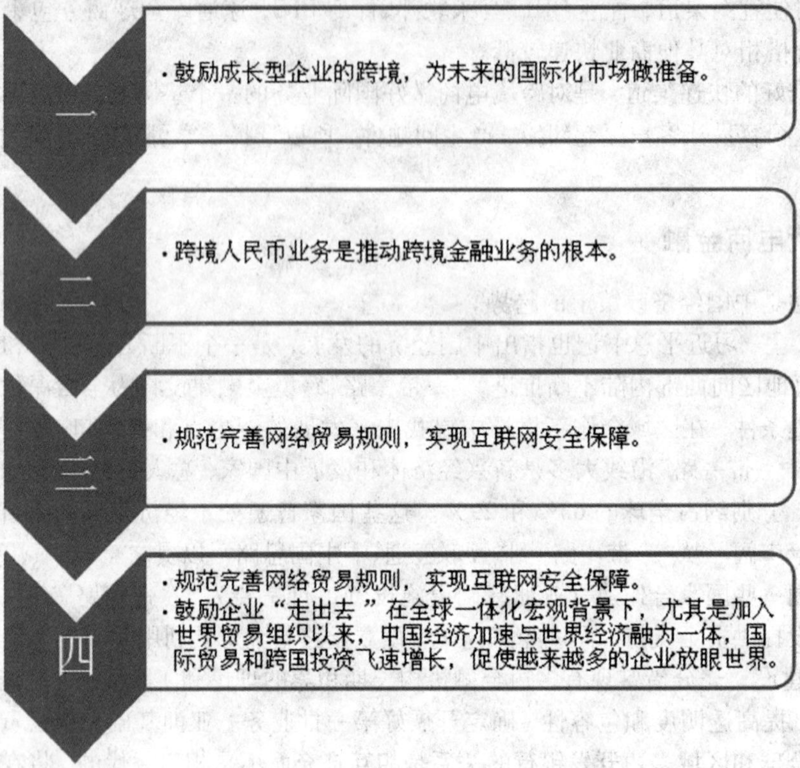

六、跨境电商案例

知识总结

1. 跨境电商的物流承载着整个跨境电商，没有物流，就无法形成进出口跨境电商。

2. 在跨境电商中不仅仅只有出口，跨境电商是分进出口。而且模式还不一样哦，分B2B、B2C、B2B2C等。

3. 在做跨境电商过程中会遇到的问题很多，看看那些人怎么解决的，物流不够快，建了海外仓。销售不知道当时的市场，那就本土化运营等等。在做跨境电商的过程中遇到什么就会想办法解决，就会出现很多很多的新概念。

【知识检测】

什么是 SEO?

在跨境电商流程中,什么是跨境电商现时最短缺的?

【拓展阅读】

跨境电商怎样"柳暗花明又一村"

跨境电商的各种平台模式已经到了"乱花渐欲迷人眼"程度,但是跨境电商怎样才能"柳暗花明又一村"呢?还是从自我的认识是自营的 B2C 的跨境电商模式。有一个神奇的网站叫 58 同城,还有一个神奇的公司那就是蜜芽了,不到两年的时间完成 C 轮融资,团队从不到 10 人壮大到 500 多人。借用蜜芽 CEO 刘楠的话说:"蜜芽是一个妈妈的偶然创业成功。"但每一件偶然的事中必然存在成功的因素,蜜芽就是在跨境电商中占坑最早,而且是垂直跨境电商。

最近一段时间蜜芽也是动作频频,不断出手捍卫行业的领先位置!去年,跨境母婴电商蜜芽与平安保险建立合作关系,平安保险将对蜜芽网上商城所出售的所有商品提供正品保险。蜜芽目前已经入驻宁波保税区开展跨境电商业务,广州保税仓的跨境业务也正式启动,其他保税城市也被列入计划之中。近日,进口母婴电商蜜芽又引进了欧洲线下知名连锁药房机构 HCP。目前 HCP 旗下药房中的母婴用品、营养保健品、药妆个护等产品已在蜜芽上架。此外,蜜芽宣布与中国最大早教平台红黄蓝成立合资公司,拓展跨境母婴 O2O 领域,将会在红黄蓝全国范围内的 1300 多家现在亲子园中,设立线下体验终端。我想从蜜芽的动作可以看出,当一个创业公司的平台壮大之后,对所在领域的深度挖掘是建立壁垒的最好方式了!

既跨境又垂直才是蜜芽成功的关键因素!在产品上,坚持正品、精品、加特卖的特色是蜜芽最大的优势,蜜芽选择跨境 B2C 自营的模式,在供应链方面,采用互联网 + 国际贸易的形式,海外直采商品,自行进口,最大程度上地降低了产品成本。在人群上,蜜芽在跨境电商领域的切入点更细,用户更精准。从淘宝店起家,让蜜芽有了一定的用户口碑,所以形成妈咪口碑是延续降低推广成本的关键因素。移动社交时代,蜜芽社区蜜芽圈将妈咪们这部分有共同话题的人聚拢到一起,让他们做分享、做口碑传播就形成了社群的商业模式,蜜芽独特的运营模式和营销策略至关重要的作用。蜜芽选择跨境 B2C 自营的模式,在供应链方面,减少中间环节降低成本,最大幅度让利于消费者。

蜜芽的发展如此之迅速也堪称是神奇,在竞争激烈的母婴电商领域能否保持独占鳌头的优势还需要时间的验证。

学习模块三　经营实战篇

第三章　跨境电商 B2B 经营篇

【知识要点】

1. 了解跨境 B2B 营销方式的发展变化。
2. 明确 B2B 第三方平台和垂直官网的运营特点。
3. 了解三大 B2B 平台各自的发展特性及优势。
4. 掌握阿里巴巴国际站产品发布的方法和流程。
5. 了解阿里巴巴国际站中的安全和诚信认证并明确各自的作用 。
6. 掌握阿里巴巴国际站的实时交流和跟踪服务的方法。

【核心概念】

1. B2B 营销方式随着电商和信息的发展不断改变进化，从而适应市场越来透明的变化。精准化营销的加剧，竞争核心重新回到打造核心竞争力或者实现差异化竞争。

2. 第三方 B2B 平台从为买卖双方提供信息服务发展到在线交易服务再到全产业链服务。垂直 B2B 官网以采购商为中心，注重专业化、精细化运营，聚焦产品品类并保证产品品质。

3. 阿里巴巴国际站提供全系列线上、线下服务和工具。环球资源通过出口推广服务和贸易媒体连接供应商，对供应商的诚信问题要求仔细。中国制造网专注服务买家和出口推广，积极弘扬中国制造的产品。

4. 阿里巴巴国际站的安全和诚信认证为买卖双方提供了重要保证。

5. 保证客户再次购买的重要一点是要做好实时交流和跟踪服务。

【情境导入】

阿里和苏宁在一起了

没有永远的对手，只有永远的利益。2015 年 8 月 10 日下午，阿里巴巴集团与苏宁云商集团股份有限公司共同宣布达成全面战略合作，共启商业未来。根据协议，阿里巴巴集团将投资约 283 亿元参与苏宁云商的非公开发行，占发行后总股本的 19.99%，成为苏宁云商的第二大股东。与此同时，苏宁云商将以 140 亿元认购不超过 2780 万股的阿里巴巴新发行股份。双方将全面打通电商、物流、售后服务、营销、大数据等线上线下体系。

阿里巴巴此次与苏宁云商战略合作，被视为落实国家互联网 + 战略，线上与线下商业全面融合的一个标志性事件。双方的用户将成为直接受益者，享受到线上线下融合的便捷购物体验。过去数十年企业积累的能力和资源，将能够真正的实现社会化开放，打造真正的社会企业。

当日下午，阿里巴巴与苏宁云商共同召开主题为《认真做梦踏实做事始于坚持成于开放》的新闻发布会。

签署战略协议后的阿里巴巴和苏宁云商，将携手整合双方优势资源，利用大数据、物联网、移动应用、金融支付等先进手段打造 O2O 移动应用产品，创新 O2O 运营模式:双方将尝试打通线上线下渠道，苏宁云商辐射全国的1600 多家线下门店、5000 个售后服务网点以及下沉到四五线城市的服务站将与阿里巴巴强大的线上体系实现无缝对接。消费者享受全新购物体验，新商业形态打破场景限制，优化消费路径、提升配送效率、完善售后服务，而消费者将享受这一系列的服务变革。对于合作双方来说，改变的不仅仅是零售平台，而且将形成包括大数据、云计算等环节在内的更加丰富的商业生态，以数字时代新商业的全新面貌实现合作共赢。站在中国商业史的角度，此次合作具有里程碑式的意义。

【思考】

1. 阿里和苏宁的大买卖背后蕴含着怎样的深意?
2. 线上与线下的携手又将对行业造成怎样的影响?

一、跨境 B2B 营销方式的发展变化

随着“互联网 +”的兴起，传统企业借助互联网及信息技术重塑传统产业行业格局，促进转型升级，进而提振经济活力完成经济转型。B2B 是企业融合进互联网的一种主要途径。对企业来说，不仅要提高自身产品和营销的核心竞争力，还要适应电子商务和互联网 + 的快速发展，而互联网 + 外贸模式将加速推进跨境 B2B，帮助线下传统外贸企业实现转型，助力产业快速升级，而跨境电商出口模式从此前的 B2C 模式向 B2B 大货模式延伸，丰富跨境电商出口模式，解决跨境电商本地发货时间长，售后服务跟不上的问题，加速企业走出去的步伐。将货物发往企业海外仓，实现产品在海外当地的前置销售和发货，解决跨境电商本地发货时间长，售后服务跟不上的问题，加速企业走出去步伐。

B2B 跨境电商将通过推动制造型企业上线，促进外贸综合服务企业和现代物流企业转型。在电商和互联网 + 的环境下，B2B 出现移动化，交易服务化，社交化和一体化四大趋势。

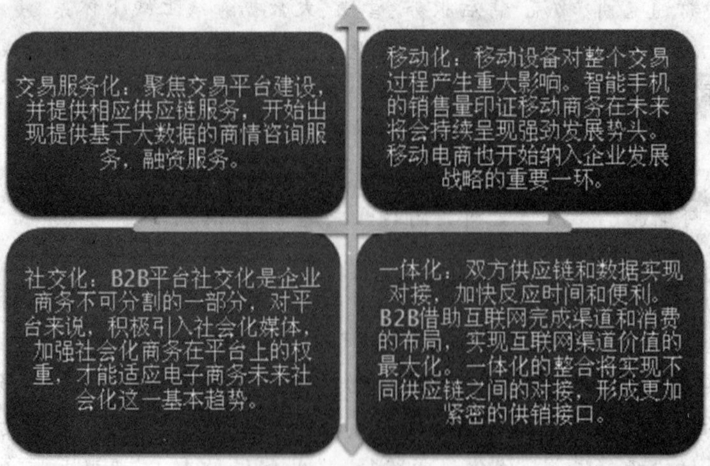

B2B 营销方式随着信息化和电商快速发展不断发展变化，人们的信息和相互交流的方式发生明显改变，消费者的日渐成熟和行业的竞争激烈，大数据的作用日益凸显。买家不会轻易就决定下单购买，他们会运用各种工具了解潜在的购买目标。企业在提高产品质量和营销技巧的同时，应建立起个性化差异化的经营方式。面对越来越透明的市场，需要以诚信为基石，以精准营销为主导，整合多种营销方式，注重数据处理和分析。对营销变化需要做更深刻的了解。

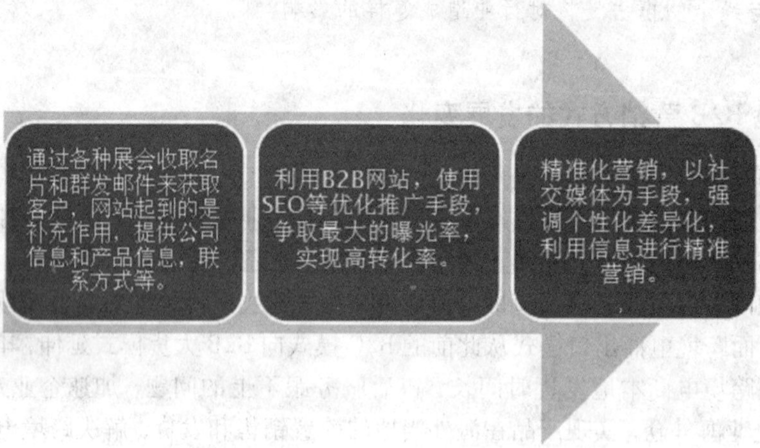

互联网和电商的快速发展，寻找客户不再是一件难事。精准化竞争加剧，B2B 平台发展策略从粗放扩张型向质量服务型转变，竞争核心重新回到打造核心竞争力或者实现差异化竞争。

知识链接

差异化营销是在了解产品、推广、渠道等信息后，集中优势资源，避开主流方式，以独辟蹊径的方式制造产品概念或者销售通道，达到出奇制胜的效果。其成功运作最大的优势是迅速获得市场认知度、占有率，而且容易形成资源优势。但值得注意的是，容易被跟进者仿效从而沦为平庸，甚至成为培育市场的牺牲品。

二、B2B 第三方平台运营和 B2B 垂直官网运营

(一)第三方 B2B 平台运营

第三方 B2B 平台是指在贸易活动中，为买卖双方企业提供信息的发布、贸易磋商服务的平台供应商。目前比较知名的有阿里巴巴、环球贸易、中国制造网等。

通过第三方 B2B 平台，采购商和供应商从建立最初联系到不断磋商，到最后的签单和交货和客户服务，平台为双方的交易减少了许多工作流程，最大可能的节约了开支。网络的便利性和延伸性让企业扩大了活动范围，而第三方 B2B 平台也为买卖双方间的战略合作提供了基础。

运营首先要看第三方用户是否活跃或者群体是否足够大，如果足够大，用户活跃，被关注的几率就会比较大，否则则需要借带三方平台如搜索引擎引流。

其次 SKU 的完善也尤为关键，平台会自动评估，信息越详细，关键词越清晰，询盘机会就越多。绑定聊天工具，确保在线询盘的及时响应和有效沟通。

同时借助其他平台、软文或者活动进行推广，并监测用户反映、完善不足并改进。

第三方 B2B 平台从为买卖双方提供信息服务发展到在线交易服务再到全产业链服务。将传统渠道的贸易方式与电商相结合，满足企业的个性化定制需求。企业应对激烈的市场竞争，也可以根据第三方平台提供的数据，采购商需求的变化，对产品、价格、促销方面制定不同于竞争对手的策略，达到建立和对手不同的优势，与竞争对手形成差异，争取更多的贸易机会。同时，在第三方 B2B 平台上要注重信用评价体系的完善，信用越高，采购商越信任，成交就越容易。

第三方 B2B 平台为企业提供多种推广形式让采购商找到企业并取得联系，企业可以根据自身需求选择适合的方式：

注册会员：企业通过第三方 B2B 平台进行电子商务贸易，要先注册第三方 B2B 平台的会员，成为会员每年缴纳一定的会员费用才能享受平台提供的各种服务。会员费已经成为 B2B 网站的主要收入来源。

广告推广：在推广企业和产品时，可以选择在 B2B 第三方平台上投放广告已达到推广的目的，现在各种的第三方 B2B 平台有多种广告表现形式供用户选择。

竞价排名：企业在第三方 B2B 网站上都希望排名靠前，而网站则采用竞价排名的方式，根据会员不同的交费对排名进行调整。

增值服务：第三方 B2B 网站根据企业的需求，相应的提供独特的增值服务，包括企业认证，搜索引擎优化，独立域名等。

线下服务：第三方 B2B 网站的线下服务主要有展会、研讨会、报刊等，通过这些方式，让供应商和采购商面对面地交流，提高贸易机会。

按询盘付费：第三方 B2B 网站的按询盘付费，供应商只需要成功获得有效询盘后支付询盘价格即可，主动权完全在供应商手中。

(二)B2B 垂直官网运营

垂直 B2B 网站的特点是专业性强，精细化程度高，受众集中。B2B 垂直网站根据行业的特点，对网站进行专业化的设计，前后台完全是按照行业产品分类，商品信息描述和搜索引

擎也更符合行业特征，这样就能够为采购商提供更有针对性的服务。

企业在做垂直网站的时候，首先要专注在某个方向，选定产品，定位市场细分人群。这样容易让客户对网站发布的信息产生粘性，进而带来流量。

对网站内产品信息和企业信息要尽可能完善，注意更新网站内容和添加内容页面，进行资讯信息的有效整合。注重内容质量并定时推出新的产品和理念，保证企业的专业性。

B2B 垂直官网的运营过程中，通过市场调查寻找差异化，清楚产品的亮点特点卖点，注重差异化的商品和服务，以便做差异化营销。

做好竞品分析，明确自身的优劣势，对自身劣势在运营时进行有效的规避，发挥优势，定位目标用户，确定定向的宣传推广，有助于精准营销。

与客户产生更多的情感上的交流，从而产生平台所无法复制的用户粘性和忠诚度，有利于做出特色并形成品牌效应。

如何让尽可能多的客户知道企业和产品的信息，并且将该信息传播出去？首先找准客户的需求和品位，体现经营人群的特性，然后进行推广。

1. 通过社区论坛、社交平台（例如 Facebook，Twitter 等）将信息传播出去，吸引客户，聚集人气，以社交平台带动 B2B 垂直网站。

2. SEO 推广。在了解搜索引擎自然排名的基础上，对网站内部和外部进行调整优化，改进网站在搜索引擎中关键词的自然排名，获得更多的流量。

3. 定时举行线下展会，推广产品。活动带来的社交粘性是平台所不具备的，线下客流同样重要。

4. 整合企业在产业链上的位置。通过调整、优化相关企业关系一起协同合作，提高产业链的运作，进而提升企业的竞争优势。

5. 垂直网站最好是和 O2O 结合，做到线上线下相结合。加深人群的粘性和品牌度。

总之，垂直 B2B 官网以采购商为中心，注重专业化、精细化运营，聚焦产品品类并保证产品品质，提供良好的采购体验，在垂直中做到极致才能有更好的发展。

小贴士

垂直网站的特色就是专一。他们并不追求大而全，他们只做自己熟悉领域的事。他们是各自行业的权威、专家，他们吸引顾客的手段就是做得更专业、更权威、更精彩。他们也用广告宣传自己，但他们太了解这个行业了。只需吹灰之力，就可以让顾客们知道：网站又开新栏目了，又推新产品了……而垂直网站的顾客也不是普通的顾客。他们基本上都是该行业的消费者。每一个顾客代表的购买力，比综合网站顾客的平均水平要高出许多倍。所以垂直网站常常能以比综合网站少得多的访问量换来更多的广告。

如果加上电商，垂直网站就能以权威、专业的内容吸引、刺激和带动顾客的消费。因为他知道他的顾客在哪里，需要什么，顾虑什么。这便为顾客提供一条龙式的服务模式——以自己内容指引顾客消费自己的商品。垂直门户的电子商务有专家指引，购物方便又明智，终将吸引越来越多的消费者。

三、三大主要 B2B 平台介绍

(一)阿里巴巴

1. 基本介绍

阿里巴巴成立于 1999 年，是 B2B 电子商务领先的网上交易市场。也是全球最大的综合性的 B2B 平台。阿里巴巴为中小企业和个人建立平等快捷便利的网上商业平台模式，利用电子商务改变全球商人做生意的方式。良好的定位及价值观，优秀的服务让阿里巴巴成为全球商人的首选网站。

在跨境电商的阿里巴巴国际站贸易平台中，国际站帮助企业拓展贸易的出口和营销推广，通过向买家展示产品和推广供应商的企业获得贸易的机会和订单。

阿里巴巴国际站提供全系列线上、线下服务和工具，让企业更好的开拓市场，“金品诚企”更是让第三方认证的有实力出口企业获得更多的贸易机会。在阿里巴巴国际站上买卖双方可以搜索寻找各自的采购信息，产品信息和公司信息。阿里巴巴国际站的互动性、可信性、专业性、全球化，让其成为出口企业拓展国际贸易的重要平台。

2. 发展

阿里巴巴从 1999 年发展至今，全球著名的新闻传媒对阿里巴巴的跟踪报道从未间断。良好的企业定位和文化，优秀的服务使阿里巴巴成为了全球网商的首选网站。在追求发展的路上，阿里巴巴不断提高产品服务和品牌价值，优化内部结构以求达到更好的发展。

3. 经营理念

自阿里巴巴成立以来，不断完善企业价值观，从价值观雏形演变到独孤九剑(群策群力、教学相长、质量、简易、激情、开放、创新、专注、服务与尊重)并不断完善为六脉神剑(客户第一、团队合作、拥抱变化、诚信、激情、敬业)，再到最后的“四项基本原则”(第一:唯一不变的是我们的变化，我们在不断的变化中求生存，不断的变化中求发展;第二:永远不要把赚钱作为公司的第一目标;第三:阿里巴巴永远做代表;第四:阿里巴巴永远不追求超额暴额的利润)“三个代表”(第一必须代表客户利益;第二必须代表员工利益;第三才是代表广大股东的利益)，阿里巴巴为每位员工不断灌输企业文化并进行阿里巴巴“文化运动”打造一个成长型的企业。

阿里巴巴的梦想是通过发展新的生意方式创造一个截然不同的世界。让天下没有难做的生意。

4. 竞争优势:访问量最大的 B2B 网站;推广力度较强;功能较完善;广告流量巨大。

5. 竞争对手

Kompass，环球资源，马可波罗网

小贴士

Kompass:康帕斯(外文为 Kompass)中文全称康帕斯国际集团，全球领先的 B2B 国际贸易电子商务集团。

马可波罗网:马可波罗采购搜索是全球领先的精准采购搜索引擎，中国最大的采购商聚集平台。

(二)环球资源

1. 基本介绍

环球资源(Global Sources)在 1971 年成立，前身为 Asian Source，在 2000 年，环球资源在纳斯达克证券交易所上市。环球资源是一个 B2B 多渠道整合推广的媒体公司，致力于发展中国对外贸易，专注服务于 B2B 领域。环球资源的核心业务是通过网站、展会、杂志等媒体推动促进各国的出口对外贸易。

环球资源拥有多年的国际贸易的经验，利用全面的产品采购咨询，通过出口推广服务和贸易媒体连接供应商和全球买家并提供良好的服务，对供应商的诚信问题要求仔细，并提供广告创作、网上内容管理等支持服务。

2. 发展

环球资源在全球贸易的发展过程中扮演了重要的角色。

早先环球资源是专业采购杂志的，后来每个月定期出版专业贸易杂志，不定期出版其他行业的资讯杂志并附送光盘，发展了全球十几个不同行业和地区的行业网站和门户网站，以及每年在全球的采购中心举行行业的贸易展览会。

在未来，环球资源将继续努力跨境业务，扩大网上交易业务，开拓海外市场，积极适应经济全球化。

3. 经营理念

以全球化的资讯，在合适的时机，通过资源渠道连接全球的供应商和买家。促进个人、公司和国家间的贸易经济发展，同时贸易各方的相互合作，相互依赖让人们走得更近，加强了全球各地人们的联系。

环球资源以有效的多渠道的贸易平台，向买家推广供应商信息，提供以买家喜欢的方式帮助他们获得采购信息，同时也为供应商提供了贸易商机。

环球资源面向中国的广大供应商整合 B2B 出口推广服务并通过中文内贸网及一系列的商展，帮助供应商开发 B2B 内贸市场。另外，环球资源帮助中国电子行业供应商提供从设计到出口的服务。

总之，环球资源的所有这些服务都是致力于帮助买卖双方成功开展和完成贸易活动。

4. 竞争优势:主要业务是国际贸易展览营办商、电子商务 B2B 及商贸杂志出版社。在贸易杂志和展会推广方面比较专业。在搜索流量上突出，高质量的买家资源丰富，供应商实力有保障。

5. 竞争对手

竞争对手主要有阿里巴巴、中国制造网、Ecvv、环球市场、kompass、globalspec、directindustry、tradesparq。

小贴士

Ecvv:国际贸易平台又名伊西威威，全名深圳伊西威威科技开发有限公司。ECVV 标志中"EC"是电子商务(E－Commerce)的英文缩写，"VV"是双赢(victory － victory)的英文缩写。Ecvv 网站是国际贸易领域知名的 B2B 网站，首创 B2B 市场收费新模式，推出按效果付费，也是在全球范围内第一家按效果付费的 B2B 电子商务网站。

GlobalSpec:拥有专业买家资源是全球唯一可以用规格作为搜寻产品的专业平台更是唯一可以帮助客户做到市场分析开发客户名单的通路媒体。

Directindustry:集搜索引擎优化，在线展会，行业网站，专业化 B2B 平台于一身的新型的多语言，多关键词，多搜索引擎的国际化本土化电子商务推广平台。

Tradesparq:全球首家集社交验证功能、美国海关数据、债务追讨服务融合为一体的社交型 B2B 信息平台。成为现今 B2B 行业中最具价值的平台，让用户真正受益。简言之，Alibaba 联姻 Linkedin。

(三)中国制造网

1. 基本介绍

中国制造网创立于 1998 年，由焦点科技开发运营，总部位于南京，是著名的国际贸易 B2B 平台。

中国制造网分为国际站和内贸站。在国际站中，凭借庞大的信息数据库，高效便捷的服务，帮助买卖双方建立商业联系，为中国供应商和全球的采购商提供中国产品的电商服务，现已成为全球采购商采购中国制造产品的重要渠道。

中国制造网一直以来专注于服务买家和出口推广，弘扬中国制造的产品，促进全球的贸易发展，为买家提供优质的供应商和中国产品信息。

2. 发展

中国制造网创建以来，以"make－in－china"域名对采购商产生强烈的直观形象，利用互联网将中国产品推广给采购商，帮助供应商提升综合竞争力。2015 年 6 月，中国制造网境外仓储、物流系统的成功打通，表明未来将直接在网上提供跨境综合服务。同时，中国制造网积极地筹建海外销售网络和拟设立互联网科技小额贷款公司，为供应商提供整套供应链服务。

3. 经营理念

弘扬中国制造，服务中小企业，促进全球贸易；

客户－务实－创新－团队办网宗旨；

促进全球买家和中国产品供应商之间的贸易活动和合作；

提供优质可靠的中国产品和供应商信息；

帮助买家和买家实现高效而便捷的在线商务活动。

4. 竞争优势:在搜索流量方面非常突出，会员的 Toprank 服务随机排前 10 名，每个关键词也只卖前10名。

5. 竞争对手：阿里巴巴、环球资源等。

知识链接

如何选择B2B平台

企业进行B2B平台选择的时候，必须针对自身产品及所处行业对相关B2B平台进行挑选，面对众多的平台，企业先要好好对自己进行定位，然后根据自己的具体情况，然后选择适合的，好的平台。在选择之前，要对自己的产品做到清楚的认识和合理的规划，而不是盲目跟风，都只冲向那些名气大的平台，这样往往收不到好的效果。

第一，平台的点击率。通过www. alexa. com查询，企业可以得到的数据有网站的总体排名、全球上网的人点击到该站点的比例及变化情况、排名的变化情况、每个用户平均打开的页面数及变化情况、该平台在各国的点击占所有点击中的比例、平台浏览量在各国所有网站中的排名、平台内部各站点的点击比例(包括中文、英文、其他语种以及其他的站点)。从这些数据里面可以得知，该平台的知名度如何、点击率以及在国外的使用情况。

第二，了解各平台的收费情况。B2B平台为会员企业提供服务所要收取的费用，不同的平台之间价格相差很大，每个平台上都有人做得好赚到钱，但也有人做得不好，甚至连成本都收不回来。

第三，了解平台上同行的情况。了解同类产品在该平台上总的数量有多少，同类产品的各级会员有多少，包括买关键词排名的还有其他的推广服务形式。对比一下其他站，就会对平台有个基本的评估，可以知道产品是不是适合在这个平台上做。

第四，了解平台的定位。B2B平台种类繁多，有专门针对某个行业的垂直门户网站，也有综合性网站，选择适合自己的网站才能取得最佳的效果，定位准确了，做推广才能有更准确的目标对象。

第五，清楚自己的优势产品、优势市场。每个平台都有自己的强势产品，也可能在不同的区域有不同的影响力。因此，企业要先清楚自己的产品，了解自己的目标市场，要清楚自己产品的种类、数量、特征等性质。其次，要了解B2B平台在哪些国家或市场有比较大的影响力，然后根据自己的需求选择B2B平台。如果进行了层层筛选，依旧有多个平台的综合指标不差上下，无法抉择，那就要考虑这些电商平台的配套服务了。

找到平台也只是成功的开始，最重要的还是要用心去经营。

四、阿里巴巴国际站产品发布

(一)前期准备

1. 产品图片的收集

产品图片最好找没有logo，文字清晰的，正面、侧面、背面、细节图都要收集完善。

2. 关键词的收集分析

(1)根据产品和行业特点编写；

(2)在数据管家中热门搜索词和行业视角搜集关键词；

(3)同行信息，进入同行网站，找相同产品信息，进而得到关键词；

(4)利用 Google，Alibaba 找到关键词；

(5)分析关键词：到前台搜索关键词，避免冷偏僻关键词和已发布关键词；

(6)将收集的关键词制成表格。

(二)发布产品

1. 选择合适的正确的产品类目发布产品。

方法 1：在发布产品页面，输入产品的核心关键词，点击搜索按钮，搜索类目，选择其中合适的类目；

方法 2：在发布产品页面，可以通过浏览类目，选择合适的类目；

方法 3：在发布产品页面，可以通过“您经常使用的类目”，选择合适的类目；方法 4：如果想看同行的产品类目，在www. alibaba. com 通过关键词搜索，点击产品名称在产品详情页面左上角查看，可以看同行的产品类目，然后选择合适的类目。

2. 设置技巧：

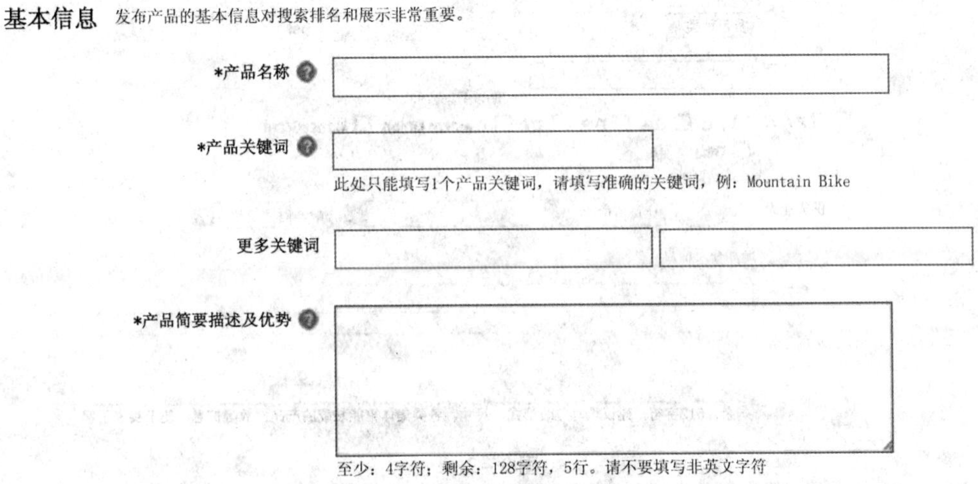

图 3－1

【产品名称】产品名称(标题)要简洁，由核心关键词加上修饰词构成，突出产品优势特性，包含产品品名、产品特征(属性)、行业标准、认证和型号等信息，长度适当，不能在名称中重复使用多个关键词，谨慎使用特殊符号。

【产品关键词】填写和产品相关的关键词，保证关键词热度与客户需求的匹配度。

【更多关键词】填写行业相关，热门搜索的词。

【产品属性】品牌、型号、自定义属性。属性在产品页面中的位置比较靠上，建议尽量写完，并且有一定比例的形容词。熟悉产品的生产工艺，准确选择产品属性的特点。

【产品简要描述及优势】共有五行：

第一行复制产品标题即可，如果标题较长可以精简，但要保证产品关键词的出现；

第二行至第四行，填写产品特点、性能、优势。技术标准等，突出产品卖点；

第五行，填写公司的认证，证书和相关资质。

【产品图片】产品图片要求清晰。美观，产品的特点优势可以在产品图片中显示，保证产品主题的突出。关于产品图片的命名的技巧，建议将要上传的产品图片命名为选定的产品关键词。

知识链接

产品图片上传:1. 通过浏览，自主选择需要的图片;2. 从图片银行选择需要的图片;3. 可以选择不对图片添加水印，水印会影响客户视觉体验。

【交易信息】

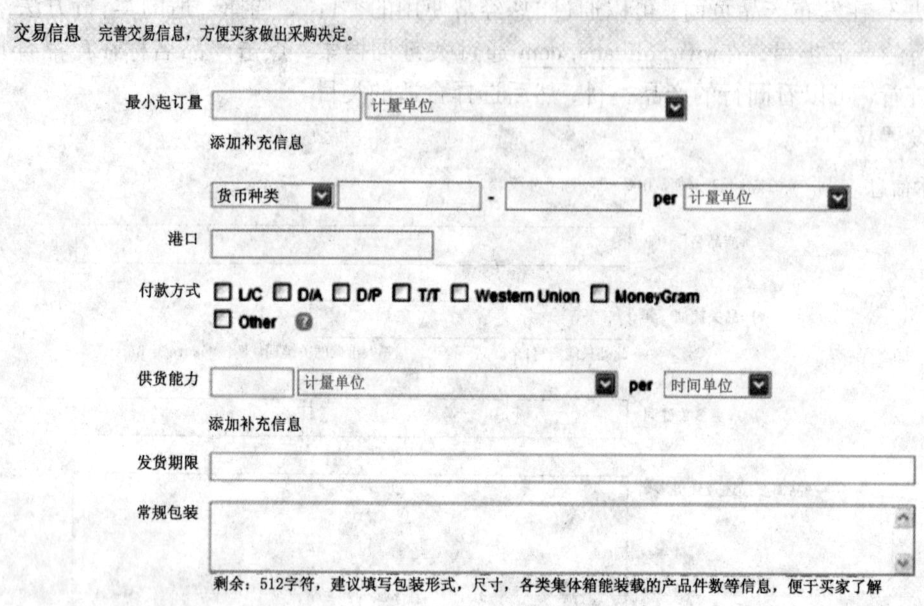

图 3-2

最小起订量、FOB 价格、港口、付款能力、供货能力、发货期限、常规包装，该填写的全部要填写准确完整。要求真实、有效，避免夸大供货能力和交货时间或虚拟交易价格。

【产品详情】

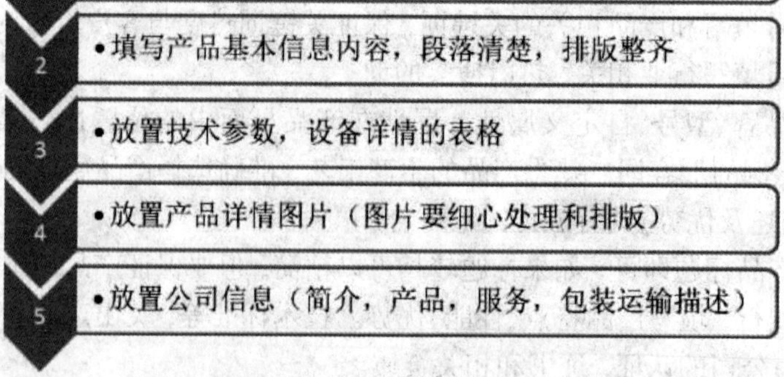

产品详情必须做到图文结合，条理清晰，符合客户习惯。图片最好做好优化并完善细节部分，图片要求一定要整洁干净，背景最好为纯色，让客户能从全方位地看到产品、了解产品。

可以通过编辑 HTML 网页语言来编辑产品详情页的格式。熟悉对字体、字号、颜色、工具集和导航板块的运用。

【产品组】创建相应产品的组别，将产品放到相应的产品组中，方便买家卖家查找。每个产品一次只能分配在一个产品组中，产品组会显示在公司网站的左右两边(根据网站模板不同，展示位置不一样)，产品组支持三级分组，一级分组 20 个，分组总数 200 个不包含未分组。

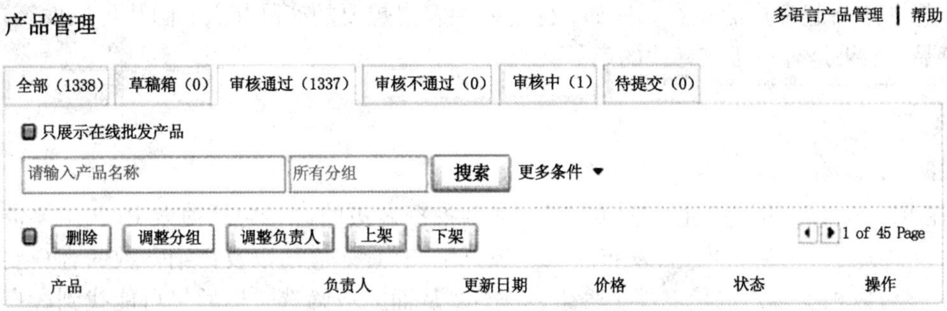

图 3－3

【产品管理】在产品管理中，可以设置产品信息，调整产品分组。产品一般都是用英语发布的，如果需要也可以在多语言市场中使用其他语言发布。

(二)基本优化技巧及服务的使用

1. 橱窗产品

橱窗产品的曝光比普通产品高，所以橱窗设置很重要。卖家在设置橱窗产品时应考虑将主打产品或买家询盘较多的产品作为橱窗展示，产品的信息要完善且有特点，图片要清晰美观，关键词的选择要是最热门的，橱窗整体风格统一，带给买家好的浏览体验，吸引买家进一步了解产品信息。

2. 产品更新

(1)橱窗产品更新:根据橱窗产品的效果统计、市场变化调整橱窗的产品展示。

(2)普通产品更新:关注发布产品的排名，分析产品信息，通过更新产品信息、图片、描述、达到卖家目标排名。

(3)数据管家:为企业在阿里巴巴国际站上的操作和推广效果提供数据。通过数据统计分析，企业可以了解买家行为和行业趋势以及推广状况，继而有针对性地进行效果优化。

根据实际情况筛选条件，在搜索界面设置条件，从而得到数据分析结果

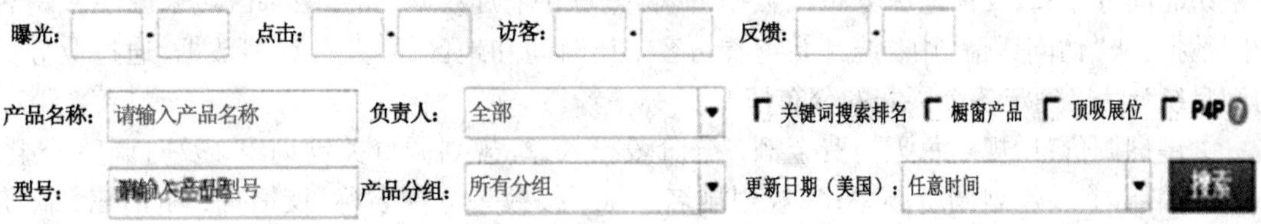

图 3－4

(4)管理 RFQ:可以定制与产品相关的 RFQ，这样可以看到客户在这里发布的采购需求，并

根据客户需求进行报价。在报价前，首先完善产品，因为 RFQ 报价是可以选择产品的，一般都选择最接近，描述最清楚的，让客户看了就会想要多了解。其次，把工厂的点滴介绍和公司网址放进描述里，让客户了解，注意简洁，说太多客户会烦的。最后，附上客户要求产品的清晰图片、包装图片及产品认证等，说明公司确实有这款产品，且品质和交期都是有保障的。

报价时价格要靠谱或者稍低于正常价，以此吸引客户，客户才会有兴趣联系看看；报完 RFQ 后如果客户没有回复，就用公司邮箱再给客户发一封，能够利用时差的话会更好，“客户打开邮箱看到的第一封邮件是你的，那联系的概率会更高些。”给客户的邮件标题和附件的图片要想办法引起客户的注意。比如，标题要跟客户想要的产品相关，图片可以发客户感兴趣的产品，如果是客户正在寻找的产品会更好。

知识链接

在 RFQ 中，要重点关注需求详细的客户，挖掘客户的途径包括搜索 RFQ 相关资源并报价、设置关键字，后台推送；发布需求比较详细、有具体应用以及详细参数的客户要重点关注，也可以根据客户的信息网上搜索真实性，从而完成筛选。然后尽可能找到客户直接沟通。通过社交平台、聊天工具和客户搭上线，进行情感公关，也许会有不错的效果。在报价的时候，保证报价“快”，要特别关注报价的时效性。

(5)外贸直通车(P4P):外贸直通车在阿里收费服务里面是一个费用比较高的项目。选择 P4P，选词非常重要，买家卖家可能对产品上认知有所不同，所以需要先研究买家的购物习惯和行为，对公司产品有一定程度的了解。区分精准客户和潜在客户，计算利润率，尽量避免高消耗低转换词。

企业发布产品的时候，系统根据产品描述的信息推荐相应的关键词，关键词后面有直观的数据告诉卖家关键词在阿里巴巴上的搜索热度和同行间的竞争，给卖家一个参考的标准。

关键词选择完毕后，对关键词出价。不同的关键词底价不同，系统根据发布产品的市场价值以及行业竞争度计算。出价应根据企业自身的情况和产品与关键词间的相关性。注意:对关键词要建组，每录入一类产品的关键词，把相应的关键词放入对应的关键词组。

外贸直通车使用的是美国时间，因此利用时间差不失为一个有效的策略，在客户搜索高峰时间根据关键词的实时排名调整价格，获得点击吸引客户询盘。

对直通车的产品选择技巧:1. 有数据积累的产品;2. 信息质量高的产品;3. 公司高利润的产品;4. 通过关键词发掘的产品

对目标市场的确定:1. 流量时段分布:通过“数据管家”“诊断中心”“买家沟通”，确定买家来访时间分布;2. 反馈地区分布:“数据管家”查看 6 个月数据下的“效果区域来源”;3. 访客访问数据:从“访问详情”中，统计并查看访客来访时间和地区;4. 业务反馈数据:通过业务员的询盘统计表，确定各个买家的分布情况。

关键词调价:1. 规划每天消费金额，分阶段投入;2. 规划调价关键词组，及时调整分组，不断添加新词;3. 规划调价频率;4. 规划排名上限，按效果分配名称:反馈词，争前三，高价词，排前五。

直通车成本核算:通过阿里巴巴数据管家，根据统计的数据分析成本和收益。单个反馈的花费 = 平均点击花费/反馈率 每个订单花费 = 单个反馈花费/询盘转化率 单个订单的推广

花费 = 总花费/总询盘量

根据直通车效果进行数据统计:1. 产品报表:统计产品信息表, 特别是花费较多的产品;2. 关键词报告:统计高花费词和对应的推广时长;3. 账户报告:每日消耗情况与效果对比;4. 数据统计表:对曝光、点击率, 推广时长, 平均点击花费等做好统计。根据数据统计, 进行数据分析:1. 分析推广数据情况;2. 账户推广花费情况;3. 推广产品点击率和反馈率;4. 推广关键词点击率和反馈率。

知识链接

全球旺铺

全球旺铺是阿里巴巴平台提供给供应商的全球企业展示和营销网站, 助力供应商开启全球网上贸易, 对比老版的企业网站, 不仅优化了企业及产品的信息展示, 更着重突出企业自身的营销能力, 提供更多可自定义的内容、更灵活的页面结构。

功能概述:1. 灵活层次的页面结构。2. 丰富多元的产品展示。
3. 自主开放的营销推广。4. 优异流畅的买家体验。

核心服务:1. 依托阿里巴巴大市场, 吸引更多客户。
2. 超强网站外观设计, 打造企业级形象展示平台。
3. 图片管家, 海量存储空间免费托管产品图片。
4. 诚信档案, 树立网商信誉, 赢得客户信赖。
5. 生意参谋, 为营销出谋划策。
6. 精准营销, 抓住潜在买家。
7. 顶级域名, 树立企业独立品牌形象。
8. 企业邮局, 让买卖双方没有距离。

全球旺铺装修流程:1. 信息收集:收集企业、产品、市场等信息, 全面透彻理解产品;2. 文案撰写:撰写首页策划文案, 产品页策划文案;3. 制作线框图:确定页面结构;4. 确定色调:引用公司 logo, 画册或者制服颜色作为主色调, 再确定搭配色;5. 网页排版:素材收集整理, 然后进行排版;6. 网页设计优化:调整优化设计细节;7. 切片上传:利用 PS 工具, 将设计切片导出, 上传至旺铺装修管理后台并发布。

五、阿里巴巴国际站实时交流

国际站的实时交流反映了供应商服务买家的速度和专业。供应商的及时回复率会在企业名片和搜索结果页面展示。更多的买家会选择及时回复率大的供应商。

(一)国际版阿里旺旺

登录操作平台, 下载国际版阿里旺旺(Trademanager), 保持 24 小时 Trademanager 在线, 关注后台数据变化, 回复买家询盘。

(二)通过个人或企业邮箱回复买家询盘

在 MyAlibaba 中同步设置后, 可以在外部邮箱中正常回复, 这样可以经外部邮箱的询盘回复率接到阿里巴巴系统。

在本地客户端(例如 outlook)或 MyAlibaba 中回复询盘, 可有买家资料, 并且可以智能时区定时发送，客户跟进状态管理。

(三)通过阿里巴巴系统回复询盘

在"MyAlibaba"中直接回复询盘，可以有买家的资料，也可退回没有价值的询盘以及知道客户阅读状态。

(四)"阿里卖家"APP

下载"阿里卖家"APP，可以随时处理询盘和TradeManager信息，迅速提升及时回复率。

回复询盘时，对于客户的问题回复要简洁明了，不能长篇大论，还要注意字体，大小颜色要统一，每句话都要顶格写。

小贴士

阿里巴巴外贸"机器人"(简称AliRobot)，是中国第一款阿里巴巴国际站自动化营销软件，具有产品智能海量发布、排名一键查询、产品批量定时更新、快速增加曝光和询盘、自动化营销、极低的推广成本、多账户轻松管理、多台电脑随意切换、高安全性九大超强实用功能。

核心功能:通过智能发布、海量关键词拓展、海外客户用任何与产品有关的不同关键词，从不同角度都可搜索到阿里巴巴供应商的产品，从而增加产品曝光率，提高转化率，增加销售额。

六、阿里巴巴国际站的安全和诚信认证

(一)金品诚企

金品诚企是阿里巴巴根据买家采购习惯推出的综合性推广服务。帮助供应商赢得采购商的信任，从而获得贸易机会。企业的关键信息将由第三方国际权威机构认证，认证通过后将在平台上全面的展示企业实力。

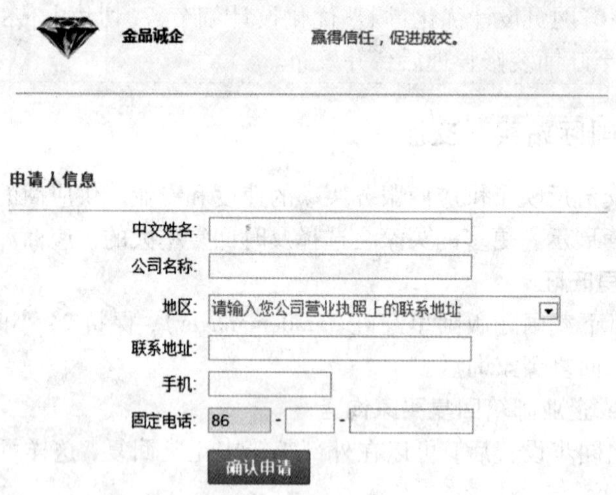

图3－5

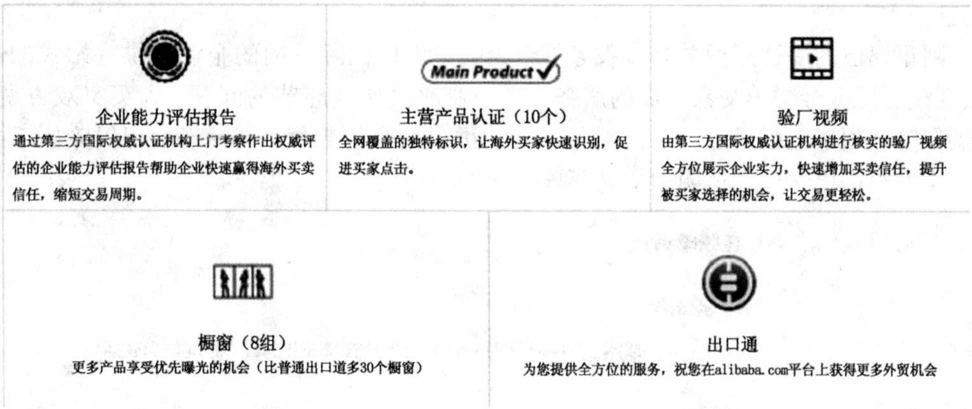

图 3－6

(二)出口通

出口通是帮助企业拓展贸易出口的营销推广服务，提供一站式的店铺装修、店铺管理、产品展示、营销推广、生意洽谈等系列的线上服务和工具。

阿里出口的申请流程为：

申请出口通 ⊳ 服务人员跟进 ⊳ 签约付费 ⊳ 认证 ⊳ 开通出口服务

出口通线上服务包括优先排名、产品秀、企业邮箱、外贸百宝箱、IP 定位、翻译直通车、专业网站等。

客户经理将会上门一对一的专业辅导，帮助客户解决疑问及操作问题。

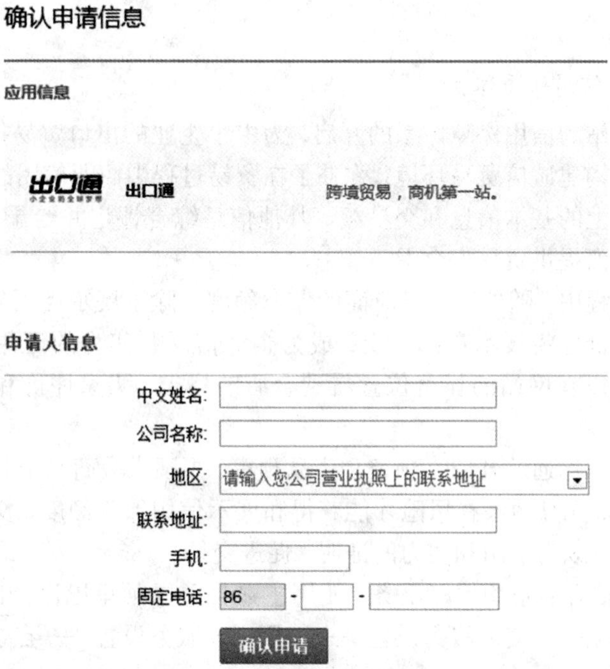

图 3－7

(三)一达通

阿里巴巴的一达通通关外贸服务平台为阿里巴巴国际站内的企业提供一站式的通关、物流、退税、外汇、金融等交易所需的服务，为企业解决流通环节的问题，为买家双方贸易安全提供保障。阿里巴巴通过一达通服务庞大的进出口交易数据，有助于信用保障体系的建立，为买卖双方提供诚信和透明的交易环境。

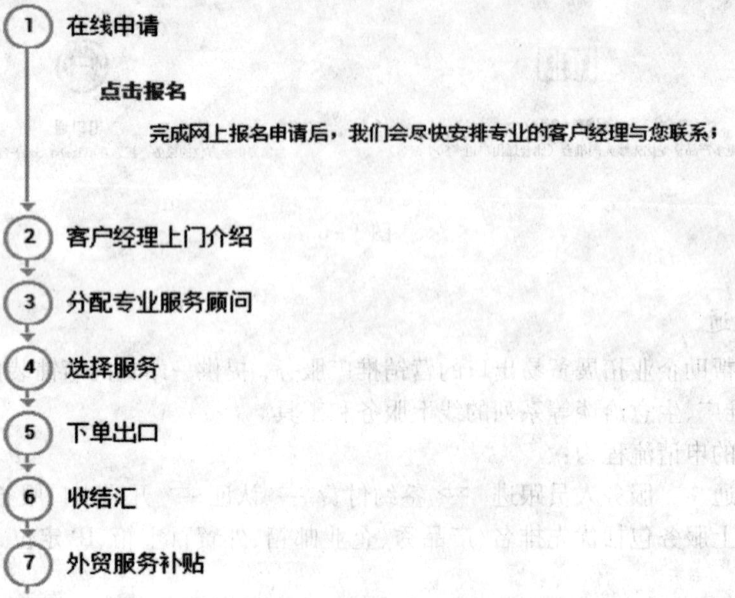

图 3－8

(四)阿里巴巴信用保障体系

阿里巴巴国际站的信用保障体系的开启，为中小企业的出口贸易搭建了信任的桥梁，和供应商和买家一起构建诚信贸易环境，弥补了在贸易过程中商业信用的缺失。信用保障体系对供应商在国际站上的基本信息和交易额等其他信息综合评定并给予一定的信用保障额度，帮助供应商向采购商提供贸易安全保障。

买家在采购过程中，随处可见供应商的保障额度。除了展示信用保障额度的金盾外，交易完成后买家的评价也将展示在网站上，成为企业信用和实力的证明。信用保障体系的启动，海外买家就可以在网站的显著位置看到金盾的标志，买家评价和阿里提供的信用保障额度。

供应商需完成一达通的开票人预审和产品预审，中国供应商剩余服务期大于90天，非货运服务类企业类型，无其他潜在风险才能获得和展示信用保障额度，交易完成后买家的评价可以展示在网站上，成为信用和实力的证明，促进交易。

在符合条件下，开通信用保障服务，使用主账号登录阿里巴巴国际站的操作平台：业务管理——交易与物流——交易服务设置——信用保障服务设置——点击开通，向买家展示信用保障额度。

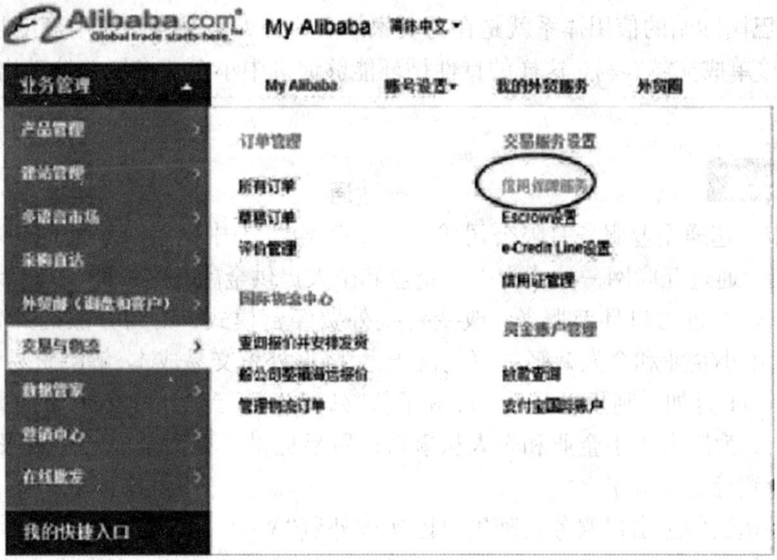

图 3－9

信用保障服务订单的操作步骤：

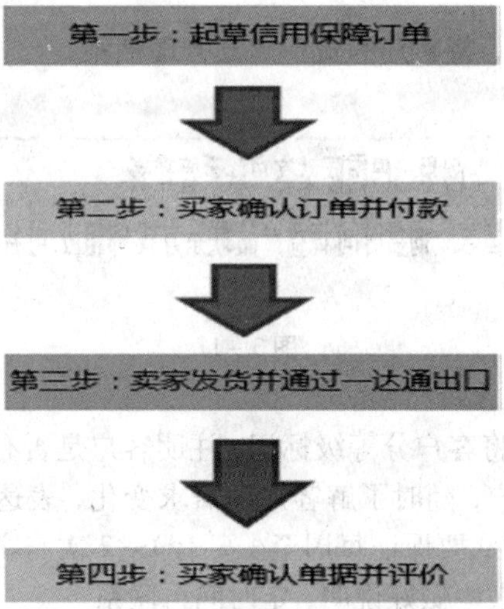

图 3－10

如何在交易过程中保障买家权益：当信用保障交易合同发生以下两种情况时，阿里巴巴根据仲裁结果于 7 个工作日内代卖家向买家先行垫付。

1. 卖家未能按本合同约定的“发货日期”发货，买家对此发起投诉，且阿里巴巴一达通受理后依据《信用保障服务规则》判定卖家违约成立。

2. 卖家发货前，买家对产品质量的发起投诉，且阿里巴巴一达通受理后依据《信用保障服务规则》及本合同中产品质量标准判定卖家违约成立。此种情况下，买家同意支付“一达通指定验货服务商”相关验货费用，作为一达通判定责任的依据之一。

阿里巴巴国际站的信用体系就是在为卖家站台，给买家保障。信用额度越高，卖家就越值得信任，接单成交越容易，这样的良性循环能够促进中小企业发展并拉动出口。

知识链接

一达通

深圳市一达通企业服务有限公司成立于2001年，为中国第一家面向中小企业外贸综合服务平台，通过互联网一站式为中小企业和个人提供金融、通关、物流、退税、外汇等所有外贸交易所需的进出口环节服务，改变传统外贸经营模式，集约分散的外贸交易服务资源，为广大中小企业和个人减轻外贸经营压力、降低外贸交易成本、解决贸易融资难题。

2010年11月加入阿里巴巴后，形成了从“外贸资讯”到“外贸交易”的中小企业外贸综合服务平台，为广大中小企业和个人从事对外贸易提供了更为全面的外贸服务，是典型的中小企业外贸综合服务平台。

融合一达通的进出口服务是阿里巴巴实施外贸“Work at alibaba”战略的关键一步。阿里巴巴将围绕金融、物流、通关等多方面入手协助他们经营，真正实现小企业“工作在阿里巴巴”。

七、阿里巴巴国际站跟踪服务

(一)在收到客户询盘后，将客户的资料建立管理档案

阿里巴巴国际站客户联系管理表

客户名称	客户等级	国家	询盘时间	询盘产品	联系方式	邮箱	公司名称	公司网站	跟踪情况

图3－11

根据和客户的询盘情况将客户分等级标记，注明客户是否有意向成交的可能。进行客户跟踪时，要坚持主动联系客户，随时了解客户的需求变化，表达出诚意和服务态度。不管是通过邮件、短信还是社交软件，要保证每周至少要有1—2次与客户的互动。对于回复客户后没有消息，可以在客户联系表中做好说明，定时间再联系。

小贴士

客户的划分:从客户需求上分目标客户，潜在客户;从客户的重要性分重要客户和非重要客户;从成交状态分已成交客户、谈判中客户、潜在客户;从需要处理客户信息的时间段上可以把客户分为:紧急客户、缓急客户、不紧急客户。

(二)做好快速反应

当客户提出需求时，及时回应客户，如不能明确给客户答案，需和客户约定时间并在约

定时间内给客户明确的反馈，真正做到“快速反应”。

（三）确认细节

客户确定下单后，和客户确认一切细节，确保生产产品能达到客户要求。客户支付一定的定金后即安排生产产品。

（四）保证货物的顺利生产

拟订合同并盖章后，安排定金给工厂生产产品，监督工厂的订单生产，检查是否按照要求生产。等货快做好时，通知客户付余款（合同中应有说明），收到余款后，安排给客户发货。

（五）随时主动和客户交流

发货后要注意物流消息的变化随时告知客户。售后加强对客户的回访，主动与客户交流沟通，了解并发现问题，从而解决问题，赢得客户最大的满意度。1. 与客户联系时，要注意礼貌用语，语气必须非常客气。谦虚、低姿态的语言可以让客户感受到尊重和诚意。

2. 严禁错别字和明显标点符号的错误。

3. 言简意赅，突出重点，说明公司产品和服务的优势，要特别注明有任何需求，请随时联系。

八、跨境电商案例

【B2B 案例】跨境通：国内跨境电商第一 A 股

在国务院常务会议的多次提及下，跨境电商如今得到全国人民的关注。A 股市场中，越来越多的上市公司开始涉足跨境电商：有的参股跨境电商企业，例如富安娜入股浙江执御；有的将业务延伸至跨境电商，例如苏宁云商、外运发展等。其中，有这么一家企业，以前只是卖卖裤子，现在却做起了高大上的跨境电商。在当前的股票市场中，它可以算是中国跨境电商第一 A 股。它就是跨境通。

跨境通：国内跨境电商第一 A 股

从跨境电商行业来看，兰亭集势在美国上市，DX 在香港上市，真正 A 股上市的纯跨境电商企业就是百圆裤业全资并购的环球易购了；从国内 A 股市场来看，很多企业只是参股跨境电商企业，例如奥康入股兰亭集势、富安娜及浙江富润入股执御等，完全并购的只有百圆裤业；从百圆裤业自身来看，其在去年 100% 收购环球易购后，又在今年连续投资了前海帕拓逊、广州百伦、深圳通拓等三家跨境电商企业。因此，我们完全可以称百圆裤业（跨境通）是中国跨境电商第一 A 股。我们把跨境通的发展史罗列如下：2011 年 12 月，主营裤业连锁加盟的百圆裤业在深交所上市；2014 年 7 月，百圆裤业以 10.32 亿元的价格全资收购环球易购；2015 年 2 月，百圆裤业向前海帕拓逊投资 1224 万元，占股 7.5%；2015 年 2 月，百圆裤业向广州百伦投资 1200 万元，占股 15.3866%；2015 年 5 月，百圆裤业向深圳通拓投资 9000 万元，占股 9%；2015 年 6 月，百圆裤业正式更名为“跨境通”。实话说，跨境通是 A 股市场较为罕见的跨境电商概念股。我们认为，这种“罕见”主要源于两点：一是本身 A 股 IPO 门槛高、流程多，等待排队时间长，跨境电商企业几乎难以直接申请上市；二是跨境电商企业本身的商业模式存在一定的灰色性，导致其真实的财务数据很难透明合规地反映出来，这使得“曲线上市”也变得困难重重。因此，百圆裤业（跨境通）受到市场追捧是情理之中的。此外，在百圆裤业并购重组后，几乎所有的证券研报都维持了“推荐”评级。

这些研报的分析是很有说服力的，大体思路如下：首先，从政策层面来看，国家在大力推动跨境电商的发展，跨境电商企业能够享有政策红利；第二，从行业层面来看，跨境电商保持30%左右的增长率，市场在持续扩大；第三，从公司层面来看，环球易购业绩增长很快，近期投资的跨境电商企业各具特色，公司未来的发展当然持续看好。因此，这样的一只稀缺的“推荐”级跨境电商股，股价从十几元飙升到100多元，也就不足为奇了。

环球易购成为跨境通的核心资产

跨境通涉及百圆裤业、环球易购、帕拓逊、百伦、通拓等五家企业。其中百圆裤业、环球易购是全资拥有，后三家投资入股，分别占股7.5%、15.38%和9%。我们对这几家企业一一分析如下。服装行业的线下零售持续衰退，自2011年至今，百圆裤业服装销售额连续下滑，2011年尚有4.87亿元，2014年销售额4亿不到。更严重的是，随着各房屋成本、货物包装和运输成本的上升，百圆裤业的利润大幅下滑，2013年净利润下降近40%，2014年净利润下降67%，仅为1057万元。为了应对低迷市场环境，百圆裤业在今年年初相继注销了江西百圆、南宁诚勤等6家子(分)公司。可见，百圆裤业的服装业务在整个上市公司的资产中没有任何的投资价值。在过去的2014年，环球易购保持了持续的高速增长。可以说，环球易购是跨境通最核心的资产，不论是营收、净利，还是注册用户，都保持极高的增长速度。公司的收入来自独立网站和第三方平台，其中独立网站的销售占比超过70%。尤其是服装类目，其细分的多个网站都有可观的流量。

我们从环球易购公布的数据也印证了这点：2015年3月，服装独立网站销售1800万美元，电子产品独立网站销售700万美元，第三方平台销售600万美元。那这几块业务中，哪些是具有投资价值的呢？环球易购的第三方平台业务是靠多账号多SKU叠加的，一方面受制于平台约束，无法形成客户沉淀，另一方面没有进行自有品牌的开拓，因此这块业务不具备投资价值。环球易购的独立网站则不同，完全由自己掌控，目前已经积累了1200万用户数，形成了一定的渠道品牌优势，具备长期投资价值。至于环球易购的出口分销平台和海淘项目，由于还处于前期培育期，其投资价值难以界定。

“帕拓逊”产品品牌具备长期投资价值

前海帕拓逊其前身是深圳市帕拓逊科技有限公司，一家2009年成立的海外营销与全程物流解决方案服务商。2012年，帕拓逊开始了品牌化之路，先后在美国注册了VICTSING、MPOW、VICTEC、PATUOXUN等品牌，主要产品是基于无线及蓝牙的电子产品。目前来看，成长的最好的是MPOW。帕拓逊的优势在于海外营销，尤其擅长Facebook、Twitter、YouTube等社交网络营销。可以说，帕拓逊做了环球易购没有做的业务——产品品牌化的打造。从某些程度上看，产品品牌的潜在价值不亚于渠道品牌的价值。因此，帕拓逊孵化的品牌与环球易购的渠道品牌一样，具备长期投资的价值。广州百伦是一家跨境电商综合服务商，旗下有跨境电商贸易、跨境物流、海外商务服务等业务。

在跨境电商贸易业务方面，百伦主要通过eBay的多账号销售，品类集中在服饰和电子产品。基于自身每天数以万计的订单，百伦单独成立了物流公司(全通物流)，推出e邮宝、香港小包及海外仓等服务。此外，百伦成立了一家叫4 STONES的公司，提供海外公司注册、VAT增值税号申请、税务申报及审计等服务。这家公司看起来颇具特色，但仔细分析会发现，其根本没有投资价值：首先，依靠eBay的多账号运营业务，由于无法沉淀自己的客户资源，仅仅只算是一门生意，无法得到资本市场认可；其次，全通物流只是一家国际物流代理公司，依靠揽货挣钱，其推出的海外仓服务也没有明显的竞争力；最后，4 STONES 这样的海外商务服务公司从事的是中介生意，不存在价值投资点。因此，广州百伦不具备投资价值。当然了，百伦也在努力打造自己的独立品牌 NOZA TEC 导航仪，只不过才刚刚起步，其面世的产品在亚马逊上的反馈并不好。业内人士都知道，深圳通拓是大卖家，几乎所有的销售都来自第三方平台，其在自由渠道品牌和产品品牌上的投入不多。

因此，从这个角度看，通拓是不具备投资价值的。今年通拓预计销售额是 15 亿元，足以见得其旗下在各个第三方平台拥有大量账号。如此多的平台店铺可以让通拓成为一家挣钱的公司，但如果不在品牌孵化或者供应链整合上有所建树，其终究不具备长期的投资价值。从以上分析可以看出，跨境通的投资价值点在于环球易购的渠道品牌和帕拓逊的产品品牌。环球易购的第三方平台业务、深圳通拓以及广州百伦，虽然都能持续贡献利润，但增长潜力有限，难以得到资本市场认可。环球易购的分销平台和海淘项目，只有进一步挖掘后才可能成为投资价值点。至于处于衰退中的百圆裤业服装业务，则应成为跨境通逐步剥离的资产。当然，这个分析是基于单个公司逐一分析的，并没考虑公司之间整合产生的协同性。

【思考】

1. 为什么说它是中国跨境电商第一 A 股呢？
2. 为什么环球易购成为跨境通的核心资产？

知识总结

通过本章的学习，首先了解到了跨境 B2B 营销方式的发展变化，在互联网 + 和电商快速发展的环境下，B2B 出现了移动化、交易服务化、社交化和一体化四大趋势，大数据作用下的市场将越来越透明。其次，第三方平台为买卖双方间的战略合作提供了基础，扩大了企业的活动范围，B2B 垂直官网聚焦产品品类，注重精细化运营，为采购商提供了良好的购物体验。第三，通过三大主要 B2B 平台的介绍，了解阿里巴巴、环球资源和中国制造网的竞争特点，企业可根据实际情况选择平台。第四，详细了解阿里巴巴国际站产品发布并掌握发布产品的流程，对国际站的实时交流工具熟练运用。第五，了解了阿里巴巴国际站中的金品诚企、出口通、一达通、阿里巴巴信用保障体系的作用，并根据企业实际情况选择其中的服务。

【知识检测】

一、名词解释

精准化营销　　外贸直通车　　数据管家

二、简答题

1. B2B 出现的四大趋势是什么？
2. 三大主要 B2B 平台的竞争优势分别是什么？

3. 一达通的作用是什么？

4. 阿里巴巴信用保障体系的作用是什么？

【拓展阅读】

盘点：中国十大 B2B 电子商务模式

根据研究，B2B 行业正处于商业模式多样化时期，电子商务 B2B 市场将趋向于传统细分行业电子商务化、电子商务 B2B 在线交易以及互联网金融等方向发展。

信息数量的庞大已造成传统 B2B 企业的发展瓶颈。区分价值信息，提取精准信息成为当下重要能力。

B2B 企业的转型以信息服务为主要产品模式正在被弱化，市场运营模式多元化出现。创新型企业进入市场视野并越发凸显，促使 B2B 产业链丰富。其中供应链金融增长快速，垂直细分领域不断深化，精准商业搜索引擎扩张明显，移动电商应用日渐广泛，云应用稳步发展。

以下是 10 大典型 B2B 商业模式，适合面向企业客户的企业，特别是传统贸易企业：

1. 以线上外贸服务为主的综合 B2B 模式

●模式概述：此类模式的企业以提供外贸线上的服务为主，主要收入来源主要为：会员费、提供增值服务所带来的广告和搜索引擎排名费用，向认证供应商收取的企业信誉等认证费用。

●典型企业：阿里巴巴、中国制造网。

2. 以线下内贸服务为主的综合 B2B 模式

●模式概述：此类模式的企业以提供内贸线下服务为主，主要收入来源为：线下会展、商情刊物、出售行业咨询报告等所带来的广告和所收取的增值服务费用。

●典型企业：慧聪网、环球资源。

3. 以"行业门户＋联盟"为主的综合 B2B 模式

●模式概述：此类模式的企业以联盟的方式对各行业 B2B 网站进行资源整合，提供"既综合、又专业"的 B2B 服务。盈利模式主要为：网络基础服务、网络信息推广服务、广告发布服务行业门户加盟服务等。

●典型企业：网盛生意宝、中国网库、中搜行业中国。

4. 以小宗外贸服务为主的综合 B2B 模式

●模式概述：此类模式的企业不仅提供信息服务，同时还整合了包括交易的支付、物流以及客户关系管理等，实现在线交易，盈利模式主要以收取企业交易佣金为主。

●典型企业：敦煌网、易唐网。

5. 以供求商机信息服务为主的行业 B2B 模式

●模式概述：此类模式的企业所涉行业比较大，涉及企业数量多，产品品种繁多且标准化，能形成很大的市场，必须做好电话营销。

●典型企业：一呼百应网、中国化工网、全球五金网、全球纺织网。

6. 以行业资讯服务为主的行业 B2B 门户模式

●模式概述：此类模式的企业一定要有精通行业、善于做市场分析调查的行业专家参与，只有这样才能做出高质量的市场分析报告，帮助企业正确决策、帮助销售得以提升。

●典型企业：我的钢铁网、联讯纸业。

7. 以招商加盟服务为主的行业 B2B 模式

●此类模式的企业一般是以收品牌商的广告费、会员费来维持其运转，会员可在一级或二级栏目上为自己的品牌做广告，也可以查看大量经销商的联系方式。在经营时一定要将网站的流量做大，尤其要关注网站的排名、访问量等可以量化的数据，销售一般是招聘大量的电话销售人员卖广告和会员。

●典型企业：中国服装网、中国医药网、小生意。

8. 以在线交易服务为主的行业 B2B 模式

●模式概述：此类模式的企业运营时必须要建立好诚信机制，比如：买卖双方诚信审核，支付的安全性，物流的快捷等，可采用第三方合作伙伴来解决物流、资金流及诚信度审核的问题，交易商品一般为大宗商品，目前比较成熟的模式是：仓单交易。

●典型企业：一呼百应采购商城、金银岛网交所、浙江塑料城网上交易市场。

9. 以技术社区服务为主的行业 B2B 门户模式

●模式概述：此类模式的企业一般不会独立出现，往往是几种模式结合起来，比如：招聘服务、项目外包服务、在线出版服务等需求。运营时需要的是，要服务好技术市场的两端，即行业技术新手和行业技术专家，让双方都能有所收获，网站才能健康发展下去。

●典型企业：中国机械专家网、程序员论坛、螺丝网。

10. 以项目外包服务为主的行业 B2B 模式

●模式概述：此类模式的企业赢利模式为收加工厂的钱，为加工厂寻找订单或寻找更好的订单。运营时需注意的是，需要加强对客户的培育，或线下运作。

第四章 跨境电商网店菜鸟篇

【知识要点】

1. 掌握5大第三方平台的注册流程及要求。

2. 了解跨境电商的产品上传标准、标题与关键词设置、价格与运费熟操设置、图片处理技巧。

3. 学习店铺的取名技巧、选品标准、产品的专利与品牌。

4. 精通店铺的首页装修与详情页装修。

【核心概念】

1. 跨境电商卖家销售模式主要是指电子商务模式，即指企业运用互联网开展经营取得营业收入的基本方式。

2. 标题是一个产品组成不可或缺的部分，标题运用好坏与浏览量、点击率、转化率息息相关。

3. 产品上传是店铺开张的基础，是店铺面向买家的根基，至关重要。

4. 店铺开店取名字对于店铺影响不会直接表现出来，对于店铺销量影响很大。一个好的店铺名字必须达到两点：识别性和传达性。

5. 店铺管理主要是指店铺平台允许的结构范围内，尽量通过图片、程序模板等装饰让店铺更加丰富美观。

【情境导入】

老外也贪便宜 海淘神器 Wish 估值30亿美元

"海淘大军"早已成为一股不可忽视的消费力量，国人"海淘"的热情让外国人叹为观止，外国人其实也是如此。也许你根本没听说过 Wish，但在美国已经成为一款海淘神器，估值更达到惊人的30亿美元。

在智能手机应用 Wish 上，所有商品都是便宜货：原价2470美元的男表只卖69美元；原价229美元的高跟鞋售价低至32美元。作为一个在线集市，Wish 平台上有约10万商家，提供的商品数量多达4000万种，大部分直接从中国发货。

Wish 的商业模式也很另类。不管是国内电商还是美国亚马逊等电商巨头，都在为提升发货速度花费巨资。不过，Wish 的商家却只承诺在几周内将货物送达，有时甚至会超出截止日期，正印证了那句话：不求最快，但求便宜。有商家表示，通过该网络从中国向美国发货所需成本并不会比在美国境内发货的成本更高。

“很明显，有许多美国人希望直接从中国购买商品。”美国北德州大学环球数字零售研究中心高级主管 Richard Last 表示，“Wish 目前已经取得成功。现在的问题是能否在发展壮大的过程中保持产品的质量和售后服务的可靠性。”此外，Wish 在向用户推荐商品时基于一种特别的算法，这种算法不仅基于消费者购买的商品，同时基于他们查看而最终拒绝购买的商品。

Wish 到底有多红？目前，Wish 平台上已经有将近 1 亿名免费注册账户，相比去年 6 月的注册人数翻了两倍。Wish 母公司 Context Logic 在最近一轮融资中筹集到约 5 亿美元，投资者是俄罗斯的 DST Global 公司，以及 GGV Capital 和 Founders Fund 等早期投资者。此次融资使该公司的估值超过 30 亿美元，而去年 6 月时的估值仅为 4 亿美元。目前，阿里巴巴投资 5600 万美元收购了美国母婴电商 Sulkily 约 9% 的股份，成为了这家公司的最大单一股东。相比之下，Sulkily 目前的市值为 17 亿美元。

一直以来，Wish 都没有对外披露财务数据。但有消息指出，Wish 也打算寻求进行首次公开募股（IPO），只是具体时间尚不明确。现在，中国卖家在 Wish 平台的销售占比正在逐渐加大，Wish 的走红无疑也蕴藏着商机。

【思考】

1. Wish 短时间得到这么大的融资的原因是什么？
2. Wish 的特点是什么？
3. wish 的成功有何借鉴之处？

一、跨境电商卖家销售模式

跨境电商卖家销售模式主要是指电子商务模式，即指企业运用互联网开展经营取得营业收入的基本方式，主要的经营模式：一般网店、自主品牌与代运营。

（一）一般网店

1. 概念

网店（在网上开的店铺），是网络交易的主要行使工具和媒介，是一种能够让人们在浏览网页的同时进行实际购买，并且通聊天软件各种在线支付手段进行支付完成交易全过程的网站。跨境网店大多数都是使用速卖通、eBay、wish、亚马逊等大型网络贸易平台完成交易的！

2. 跨境网店相对比传统跨境企业的优势

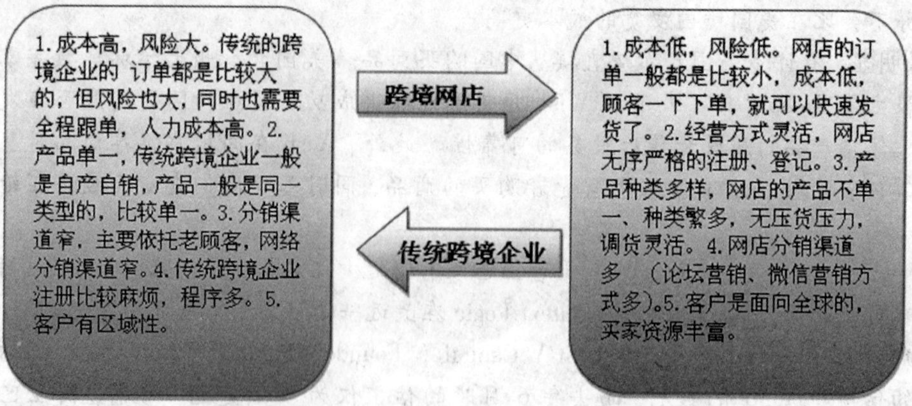

(二)自主品牌与跨境代运营

1. 自主品牌

自主品牌(Self - owned Brand)是指由企业自主研究开发，拥有自主知识产权的品牌，并且拥有自己的销售团队，即企业自产自销，这种销售模式要求卖家要拥有自己的企业还有研究开发团队。

企业自主品牌经营如何走向成功?

(1)每个成功企业背后都有一个高素质的团队，企业必须先打造一支专业的跨境电商服务队，以提高品牌营销能力。一个功能齐全的电商团队应该具备平台操作、产品开发、营销手段、物流选择、客服处理等综合能力。跨境电商实施的品牌之路从自身实际出发，首先可通过在线主要消费群体购买国和地区注册后利用自身团队实施在线营销和线下品牌建设相结合。当在线营销累积一定基础的口碑后再对境外主要市场进行市场细分，引入境外当地合作电商进行品牌本土化，再实施主要国家和地区的品牌产品分销策略乃至全球分销策。

(2)除了产品自身的服务要做好，好的第三方平台或发展自身电商平台是不可或缺的。跨境电商在经营品牌产品时，在经营观念上要灵活开放，为更多境外中小买家提供符合实际的采购需求和服务。在选择第三方平台或发展自身电商平台时，要坚持买家优先原则，注重平台对品牌产品的专业经营，在平台上针对自己的品牌产品细分好不同的境外市场，以适合不同国家和地区对自己同一品牌产品的不同需求。

(3)跨境电商中，物流是至为重要的一个环节，选择安全快捷的物流公司和完善的支付系统，服务于自己的品牌产品。跨境电商应根据所经营的品牌产品和境外买家的分布特点，选择灵活畅通、丢包率低的物流公司配送，以最快捷的方式将货物送到买家手中。

(4)与境外电商和社交网站红人合作，实现品牌产品销售的本地化。跨境物流配送使买家收货时间长，难以让其实现退换货，使得跨境电商无法有效地与境外同类电商进行竞争。因此，跨境电商应尝试与境外电商合作，在主要销售国家和地区建立站点和物流仓库，实现即时线上接单，即时线下境外仓库发货。现在社交网站是强有力的推广平台，特别是跟拥有强大粉丝群网络红人合作，效果更加非同凡响。现在已经有超过 150 个品牌在 YouTube 上和那些多才多艺的网络红人合作(例如，Toyota 与 YouTube 网络红人 Rhett& Link 的合作令 Toyota 广告的观看量立刻飙升到了 1000 万。)

与此同时，这些品牌还与许多不同的广播电视网一起打造新的广告，力求让观众觉得有趣还能参与其中。

2. 跨境代运营

(1)概念

跨境代运营是针对跨境电商兴起的一种业务需求，主要是帮助一些希望做电商的传统跨境企业展开网上销售，为企业提供外贸电子商务托管服务，包括 B2C 站点优化、产品上传、网络推广、网上分销、售后服务、仓储物流在内的一站式整合运营服务。

(2)跨境代运营的优劣势

①优势:整合了行业资源，为各种社会经济要素的重新组合提供了更多的可能;将传统的流程电子化、数字化，降低了人力、物力成本;帮助传统跨境企业突破了时间和空间的限制;重新定义了传统的流通模式，减少了中间环节，使得生产者和消费者的直接交易成为可能;通过互联网,商家之间可以直接交流,谈判,签合同,消费者也可以把自己的反馈建议反映到企业或商家的网站,而企业或者商家则要根据消费者的反馈及时调查产品种类及服务品质,做到良性互动。②劣势:不能做出传统跨境企业的特色(代运营商不止运营一家网店，无法做到量身定制运营方案);产品经营线路不清晰;选错服务商就会造成巨大损失;缺乏对产品经营的长期规划。

3. 电商代运营可分为两大派系:轻公司和重公司

轻公司主要是帮助品牌商在网上开店，前端网页展示，自身没有太多技术基因，对企业的服务会更多从渠道、营销推广、产品摄影、网店设计的维度切入，帮助企业在互联网上提升销售额、提升品牌影响力、分析用户需求行为，适合初创型代运营公司操作。

重公司相对而言，对企业的服务会从运营端向企业内容信息化管理渗透，帮助品牌在其他销售平台上拓展渠道掌握整个供应链，在解决方案、仓储/物流管理方面优势明显，同时中间具备了 IT 系统的开发和维护能力希望用技术等多种信息化手段帮企业解决越来越多的问题。

知识链接

谷歌跨境电商运营中心落户开发区

近日，谷歌(中国)与扬州签订跨境电商战略合作协议，正式落户开发区，此次合作可谓是强强联手，将为开发区打造一个面向全省乃至全国企业的跨境电商孵化和服务平台。

谷歌公司是世界 500 强领军企业，在搜索引擎、大数据挖掘和应用、穿戴设备、无人驾驶系统等众多领域处于全球领导地位。跨境电商运营中心的建立，将借助谷歌在全球的影响力和平台，为开发区乃至扬州的中小企业扩大出口提供有利条件，也为传统企业向电商企业转型，推动互联网经济发展增添强大动力。

“开发区具有良好的互联网产业、技术、人才基础，其出口加工区更能为出口企业提供便利。”开发区相关负责人介绍，开发区经过多年努力，一大批创业创新型互联网企业正在蓬勃发展，大数据产业基地也在积极建设当中，这为跨境电商平台的搭建打下了坚实的基础。

“此次合作是我们在中国产业布局的重要一环，它将是谷歌在江苏省内唯一一家跨境电商平台。”谷歌公司大中华区总经理白湧表示，该项目将推动1000家企业开展跨境电商海外推广业务，扩大中小企业出口额，并培育100个标杆性跨境电子商务企业落户开发区。

谷歌公司将专为扬州的跨境电商企业提供代运营、客服、大数据分析、技术支持等服务，并设立谷歌(中国)电商人才培训基地，为开发区企业输送一批高技能的跨境营销人才。扬州历史文化积淀深厚，谷歌公司还将扬州纳入“谷歌艺术计划”，在全球范围推广扬州历史文化，提高扬州的国际知名度。

签约现场开放了Google Ad words体验中心，供企业现场体验跨境电商销售、推广模式。据介绍，谷歌Ad words是一种通过使用关键字广告对企业产品进行全球推广的营销方式，这将帮助扬州企业开拓海外市场。

开发区作为全市经济发展的桥头堡，此次谷歌跨境电商运营中心的落户，对开发区打造成为全省互联网领军人才集聚区、互联网跨界融合先行区、互联网创新创业示范区具有极其重大的意义，也对扬州建设“新兴软件名城”具有重要的示范效应和引领作用。

二、店铺注册

想要开启跨境之旅，第一步就必须到跨境电商第三方平台进行店铺注册。

(一)亚马逊卖家注册的要求及流程

1.亚马逊注册的要求：

(1)开店资质：企业资质、能够开具发票、具有全国配送能力。

企业资质：入驻亚马逊的卖家必须是在中华人民共和国(港、澳、台地区除外)注册的企业，且需要具备销售相应商品的资质。

能够开具发票：如果顾客需要发票，您须及时为顾客提供普通销售发票。

具有全国配送能力：亚马逊顾客遍布全国，您会收到来自全国各地的订单，所以如果您选择了自主配送模式，您需要具备将商品配送至全国的能力。

(2)开店需知：个体工商户不能入驻亚马逊平台。

在注册之前，要准备好以下资质材料的电子版，要上传这些文件才能完成注册。

·营业执照副本。

·国税税务登记证。

·如作为品牌代理商或经销商销售商品需提供：完整授权链授权书：您有权销售的授权文件或其它证明文件品牌方的商标注册证或商标注册申请受理通知书**文件的审核周期为3个工作日，审核完成后，审核结果由邮件发送**。另外，如果卖家通过亚马逊网站销售的商品属于(图书类、音像类、美容化妆类、个护健康类、食品类、酒类)，还需向亚马逊提供相对应的文件的电子版。

2.亚马逊的注册流程

第一步：点开http://kaidian.amazon.cn/，有两个选择：销往国内和销往国外(国内开店和全球开店)，如【图4-1】

图 4－1

(1) 全球开店

第一步：点击联系我们，如实填写基本信息【图 4－2】，填写完成点击提交。

图 4－2

第二步：准备数据。亚马逊会联系并指导卖家准备符合要求的商品数据。卖家账号注册成功后亚马逊的培训人员安排卖家后台操作基本培训，讲解后台操作流程，商品数据填写规范等详细信息。

第三步:刊登商品参加培训后就可以通过卖家后台逐一刊登商品或者批量上传商品。

第四步:开始销售刊登好符合亚马逊要求的商品信息后即可开始销售,接到订单后选择优质的物流渠道进行配送。商品信息上传完成,商品便成功上线,顾客能够浏览、搜索和购买您的商品。一旦有订单产生,就会收到亚马逊的邮件通知,同时,可以通过卖家平台查看订单信息。订单产生后,请按照顾客要求的配送方式,及时配送商品。

完成后,就可以开始全球亚马逊之旅啦!

(2)国内开店

第一步:点击马上开店,创建账户,如【图4-3】所示,点击继续。

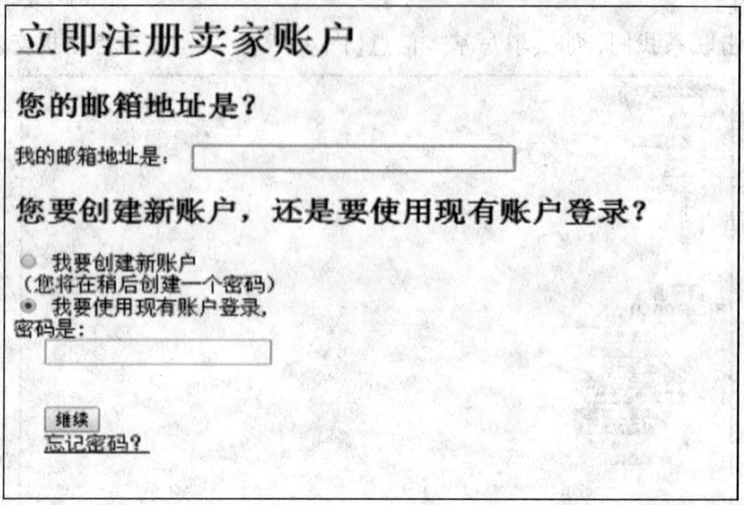

图4-3

第二步:提交资质材料,并通过资质审核,【图4-4】在注册过程中,您需要提交公司资质(营业执照副本和国税税务登记证),以及品类和品牌相关的资质(第一点的资质要求)以完成亚马逊资质审核。资质审核工作一般会在材料提交后的3个工作日内完成,会将审核结果以邮件形式通知。同时,也可以登录卖家平台直接查看审核结果及详细审核意见。

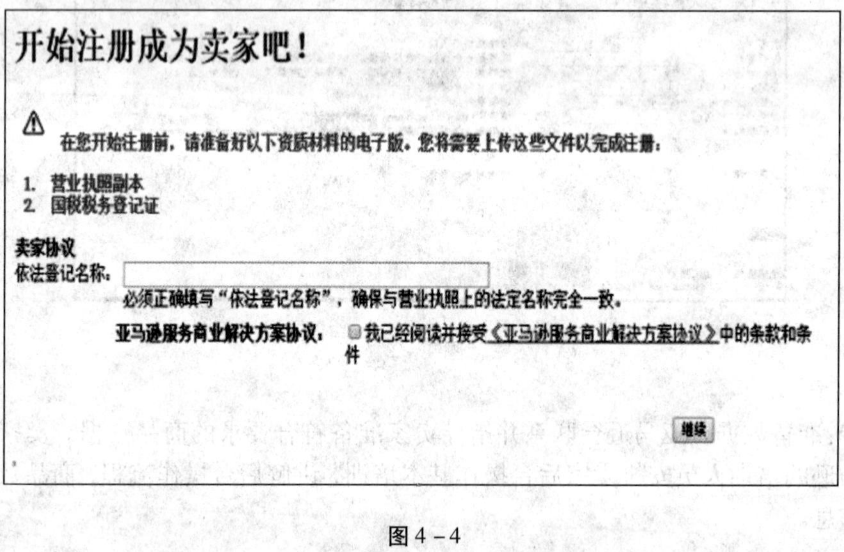

图4-4

第三步:上传商品。准备好商品信息和图片后，可以通过卖家平台逐一添加商品信息或通过模板批量上传。

完成后，就可以开始亚马逊之旅啦!

(二)eBay 的注册要求及注册流程:

1. eBay 注册的要求:

(1)要有信用卡，储蓄卡不能通过 eBay 认证。(认证要用，用信用卡认证方便以后的跨国的销售业务);

(2)要有移动或联通的号码(eBay 只支持这俩种号码的手机短讯确认);

(3)注册企业邮箱(注尽量不要用 Q 邮箱);

(4)明确自己想要买什么(需要选择类目)。

2. eBay 的注册流程:

第一步:填写信息，点开注册链接，填写注册表单，【图4－5】所示，选择所在国家填写真实资料，完成后点击下面的登记成为会员;

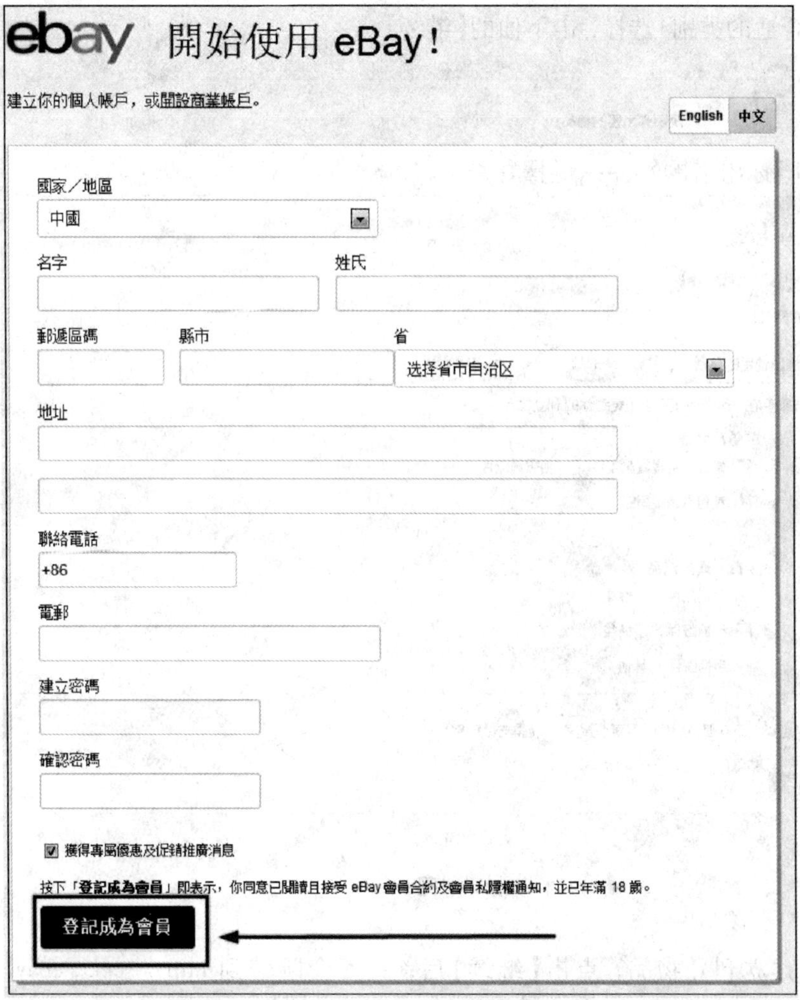

图4－5

第二步：填写资料完成后，页面会跳到【图 4－6】，点击【继续】；

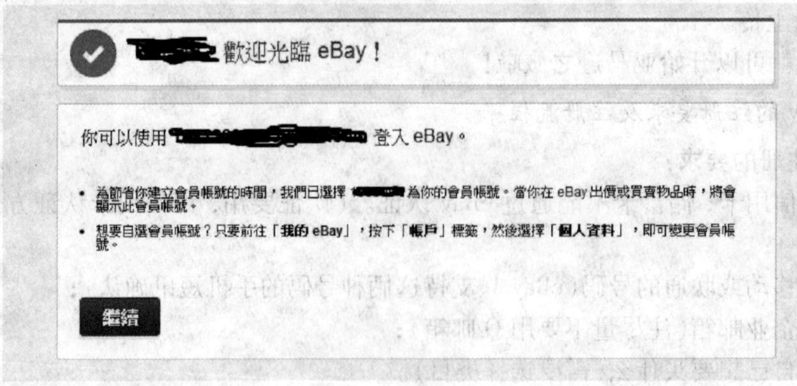

图 4－6

第三步：出售类别。点击【继续后】页面跳到【图 4－7】所示，选择类别，（在建议使用的类别和选择合适的类别）选择，击下面的【继续】；

图 4－7

第四步：建立刊登物品，点击【继续】后，页面会跳转到 http://cgi5.ebay.com.hk/ws/eBayISAPI.dll 所显示的页面，如实填写资料，点击【继续】；

刊登物品，页面跳转到【图 4－8】，点击【继续】；

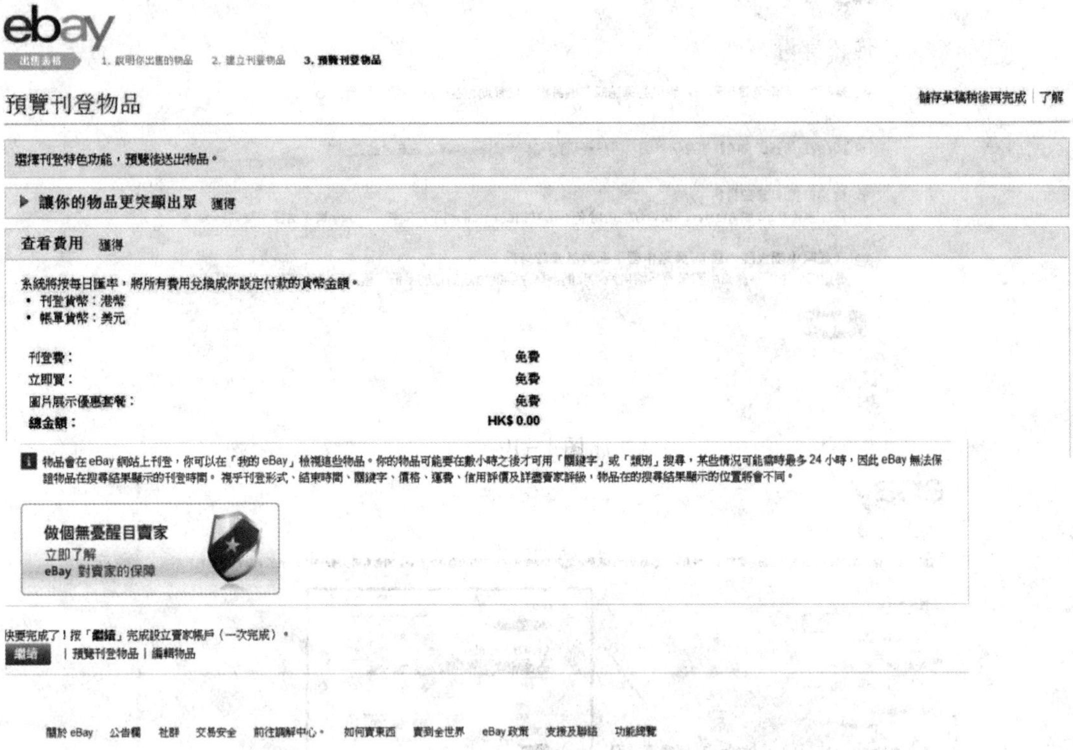

图 4－8

第五步：登入，填写密码，如【图 4－9】所示，点击【登入】；

图 4－9

第六步：身份确认，如【图 4－10】，点击继续，填写信用卡号，信用卡识别码【图 4－11】（如果不想用信用卡，可以点击不需要，要以其他方式确认注册身份），【图 4－12】，填写号码，点击传送手机短讯给我，确认代码，【图 4－13】，填写完点击“继续”。

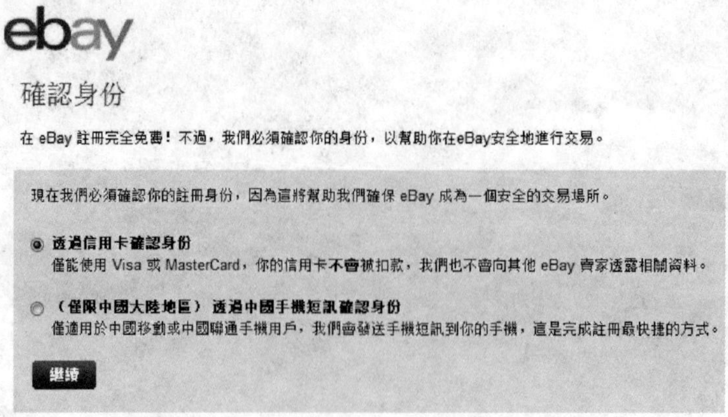

图 4 – 10

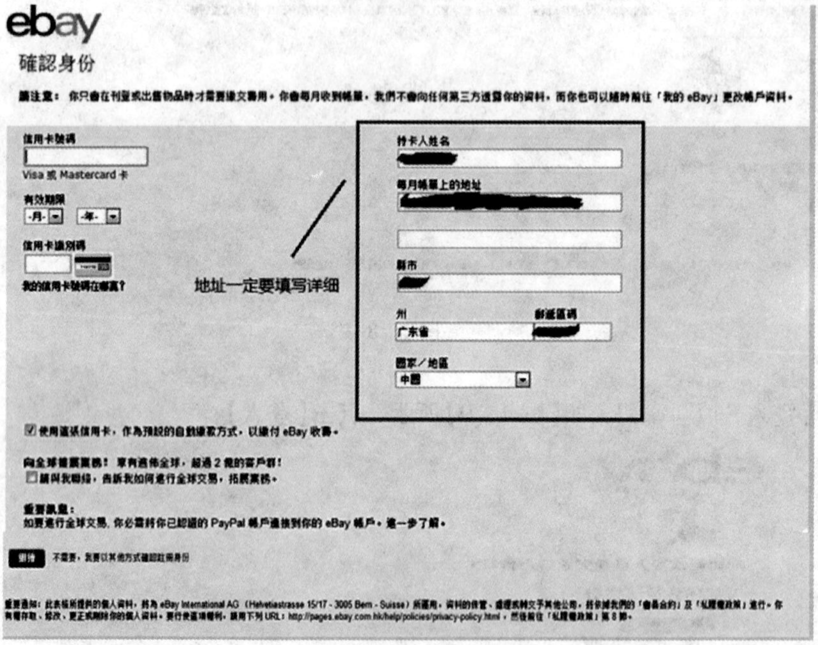

图 4 – 11

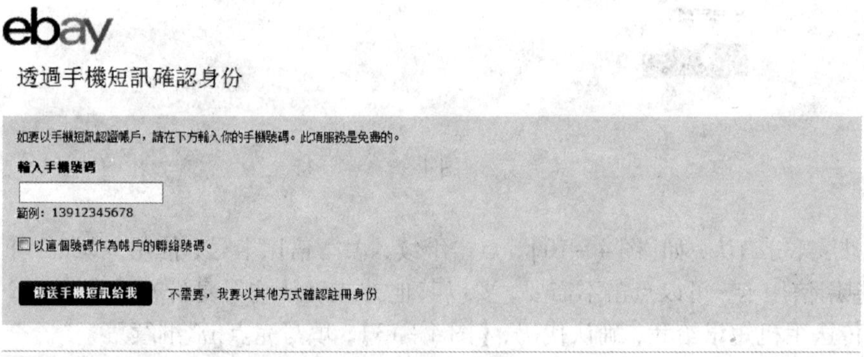

图 4 – 12

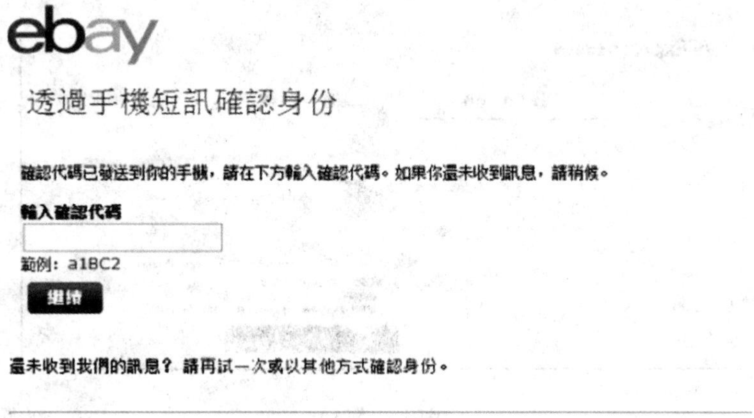

图 4－13

身份认证成功后，就可以继续刊登物品出售啦！

（三）速卖通的注册的要求及流程

1. 速卖通注册的要求：

（1）拥有一个已经通过支付宝认证的支付宝账号（认证要用到）。（2）要有绑定美元的银行卡和汇兑代码。（3）要初步了解速卖通及平台操作基本知识：如何发布一个完整产品、国际物流了解与操作、速卖通平台如何做营销、如何通过数据了解提升店铺、速卖通平台规则，因为最后一步是考试，要考试通过 90 分才能开店（满分 100 分）。

2. 注册流程：

点击进入全球速卖通首页，点击右上方“免费开店”或右边“免费开店”进入注册页面【图 4－14】

图 4－14

第一步：准确完整地填写注册表单信息，完成注册【图 4－15】；

依次填写个人信息和公司信息即可创建账户，完成注册。注意事项：

1. 填写准确的邮箱地址和手机号码。2. 填写真实姓名。3. 准确填写行业背景和经验信息。

输入一个电子邮箱地址，并正确输入验证码，如图 4－15（1）

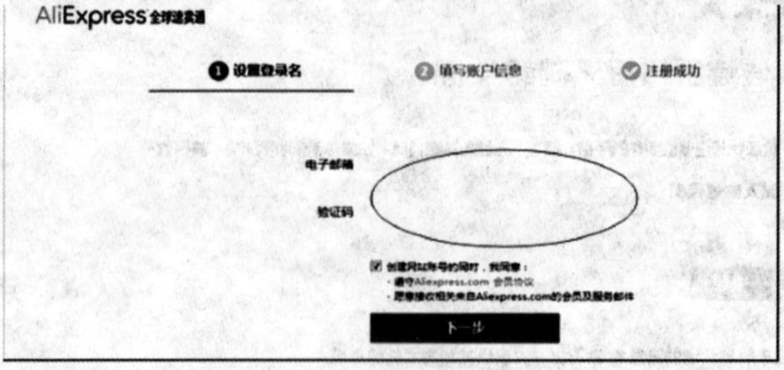

图 4－15(1)

(1)单击“立即查收邮件”按钮，并单击邮件中的“立即注册”按钮，如图 3－15(2)；

图 4－15(2)

(3)填写账户信息，如图 4－15(3)，密码的设置不要过于简单；

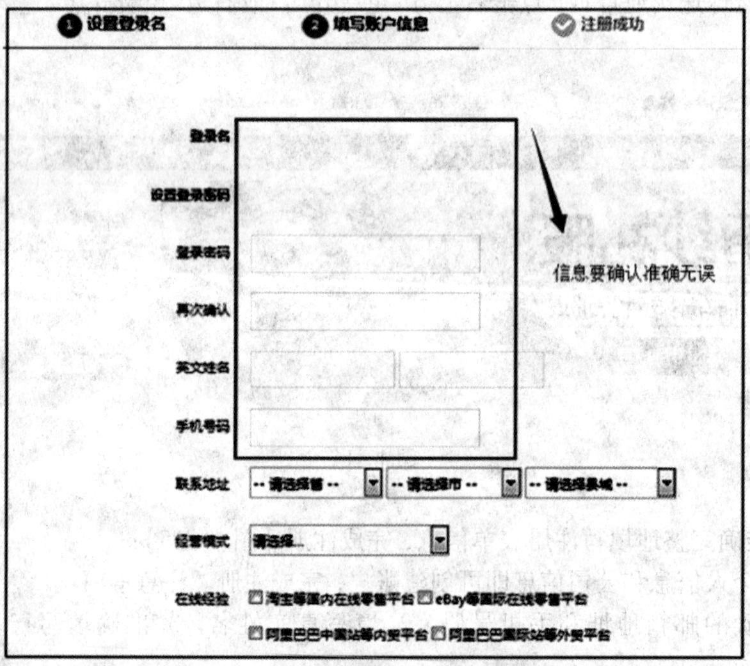

图 4－15(3)

第二步:验证【图 4－16】;

填写好注册信息后单击“确认键”按钮，在弹出的对话框中输入手机验证码，即可完成注册，如下图所示;

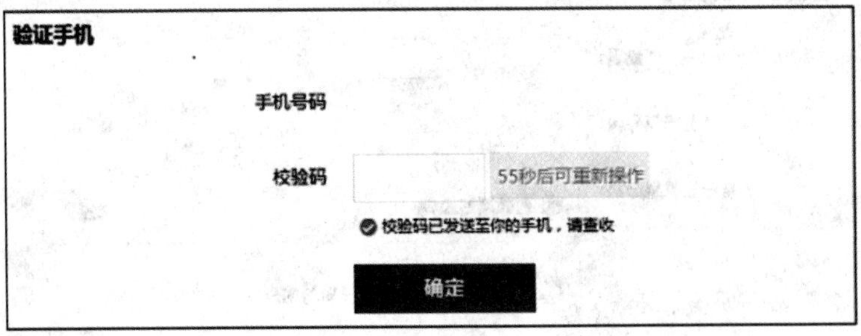

图 4－16

第三步:通过实名认证【图 4－17】;

目前速卖通支持的认证方式有两种，企业支付宝认证和个人支付宝认证。请在如下页面选择适合的认证方式:

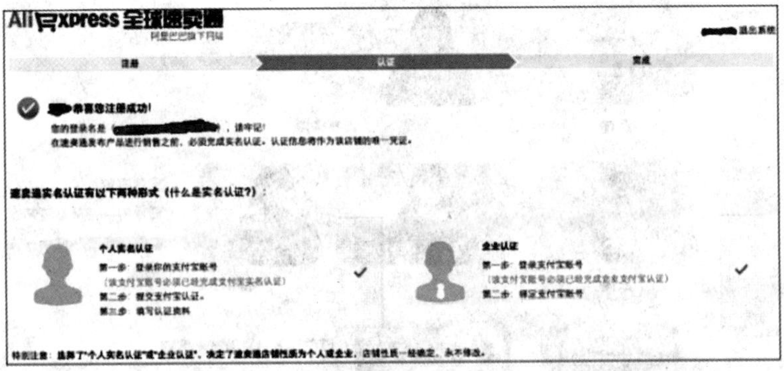

图 4－17

先去支付宝页面完成支付宝认证,或者使用其他的支付宝账户进行实名认证。

如果提交了已经通过支付宝实名认证支付宝账户，请核对认证信息是否有误，如【图 4－18】所示;

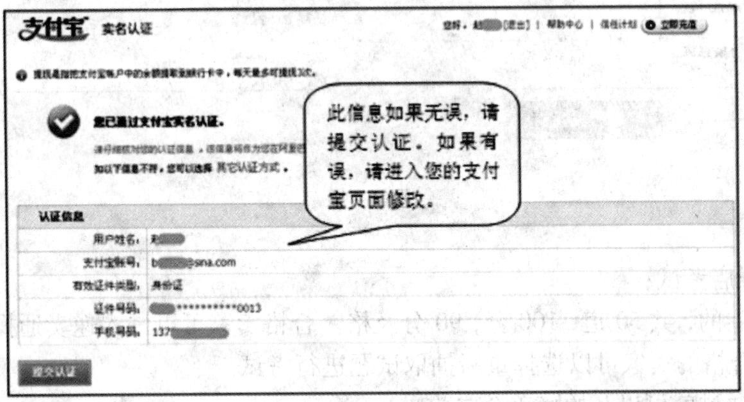

图 4－18

第四步：填写个人真实信息；

身份验证成功后，就可以填写个人真实信息，如【图 4－19】；

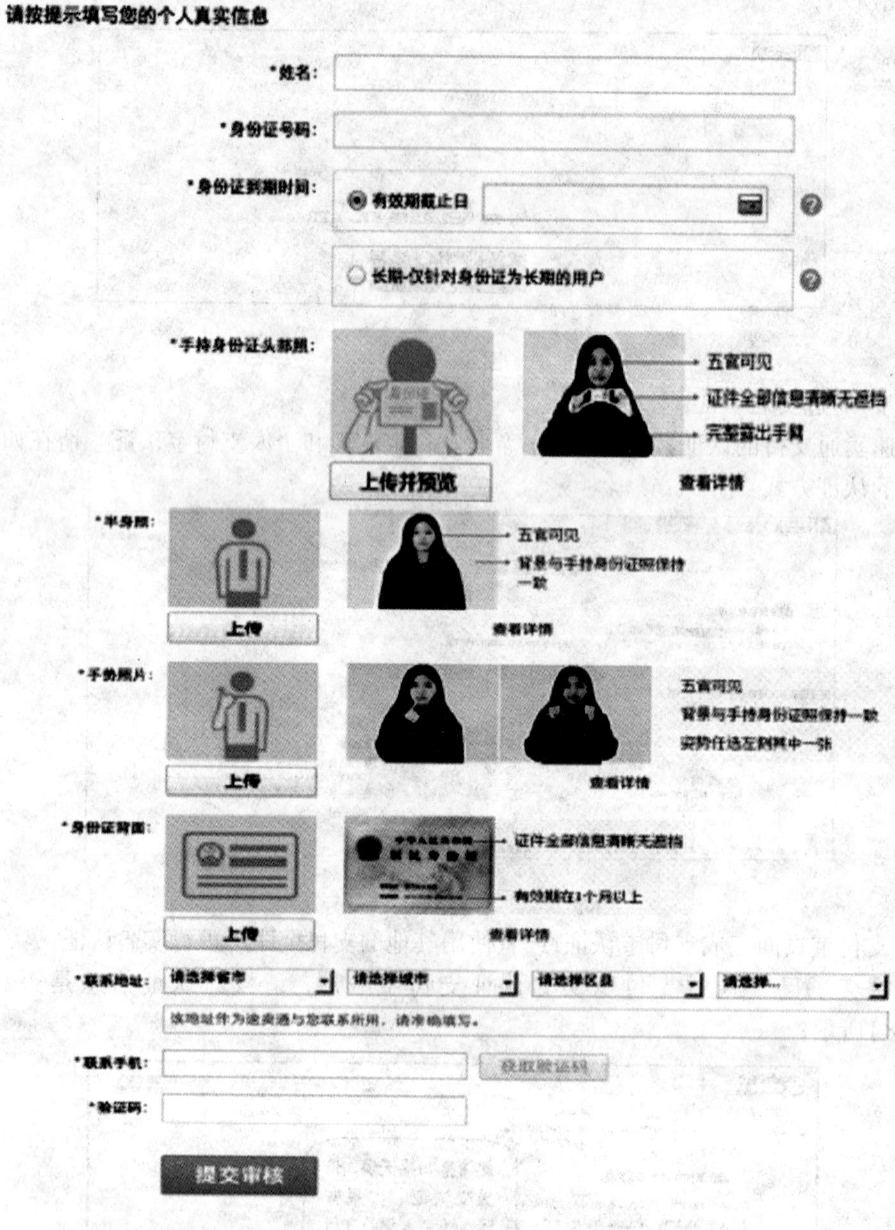

图 4－19

第五步：开店考试；

考试是开卷的，共 50 道，100 分，90 分及格。合格卖家可以进入速卖通操作后台进行实际操作，而不合格的卖家可以选择重新抽取试题进行考试。

考试及格通过就可以开始赚美金之旅啦！

(四)敦煌网的注册要求及流程

1. 敦煌网注册的要求:需要准备好持有个体户营业执照号、个体工商户经营者手持身份证正面头部照、个体工商户经营者手持身份证反面头部照。

2. 敦煌网注册的流程:

第一步:进入敦煌官网 http://seller.dhgate.com/,点击免免费 注册右下角的免费开店。【图 4-20】

图 4-20

第二步:网页跳转到填写商户信息页面,如【图 4-21】所示,填写真实准确的的账号信息信息、邮箱必须是常用的,方便接受信息和验证,手机号码要填常用的,方便以后的信息和业务通知,填完后点击【提交注册信息并继续 】;

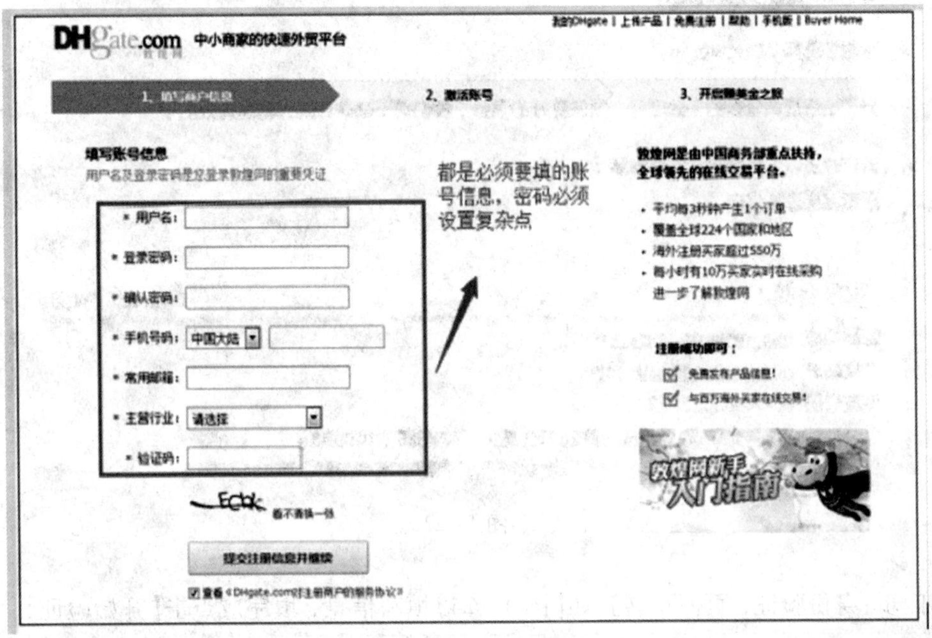

图 4-21

第三步：手机验证和邮箱验证，如【图 4－22】所示；

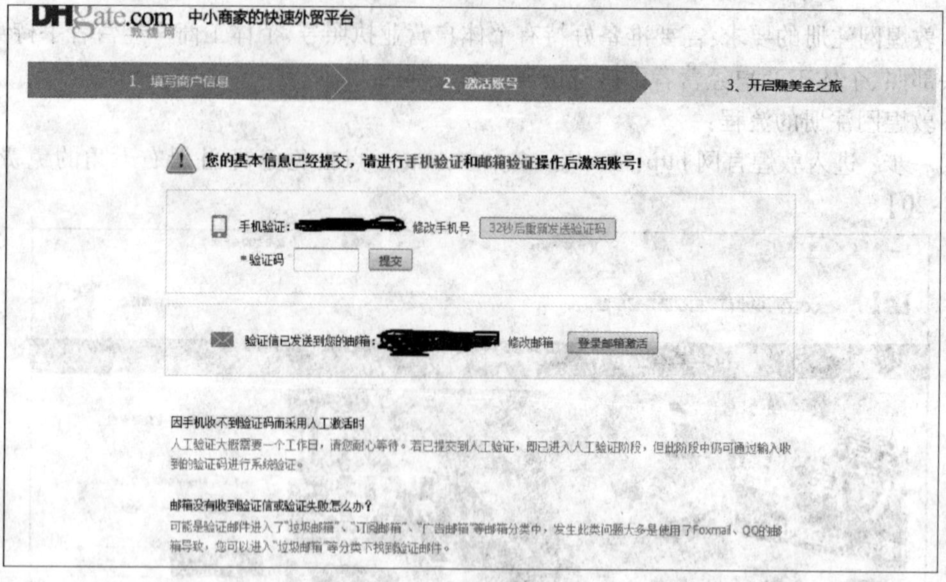

图 4－22

验证成功后，如【图 3－23】所示，【点击这里激活账户】；

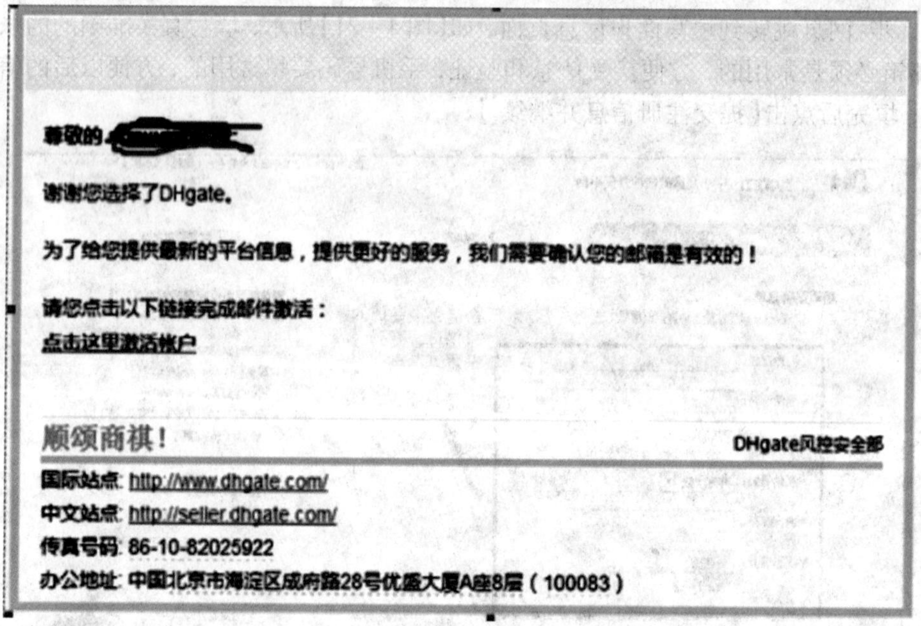

图 4－23

第四步：身份验证，页面跳转到如【图 4－24】填写信息，填完成点击【开始验证】；

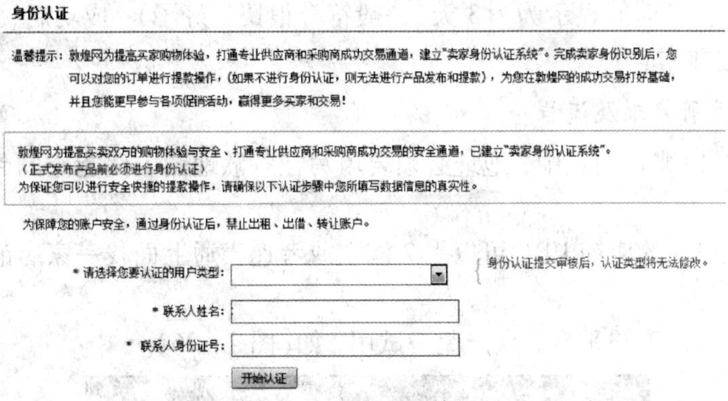

图 4 – 24

开始认证后，页面会跳到如【图 4 – 25】需要根据所提供的照片上传所需要的照片，点击【提交认证资料】；

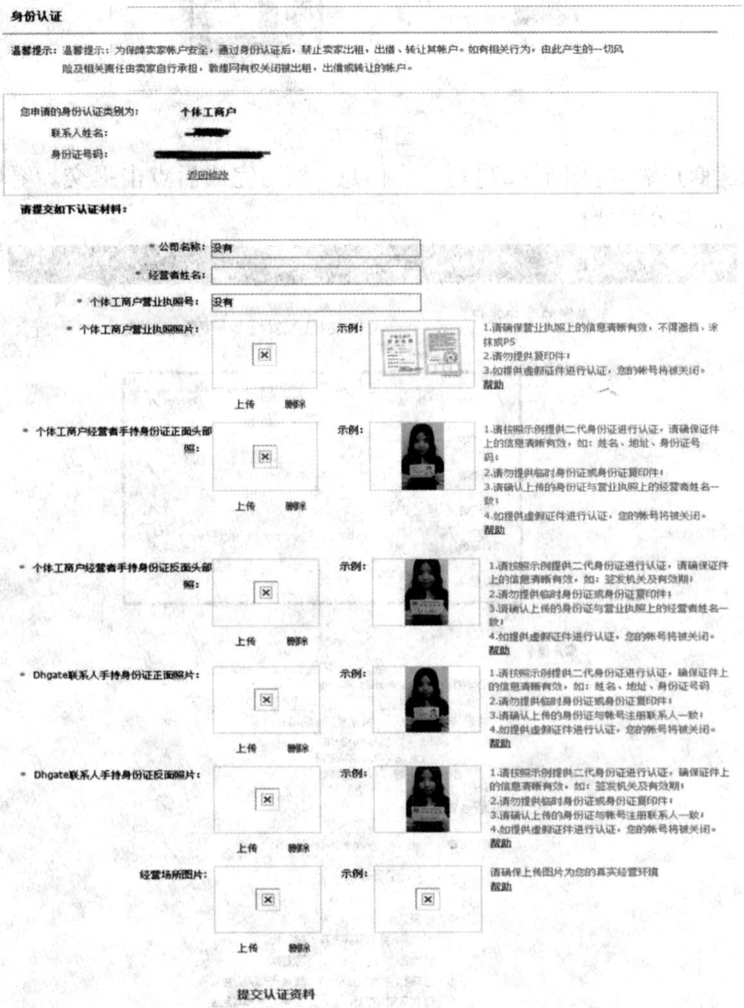

图 4 – 25

等认证通过，认证时间显示为为 3 天(一般符合很快就好了)，成功后，就可以上传产品，开始你的赚美金之旅啦!

(五)wish 的注册要求及流程

1. 注册要求:(1)账户信息中，地址必须要填写在谷歌地图上面能查的到的地址，只写第一行就行了;

(2)商户信息里面的店铺 URL 可以去 2 淘宝或者速卖通上面找一家店铺的链接地址。

2. 注册流程:

第一步:打开 wish 商户平台，点击免费试用，如【图 4－26】;

图 4－26

第二步:创建商户账号【图 4－27】写真实信息，填写完成后点击提交。要填写三部分:账户信息、商户信息、办公地址;

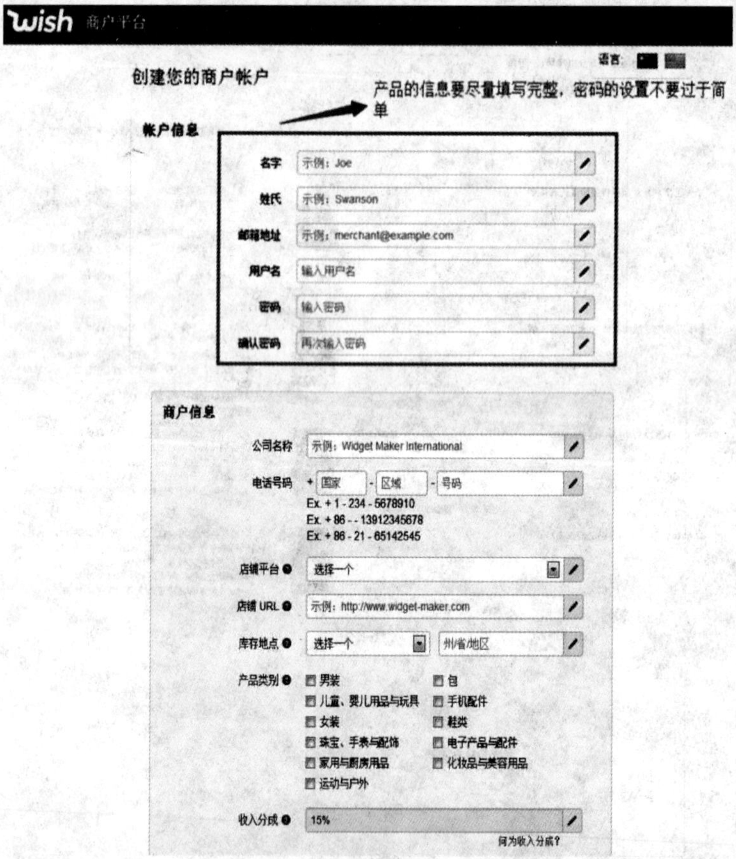

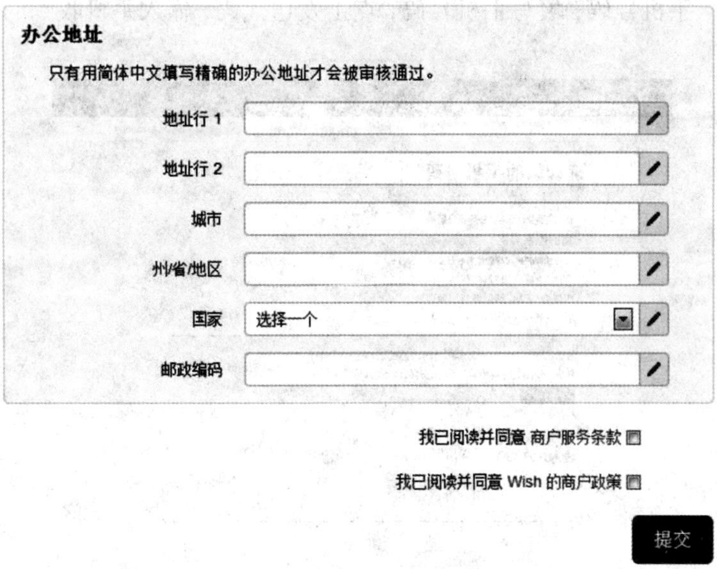

图 4－27

第三步:确认邮箱地址，填写账户信息，到注册邮箱单击 wish 发送给我们的电子邮件，并登陆账户,【图 4－28】;

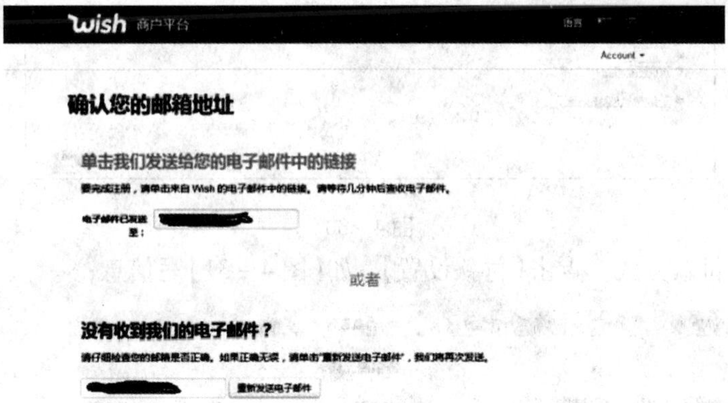

图 4－28(1)

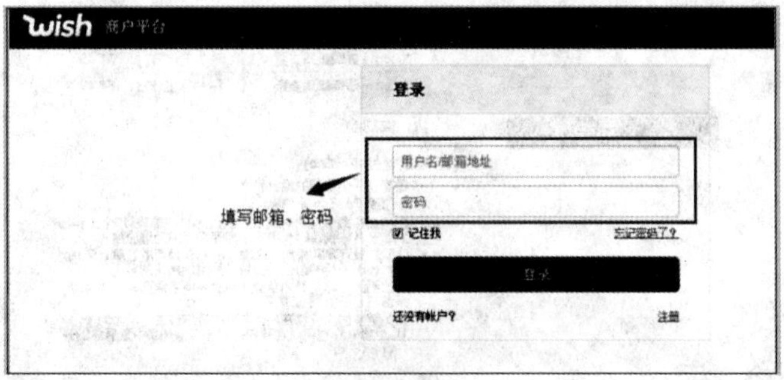

图 4－28(2)

第四步：确认手机号码，填写手机号码，点击发送代码，输入手机收到的代码，点击提交【图 4－29】；

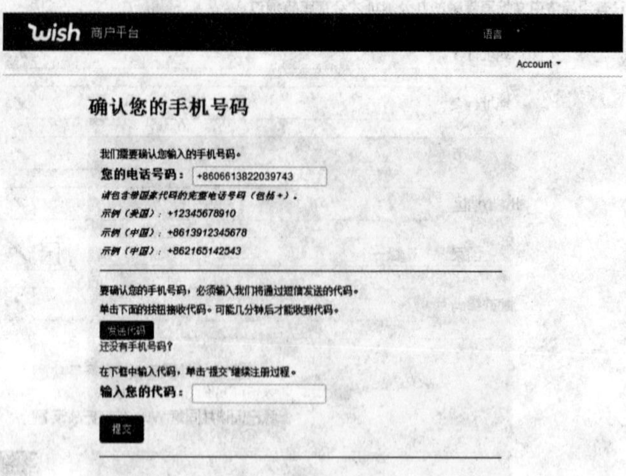

图 4－29

第五步：账号设置成功，页面跳到【图 4－30】，点击"next"；

图 4－30

第六步：设置付款方式。点击【付款设置】，如【图 4－31】写信息；

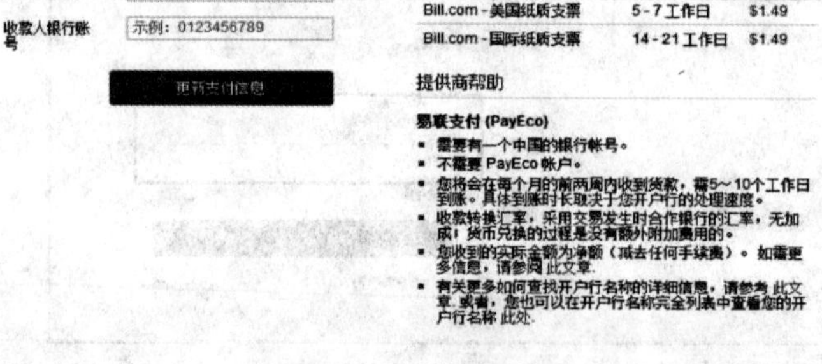

图 4－31

完成这些步骤，就可以拥有属于自己的 wish 店啦！

小贴士

eBay 英国站更改自动刊登功能

eBay 英国站的兼职卖家可能要花费更多成本了。eBay 对自动刊登功能做了一些改变。

从外媒近日的报道中了解到，eBay 宣布更改它的自动重新刊登功能，这将影响英国站的个人卖家，新的功能已于日前生效。

据悉，当月已经用完 20 个免费 listing 的个人和兼职卖家在重新刊登产品时将需要支付刊登费。eBay 提到，当产品自动刊登时，个人卖家重新刊登的 listing 如果使用了一些功能，比如添加副标题，卖家需要为此支付可选特色功能费。

eBay 英国站不再把自动刊登功能设为默认——“每次刊登 listing 时你可以选择是否使用这个功能。”

eBay 英国站在 2013 年推出了自动刊登功能。这项功能在一些案例里可以得到很好的运用，例如一些独特产品，比如一些收藏品可能需要更长时间才能售出。如果。listing 不成功，我们建议你添加更多照片，改变描述，或者调整 listing 格式和价格。

三、店铺取名技巧

（一）店铺取名的重要性

为什么越来越多的网店卖家注重店铺的取名呢？店铺名字的选取起到怎样至关重要的作用呢？怎样才能去取一个好的店铺名？这些也是跨境电商初步接触者最想要了解的也必须要学会的。

店铺开店取名字对于店铺影响不会直接表现出来，但对于店铺销量影响很大。一个好的店铺名字必须达到两点：识别性和传达性。识别性是指能跟别的店铺区别开来，不易混淆，以后做大才不会损失流量。传达性是能让买家从你的店铺名称看出店铺的信息与特色，引起购买欲望。

（二）店铺取名的原则：

朗朗上口，易于买家朋友传播。

简单明了，不宜过长，容易被买家记住。

标新立异，有自己的特色，容易让买家印象深刻。

紧追潮流，大部分买家都是年轻人为主，要让买家觉得有新鲜感、潮流感。

(三)店铺取名的技巧

店铺取名技巧
1. 通俗易懂,店铺的名字要简单容易理解,方便买家记住,以便以后朋友需要,介绍给自己的朋友,尽量不要用生僻词,还有字母数字结合。
2. 能看出店铺的主营产品,要与经营的产品相吻合,能反映店铺的经营特色的,能让买家看到本店的特色激起购买欲望。
3. 店名新颖,不落俗套。能迅速引起消费者的注意。吸引消费者光顾店铺。
4. 要根据店铺的长久发展来考虑,有的店铺暂时是卖女装的,但之后会引进婴儿用品之类的,就不能用"韩衣舍"之类的来命名,这样就太片面了。
5. 可以运用相关的网络红人或相关的网络语来命名(前提是别人还没运用),现在是一个网络社交的时代,网络红人的影响力特别大,网络的传播速度也特别快,一旦运用,推广效果显著。
6. 好的店名,应该有文化底蕴,可以从产品经营品质与经营服务精神这两面来命名,体现店铺的亮点。

四、店铺产品上传与管理

产品上传是店铺开张的基础，是店铺面向买家的根基，至关重要，店铺上传包括选品、参数设置、发布规则、产品管理、产品分组、图片优化等。

(一)店铺产品选择标准及要求

在商业交易中通常有两个核心要素:产品和用户。选出来的产品需要在外观、质量以及价格等方面都符合目标用户需求的产品。而对于用户来说，产品不但要满足具体功能的需求，还要满足用户虚荣心、让生活更便捷等方面的心理或生理需求。所以，成功的产品应该可以实现第三方平台、用户以及市场需求等的平衡。

1. 选品的考虑因素

选品须考虑的因素:货源、市场、特征、关联产品。货源的稳定性是店铺发展的根源，也是店铺打造爆款的关键。市场规模的大小、分布情况关乎到店铺的销售前景。产品的特征决定着消费者的接纳程度，也决定着销量。关联产品多样性带动其他产品销量，创造更多利益。

2. 产品选择的方法

在产品的选择方面上，需要对网站有一个大致方向的把握。首先需要对所注册的第三方平台一个正确的定位，再去分析行业的动态以及区域需求，之后再对产品进行最终选择。

(1)第三方平台的定位

平台定位就是对目标市场或者目标消费群体进行定位，通过对整个平台的理解以及把握，对产品的选择进行一个定位的研究分析。另外，根据中国的现实情况来看，建立销售品牌会更优于建立产品品牌。

(2)第三方平台的区域化用户需求分析

对于用户需求的分析，是为了保证平台最后选择的产品可以有市场，没有市场需求的产品根本无法让购物商城继续运行且发展下去。结合了店铺的定位之后，需要借助第三方信息以及网络分析工具，去明确店铺所管理的品类的最优产品投放市场，从而进行区域化的用户需求分析。

(3)第三方目标市场及分布

通过对平台目标市场以及分布进行了解，从而可以确定店铺之后的产品选择方向。不同的目标市场，其产品的需求自然也是不一样的，目标市场的分布情况，也要纳入产品选择的范围之内。

(4)选品中的“六不三可”

六不三可
“三可”：1. 对比网上有价格优势、有一定利润空间的可做。2. 能做到低库存或零库存、库存充足(不会经常断货)可做，这点很重要，不然外贸旺季缺货，会导致成交不卖，平台降权，甚至赔款。3. 质量过关(二次服务成本低，基本不需要什么售后)可做，这点也很重要，顾客回购率高，销售稳定。
“六不”：1. 不侵权：带品牌、商标或者专利的，一般不做，伤不起，平台对于侵权的惩罚十分严重。2. 不太大：长、宽、高相加超过一米的，一般不做，物流太贵。价格失去竞争力。3. 不太重：重量(毛重)超过 5 公斤的，一般不做，这里只说做快递外贸，正规外贸不再范围内。4. 不难运：食品、药品、易碎易燃品等，一般不做，还要找专门货代，没优势，被扣留几率高，而且不利于后期发展。5. 不太大众：普通超市里随手买的到的，一般不做，这个大家应该懂。选品既要符合买家需求，同时也要考虑产品在买家国家的优势。6. 不太便宜：售价(含运费)不到 10 美金的，一般不做(除了做搭配的优惠套餐)，利润微薄，受货源、物流的影响波动大。

(二)产品标题的重点及基本要求

标题是一个产品组成不可或缺的部分，标题运用好坏与浏览量、点击率、转化率息息相关，所以很多卖家对于标题都是十分重视，对于标题的理解主要体现在以下几个方面：

1. 标题的作用

让买家找到你的产品，带来搜索能量。买家用到的词就是你需要设置的词。

2. 制作标题的流程

(1)收集数据(了解市场有哪些产品、哪些词,词的属性是怎样的,能带来多少流量)收集数据的主要来源有:数据纵横、关注买家论坛、eBay 等国外电商网站、Google 搜索工具、海外论坛。

⬇

(2)分析数据(得出词表),把没用的词删掉,把有用的词留下来,并按照他们的属性、他们的效果进行分组,就可以优化数据,设置标题。

⬇

(3)标题的规则:字数不必写满,只需把产品的重要信息表现出来;符合顾客语法习惯;减免标点符号,顾客搜索产品一般不会加标点符号,最多加空格;不能关键词堆砌,标题滥用。

⬇

(4)设置标题三段法:核心词汇 + 属性词 + 流量词。核心词:行业热门词(会影响排行,影响点击率),产品的相关性会得分,所以要把产品的亮点、卖点凸显出来,放置标题的第一位。属性词:长度、颜色等,会影响排行,影响点击率。(系统会通过类目和属性来筛选,系统进行判断时,不单会看热门词,打个标题出现属性词,系统会认为这个标题信息比较丰富。)流量词:能带来流量的词,(是给搜索引擎看的,而不是给买家看的,买家不怎么关注,所以排在最后)。

3. 不同的标题设置

(1)批量设置标题(考虑到工作量)

把标题分为:不可变部分 + 可变部分 + 可替换部分。

将流量词进行批量替换,达到覆盖词表。

自然搜索量最大化的结果。

(2)为爆款设置标题

特点:需要花费大量的巨大多数人力、财力、物力,把产品的销量推到第一位。

策略:核心词汇(放置最前面) + 修饰词(提高产品点击率,例如 Newest,2015) + 属性词

(3)为引流款设置标题(预备爆款)

特点:广告费不如爆款,用于报活动,拓展店铺流量来源。

策略:核心词汇(放置最前面) + 修饰词(提高产品点击率,例如 Newest,2015) + 属性词 +(次级热词),跟爆款几乎一样,因为它本身就是预备爆款。

(4)为利润款设置标题

特点:承担了为店铺带来免费流量的任务,承担着为店铺带来搜索流量的任务。

策略:核心词汇 + 属性词 + 流量词。

小贴士

（1）产品在买家首页的位置是系统从相关性得分、商业分的判断进行评分，排在一个所对应的位置。相关性得分是指产品在类目与搜索词的关系远近、产品的标题在语义上与搜索词的相关性高低。商业性会参考以下 3 方面：可成交性、服务能力、反作弊。可成交性：系统会结合产品和卖家等多方面信息预测产品未来的可成交性；服务能力：平台对产品和卖家在服务类指标上的表现有硬性要求；反作弊：平台对作弊的产品和卖家有较大力度的惩罚。

（2）引流款的含义：为店铺提供流量，曝光度高，点击率高，一般利润较低。利润款的含义：为店铺带来利润，靠引流款带来销量。

（三）产品参数设置

产品上传是一个店铺的基础。产品设置参数主要是指产品基本信息、其他信息与价格设置、运费设置等。

1. 产品基本信息

（1）选择正确的产品类目、准确的类目。不准确的类目会影响顾客搜索到不感兴趣的产品，也会影响到符合政策规定产品的浏览率，有损公平性。在搜索栏输入产品关键词，如果类目有就在类目中选择，如下【图 4－33】；

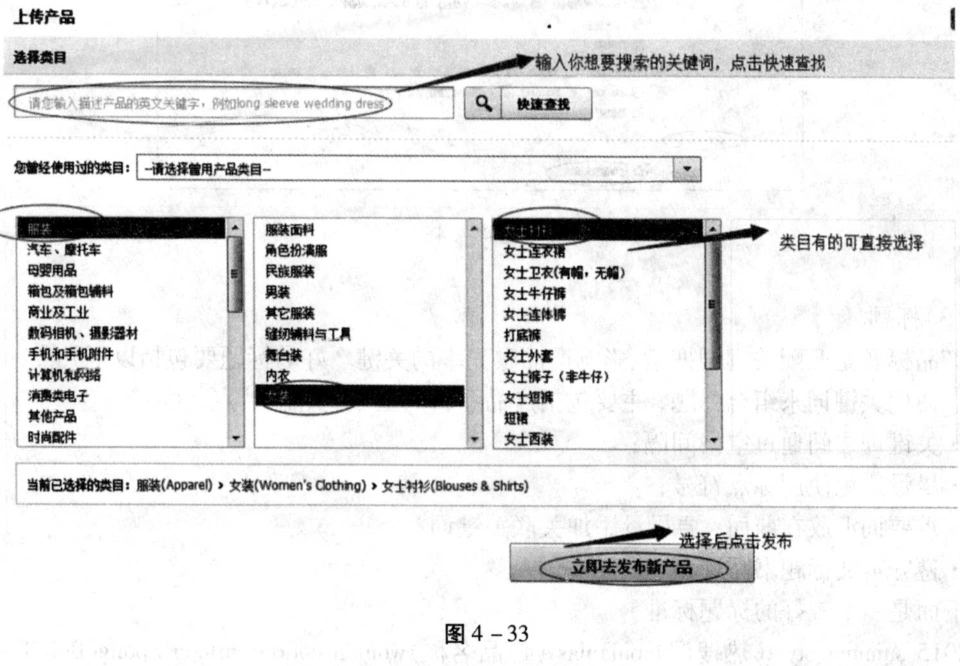

图 4－33

（2）完整的产品属性。产品的属性是买家了解产品的第一手资料，要尽量填写完整。如【图 4－34】；

· 产品基本属性：买家在产品列表页可以通过产品基本属性对搜索结果进行筛选 ，准备和完善的产品属性，对于增加产品曝光有很大帮助。当平台推荐的属性无法满足你对产品的描述时，可以添加自定义属性。

· 产品规格:产品的不同规格，可以设置不同的零售价，并在前台展示给买家，提升买家购物体验。主要包括产品的颜色、尺码、图案等。当平台推荐的无法满足你对产品的描述时，可以添加自定义规格。

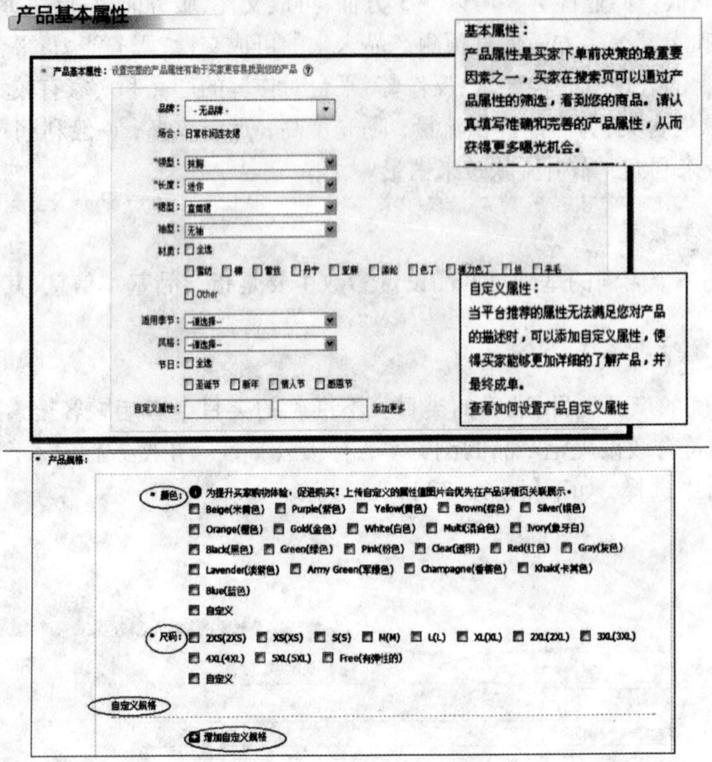

图4－34

(3)标题

产品标题是匹配关键词搜索、影响产品曝光率的关键。好的标题要包括以下几点：

· 使用关键词来组合标题，主要包括产品、名称、型号、功能、特点、性能等；

· 关键词之间通过空格间隔；

· 尽量避免使用标点符号；

· 重要词汇放在前面，要尽量添加关联关键词；

· 遵守英文标题书写规则。

下面是一个较好的标题标准

2015 summer style(热搜词) pajamas (产品名称)women cotton cartoon SpongeBob T－ shirt set new arrival short(属性词) pajama family gift (关联关键词)sleepwear 912(型号)

(4)关键词

· 关键词类型:红海、蓝海、名称、属性、材质、功能、卖点。

· 关键词查询工具:①直接进入谷歌 Ad word，点击关键词规划师，输入想要搜索的产品类目跟地理位置进行条件筛选。②点击速卖通后台数据分析的搜索词的分析，选好产品类目，点击右上角的下载最近30天原始数据，进行条件筛选出自己所需的热搜词和零少词。③打开 www. keywordspy. com，输入想要搜索的产品词和国家，点击 search，就可以查到在不同国家对于同一类产品的不同关键词的热度。④打开 http://www. google. co. uk/trends/explore，在搜索词栏中输入你的产品词，就可以看到搜索词热度随时间变化的趋势、区域热度，可以通过对比得出自己想要的产品关键词。

· 关键词的排序方法：

产品名称 + 属性 + 材质 + 功能 + 名称

产品的关键词参数：名称、营销、卖点、产品使用、功能、特性、具体型号、尺寸、适用范围、使用温度、季节、节日。

例：Free shipping 2015 promotion envelope bag（产品名称）Cortex（材质）hollow design, messenger bag, briefcase women's day clutch big handbags xx – 22（产品型号）

关键词的误区：

· 搜索量大的就是好的。

· 联想词典里的一定是好词。

· 标题的关键词写得越多越好。

(5) 产品图片

用生动真实的图片展示产品，上传产品之前要准备好图片。上传图片可以选择从“本地上传”或者从“相册上传”如【图 4 – 35】所示；

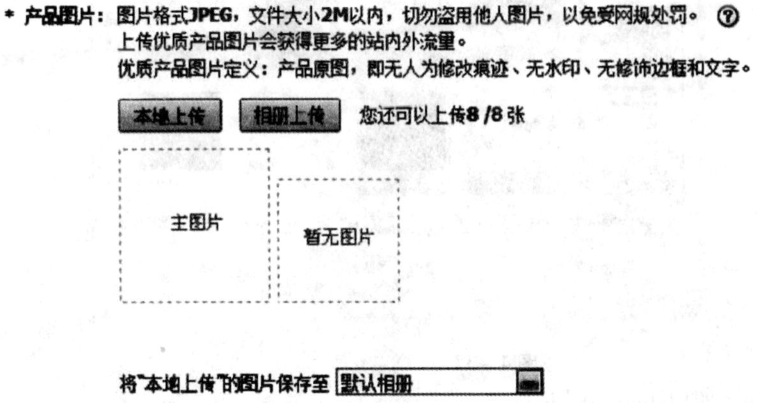

图 4 – 35

可以根据意愿从“本地上传”或者“相册上传”的方式添加图片，这两种方式都较为简单，现在以“相册上传”的方式来介绍上传图片的操作：点击“相册上传”，将进入原先设置好的产品相册中，如【图 4 – 36】所示；

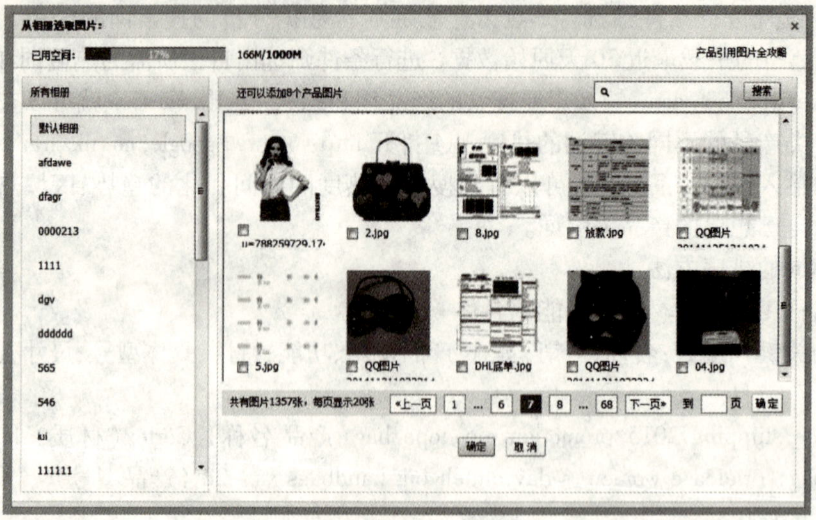

图 4－36

在相应的相册中选择想要的图片(最多为 8 张图片)点击"确定"，可同时上传所选择的图片，如【图 4－37】所示；

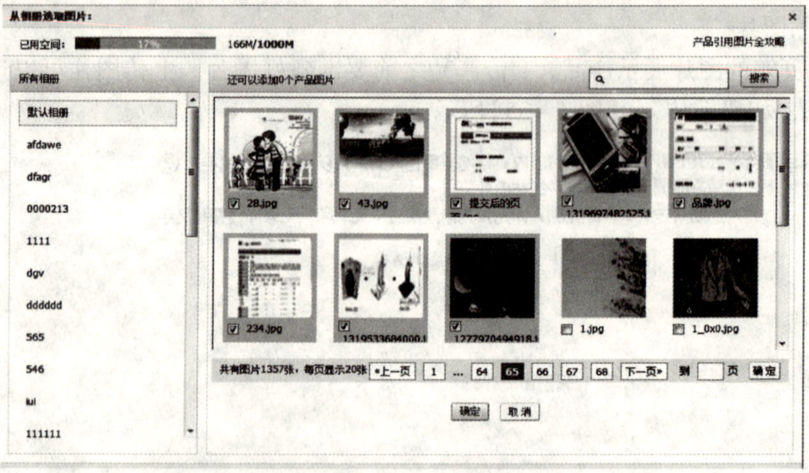

图 4－37

图片上传后可以删除，如【图 4－38】所示；

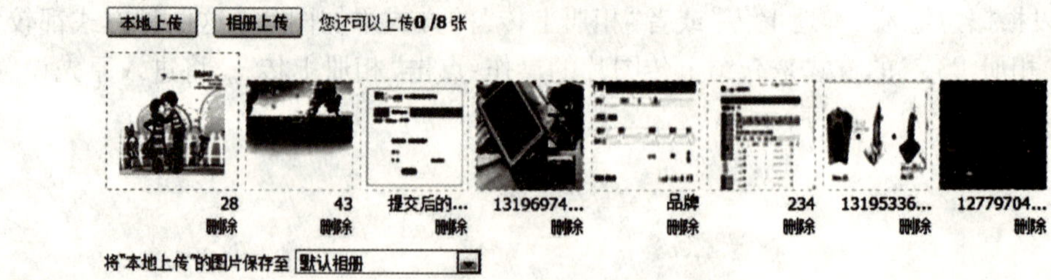

图 4－38

温馨提示:上传产品时,同一产品内容描述中,可以使用8张图片展示。建议在上传图片时,尽量从相册中选取,这样可以使产品通过审核的效率更高。

·站内外推广图片

上传一张高质量的图片用于站内外推广(例如 Google shopping),图片上无人为修改,无促销、产品属性、名称等信息,无 PS 修改涂痕。如【图 4-39】

图 4-39

(6)产品组

为方便卖家管理产品,可以创建产品组,将同一类别的产品添加到同一个产品组中,如【图 4-40】所示:

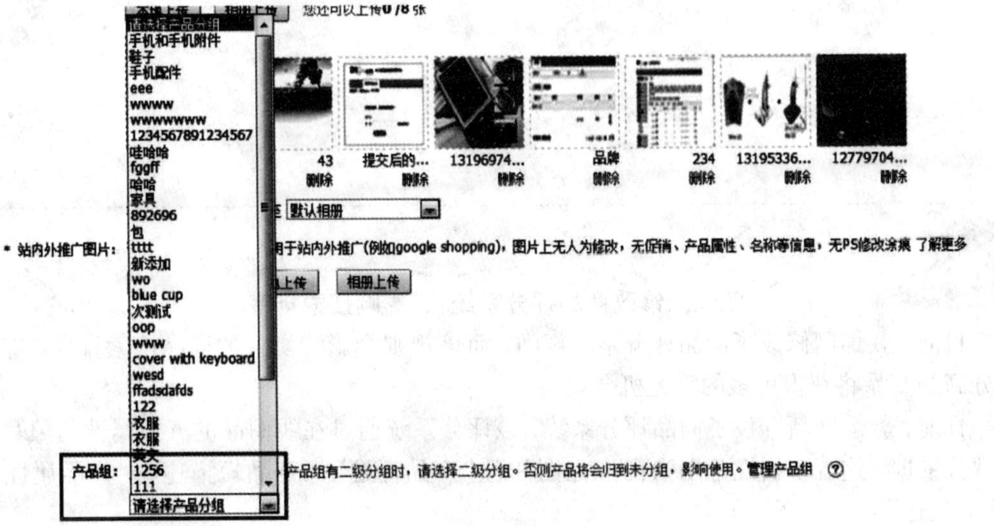

图 4-40

(7)产品简短描述

建议在产品简短描述栏目中多填入一些可以让买家在查找物品时会搜索到的词语。可以输入中文标点符号,会自动转化成英文标点符号,最多可输入 500 个字符。如【图 4-41】所示;

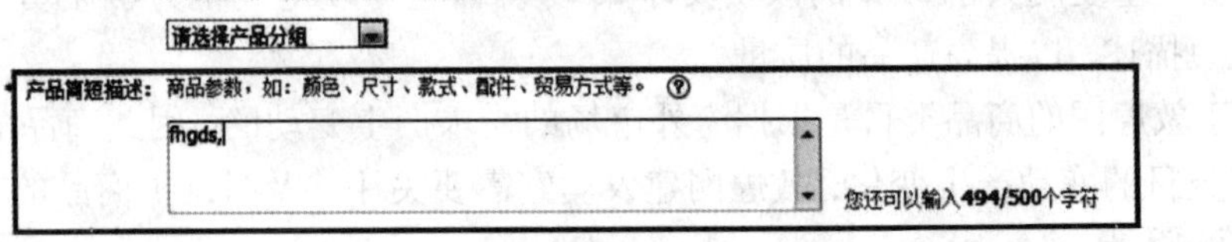

图 4-41

(8)产品详细描述

把在产品名称和规格说明中不能涵盖的产品信息进一步详细地展示给买家;将买家比较关注的产品的特色、功能、服务、包装及运输信息等展示出来，让买家可以一目了然地、尽可能多地了解产品相关信息;还可以通过一些个性化的描述展现卖家的专业性，如制作模板、相关产品的站内链接，向买家展示更多的相关产品，进行自我促销，引起买家的兴趣，等等。详细描述中有 8 万个字符空间，支持 HTML 语言。

温馨提示:详细描述中不能出现平台以外的链接，禁止出现任何形式的联系方式，如:邮箱、公网址、SKYPE 等。

考虑到平台对的都是国外的买家，所以需要使用英文填写一切产品信息。以便买家在搜索产品时可以准确地了解产品的各种情况。也可以登录平台，也可以点击“在线翻译”，将产品信息翻译为英文。【图 4 –42】;

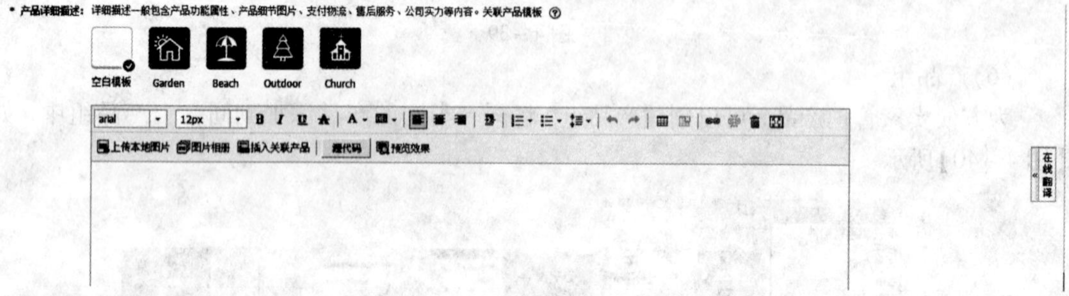

图 4 –42

小贴士

敦煌网修改商品评分系统:将影响搜索排序

目前，敦煌网修改了商品评分系统规则，而该规则会影响卖家的商品搜索排序，综合得分高的商品将获得更多的曝光机会。

日前，敦煌网新开设了商品评分系统，该评分系统通过在线商品的五个属性的填写作为评分依据，这五个属性分别为:“产品图片”、“产品标题”、“产品短描述”、“产品属性“、“产品配送”。

根据试运营二十多天的情况，敦煌网在日前对评分系统在产品标题和产品短描述两个项目的填写上做了优化:

1. 产品标题:敦煌网建议产品标题的单词数量在 16 – 23 个之间;

2. 产品短描述:高分商品的短描述单词数量尽量满足 21 个以上 28 个以下。

敦煌网称，优化后的商品评分系统，产品短描述和产品标题之间的单词重复度小于 50% 才可以计分，重复度大于 50% 的该项仅计 25 分。而这个设定也是为了让卖家能够认真的填写商品短描述，以提高产品的质量。

同时，由于敦煌网的商品类目是根据海外市场的需求产生变动的，因此商品的评分也有可能会随着类目的变动产生变化，敦煌网建议卖家需要关注并及时维护商品的得分，以保障在线商品的质量。

2. **产品其他信息与价格设置**

(1)产品销售信息

产品销售信息

①销售计量单位，单个产品的量词。

②销售方式，按件卖即零售，按包卖即批发。

③备货期，平台会通知卖家发货起至卖家平台回填物流跟踪号的最长时间。

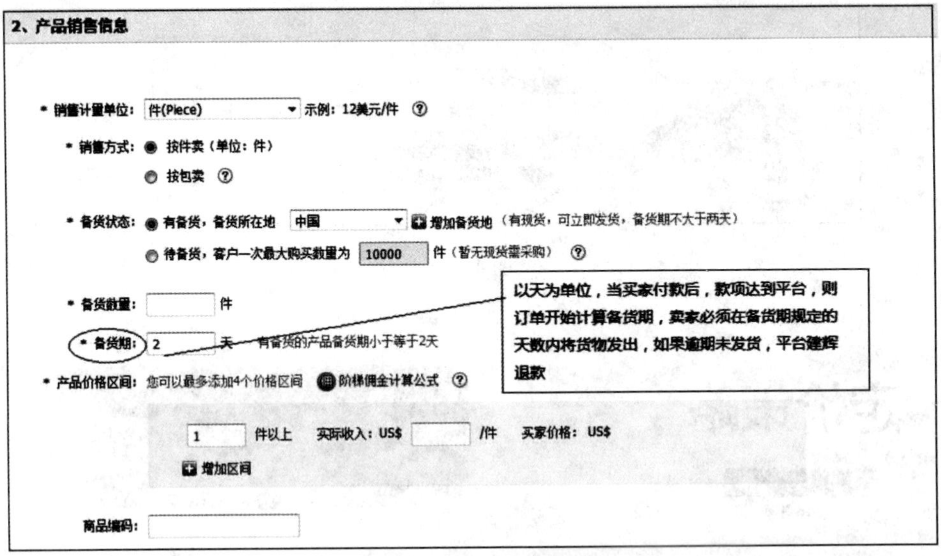

图 4－43

(2)产品包装信息

产品的包装信息主要包括包装后的重量跟尺寸：

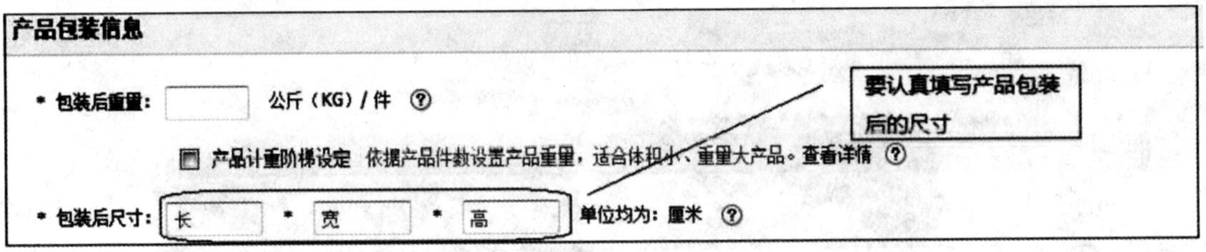

图 4－44

(3)产品价格设置

①单一规格价格设置。

单一规格价格设置较简单，只要按照计算公式计算就可以了，要谨慎、如实填备货期。

②多规格价格设置。

多规格价格设置跟单一价格设置最主要的区别是：可以添加价格区间和规格区间。

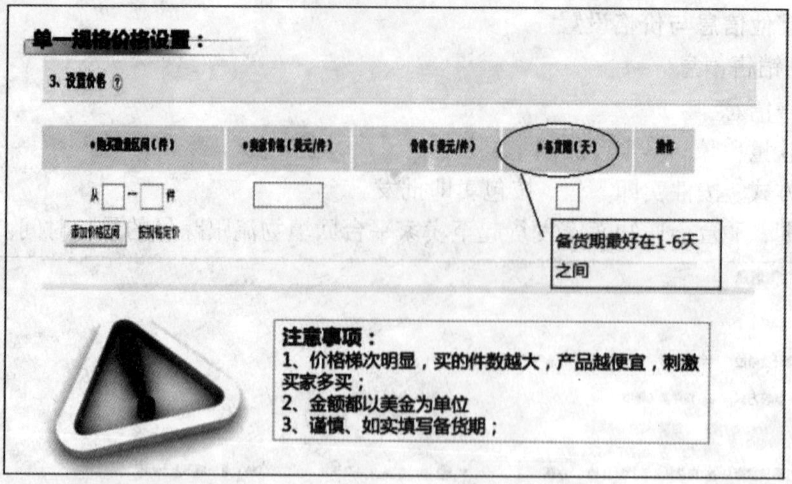

图 4－45

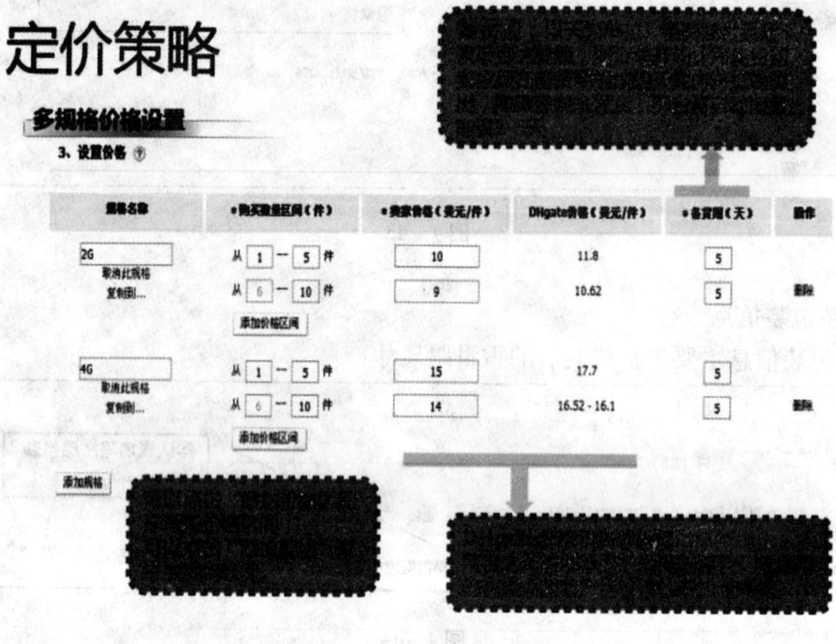

图 4－46

3. 运费设置

运费设置有四种模式：

(1)平台合作物流商。卖家填写在线发货预报后，首先将货品发往平台的仓库，再由平台统一调配，集中发货。传统的发货模式则是快递上门取货后直接配送。

自己设置运费模板，点击“产品”中的”“运费模板”

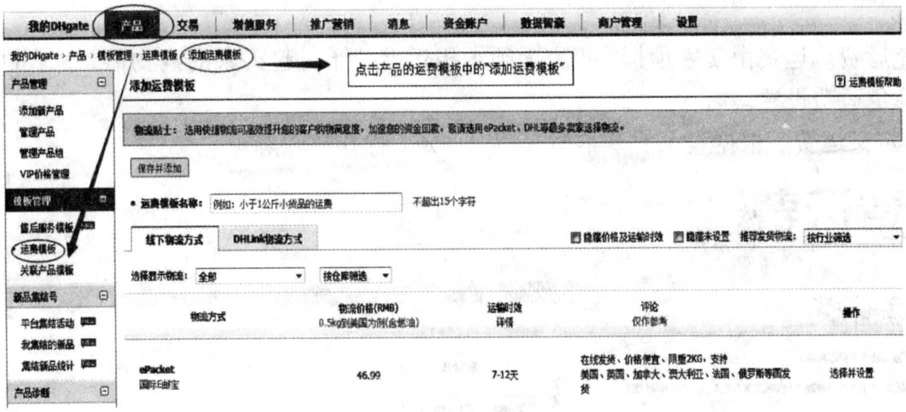

图 4－47

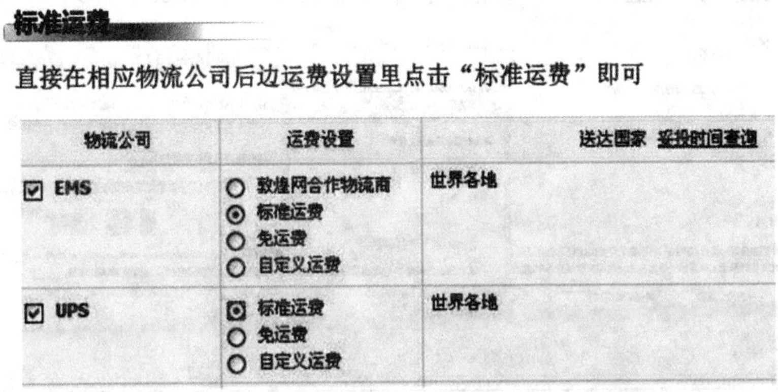

图 4－48

(2)标准运费。运费偏高，会影响买家购买。

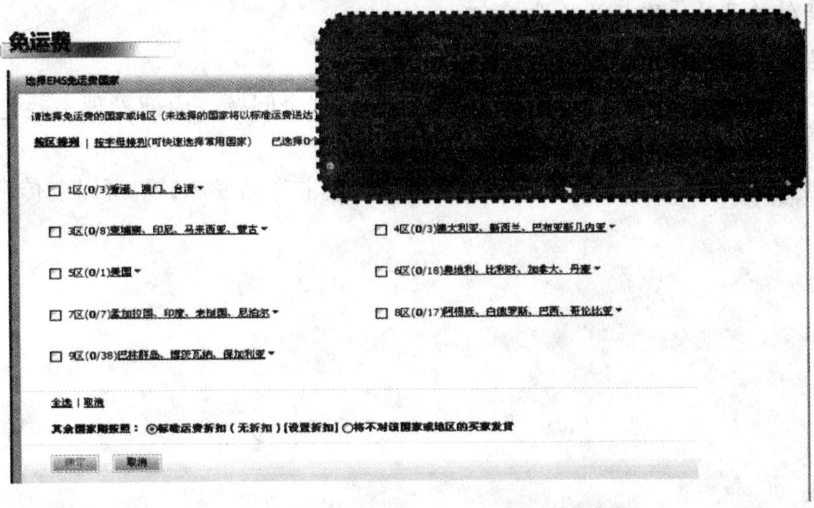

图 4－49

(3) 免运费。运费由卖家承担，买家无须承担运费，能引起买家的购物欲望，大部分卖家都会选择免运费设置。

(4)自定义运费。根据卖家的基本情况情况而定，操作比较麻烦。

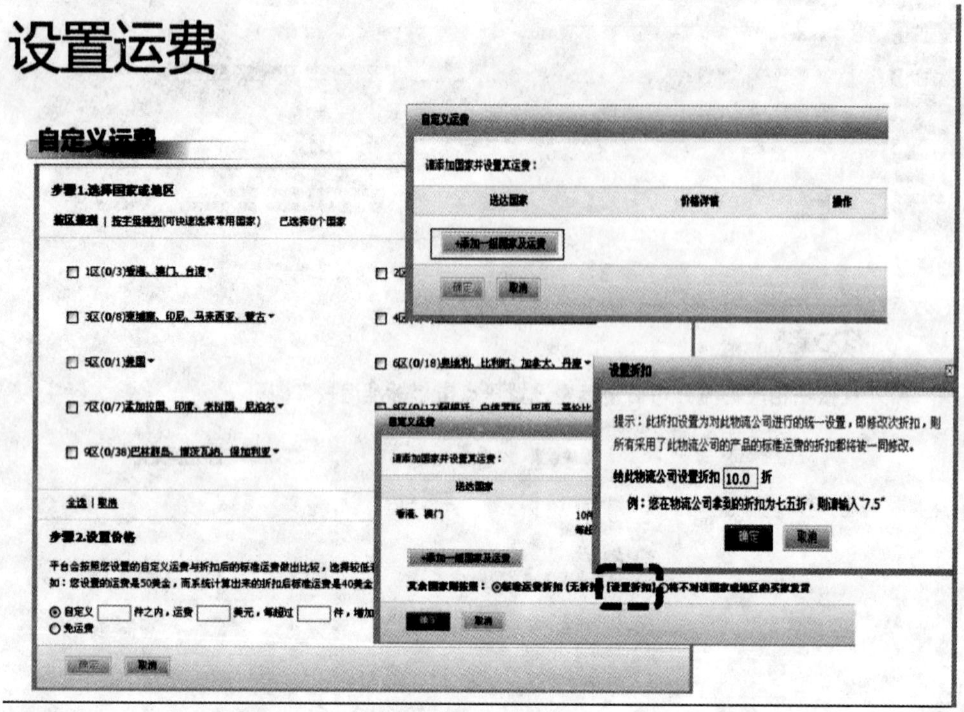

图 4－50

4. 发布

所有信息设置完成，点击发布，待平台通过产品便可在店铺中展示。

(四)店铺的产品管理与产品设置技巧

1. 产品管理

每个平台店铺一旦有产品，都会面临店铺管理这个问题。店铺管理主要包括管理产品组、快速上架产品、运费模块管理、备货管理等。

(1)新产品的上传。点击产品管理进入页面，点击产品发布，就可以上传新的产品，如【图 4－51】；

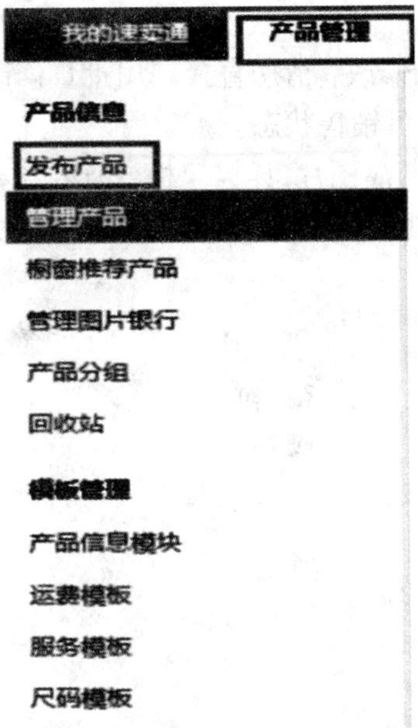

图 4 – 51

(2)管理产品组是产品管理最基础、也是最关键的一步。主要包括修改产品详细描述、修改产品价格、批量调整产品有效期、批量上架、下架、批量调整产品组等。点击产品管理进入页面，如【图 4 – 52】；

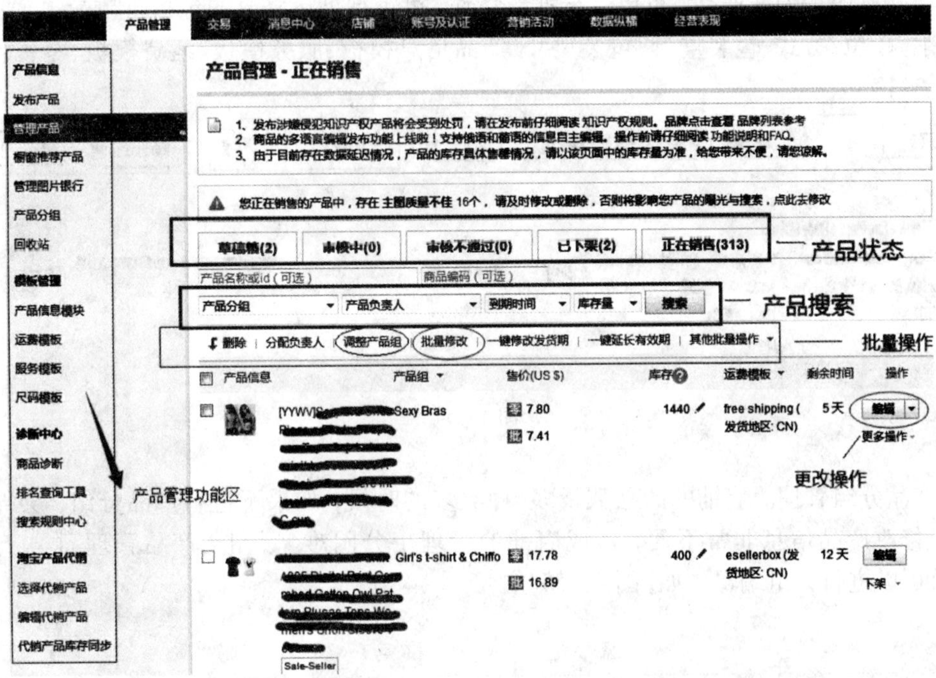

图 4 – 52

①产品一旦通过审核上架，再次想修改产品信息前，请确认自己的修改内容是哪方面，如果是运费模板、价格、备货期的修改，请您直接利用批量修改功能。这样修改后的产品，不会进入审核队列，仍然处于上架可销售状态。

如果要修改的是产品标题、产品图片、详描模板，仍然需要从“编辑”进入，但是修改后的产品，是要进入平台审核队列，产品会暂时下架。直到审核通过后才可进入销售。如【图4－53】；

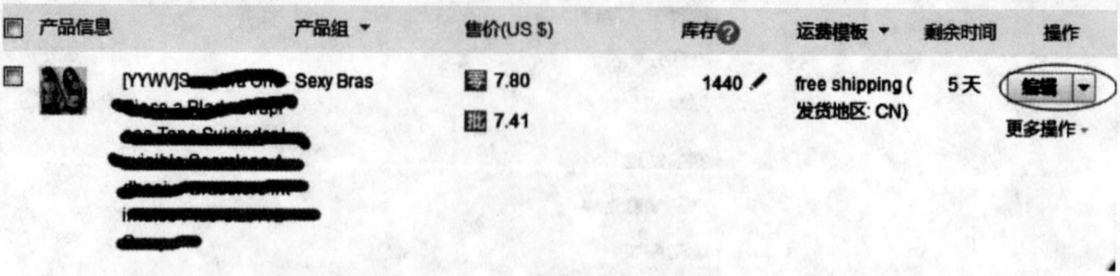

图4－53

②进到审核队列的产品，平台是仍然允许用户不断修改的，建议用户尽量一次性修改完全部信息，再点击提交。否则，刚刚审核通过的产品，仍然会再次回到审核队列里，延长整个产品上架的时间，从而影响在线上架销售的时间。

③对于常规性的调整产品组、更新有效期的修改，产品均不会进到后台审核。不影响在线销售。

④批量修改。勾选产品，可以进行批量修改，可进行批量修改的包括超频标题、关键词、标题、销售单位/方式、包装重量、包装尺寸、产品信息模板、服务模板、运费模板、零售价。如【图4－54】；

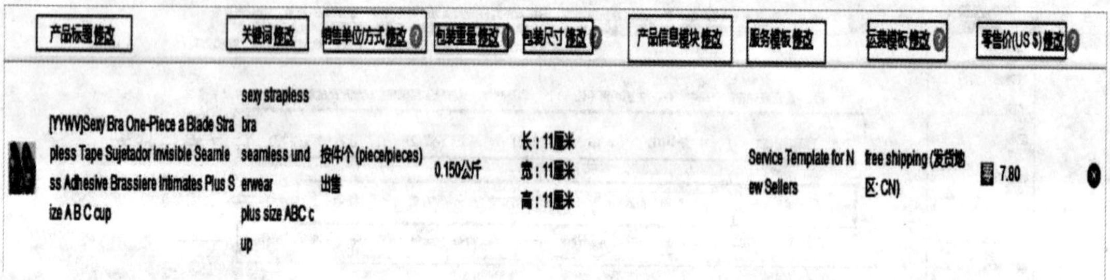

图4－54

⑤产品分组管理。店铺的产品数量多、种类多的时候，如果不进行产品分组，会导致搜索产品、修改产品信息非常不便，造成店铺的管理十分困难。点击“产品管理”的“产品分组”，就可以进行分组编辑。如【图4－55】；

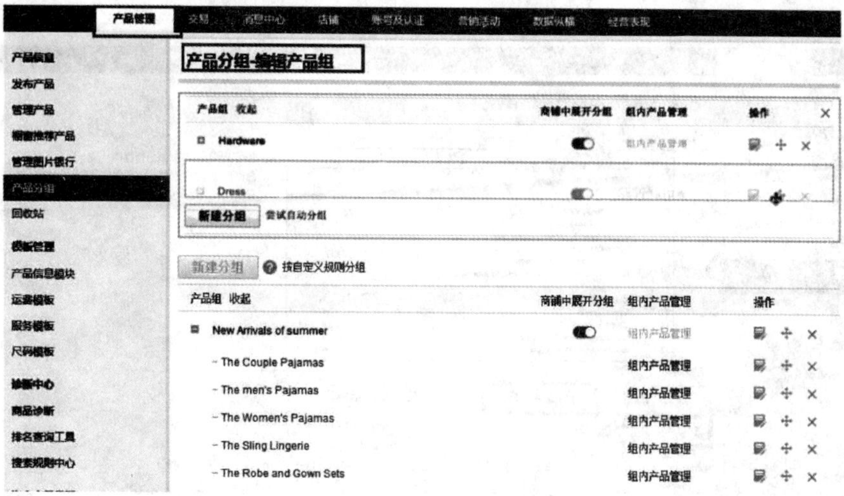

图 4－55

⑥运费模板管理。通过不同的运费模板可以满足在上传产品根据自身特点选择不同的运输方式。点击管理产品中的“运费模板”进行管理，如【图 4－56】；

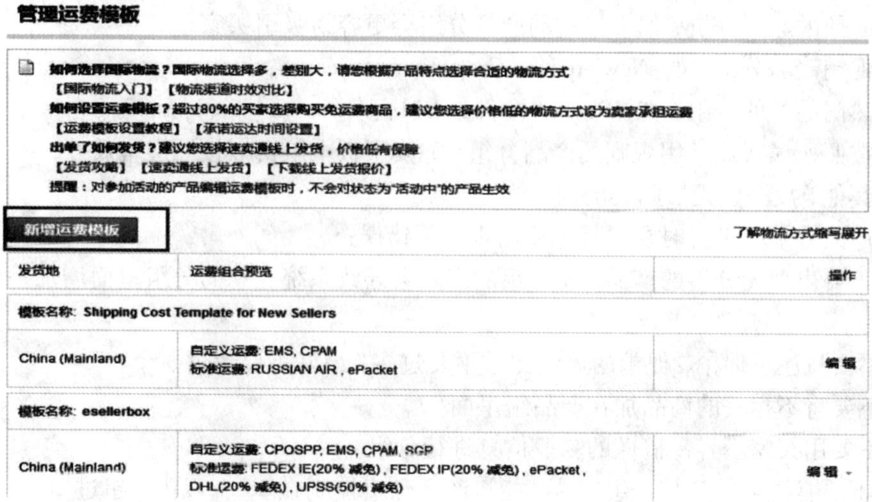

图 4－56

2. 产品分组设置技巧

“产品分组”功能是让买家更容易地检索卖家商铺产品的功能。而在实际使用过程中很多卖家并不了解怎么调整产品分组更便于买家使用，也不知道如何调整自身产品组在商铺首页的展示。

如何设置优化商铺产品分组：

选中“产品分组与排序”页面。点击产品组排序即可见到商铺里的产品组展示顺序。如果想调整某个产品组的排序，只要鼠标点击该产品组，拖动至想要展示的位置，完成后点击排序完成即可。优化后的产品组展示将在 24 小时内展示到商铺首页。

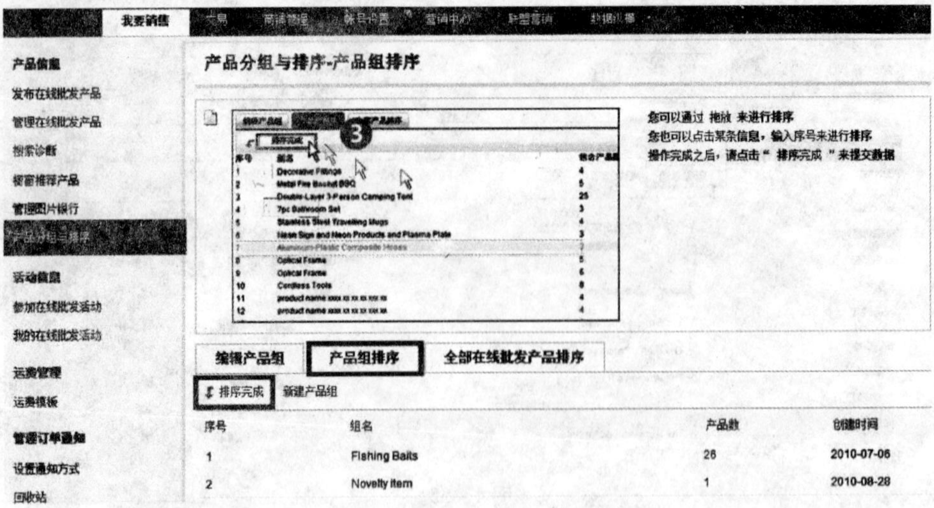

图 4-57

合理的产品分组排序方式：

合理的产品分组排序能够将商铺的商品用最合理、最能吸引买家购买意愿的方式展现。结合平台商铺的数据分析，如下格式的产品分组会更容易吸引买家。

（1）促销产品分组，如：New Arrive，Promotion，Discount；

（2）热门品类的分组，如：IPhone4 配件，Paid 配件；

（3）按照所属行业常用规则的产品分组，如卖平板电脑可以按照屏幕尺寸；

（4）其他，放一些无法归类的商品。

在做产品分组的设置时要尽量不要出现以下错误：

（1）不要出现无分组的产品，无分组的产品会导致系统在您的分组里面增加一个额外的 other 分组。

(2)不要只注重促销，促销的分组比重不要过多，最好不要超过 3 个。

(3)不要将不相关的商品加在产品组里面。

(4)不要用买家不容易搞懂的专业信息进行分组。

（5）不要有过多的产品分组，尽可能将产品分组控制在 20 个以内，超过 20 个分组买家是无法记忆的。

(五)产品图片管理

1. 产品图片的拍摄

(1)产品图片的基本要求：

为了提高产品的成单率，产品图片最好自己拍摄，产品图片的基本要求：

· 好的光线角度能够表现出被拍产品的细节，给产品拍照时，最好与被拍产品保持 45°角侧光，时间选在上午 11 点到下午 4 点为宜；

· 为了能更突出地展现产品拍照时背景尽量简单，以浅色背景为宜，这样才能更突出产品特征；

· 为产品拍摄多个细节图，全方位展示产品的特点；

· 在上传图片时最好先为图片命名，这样更方便您日后引用；

· 上传的图片为 jpg 格式；

· 为节省相册空间容量，上传的图片文件请小于 2M；

· 图片尺寸至少要大于 250 × 250；

· 图片尽可能清晰，尽量避免大面积的文字遮盖产品细节的情况；

· 产品图片以 4 – 8 张为宜，将产品图片引用到产品详细描述中更有利于产品全方位展示。

(2) 优质产品图片的标准

· 图片的清晰度。要求对焦准确，控制快门；

· 简洁。图片的背景要尽量简单，主题鲜明，不能喧宾夺主，误导顾客；

· 主体突出。要求图片的构图合理；

· 色彩真实。白平衡正确，颜色鲜艳，布光得当；

· 展示细节。微距拍摄精准。

(3) 图片拍摄的基本知识

①相机的选购：

· 具备全手动功能、自动对焦；

· 微距能力在 5cm 以下；

· 有自定义白平衡功能。

②辅助器材：三角架，是商品拍摄乃至其他各类题材摄影不可或缺的主要附件。为避免相机晃动，保证影像的清晰度，使用三角架是必须的。

③灯具，是室内拍摄的主要工具，如果有条件的话，应具备三只以上的照明灯。建议使用 30W 以上三基色白光节能灯。

④商品拍摄台，是进行商品拍摄必备的，但也可以因陋就简，灵活运用。办公桌、家庭用的茶几、方桌、椅子和大一些的纸箱，甚至光滑平整的地面均可以作拍摄台使用。

⑤背景材料，如果到照相器材店购买正规的背景纸、布，费用很大，在一般小的房间里使用起来也不一定方便。一些全开的白卡纸可以来解决没有背景的问题。

(4) 拍摄场景的布置

· 小件物体拍摄。如果是拍小物品之类的，则最好需要静物台一张，拍摄亮棚一个。拍摄小物品可以用闪光灯，可以 2 到 3 盏常亮灯具进行拍摄。如【图 4 – 58、4 – 59】；

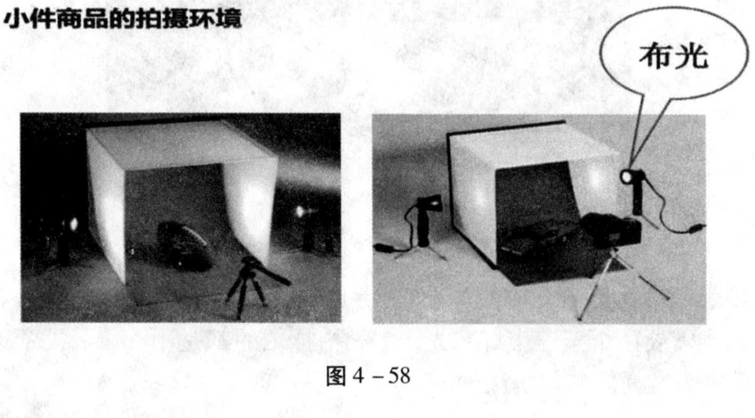

图 4 – 58

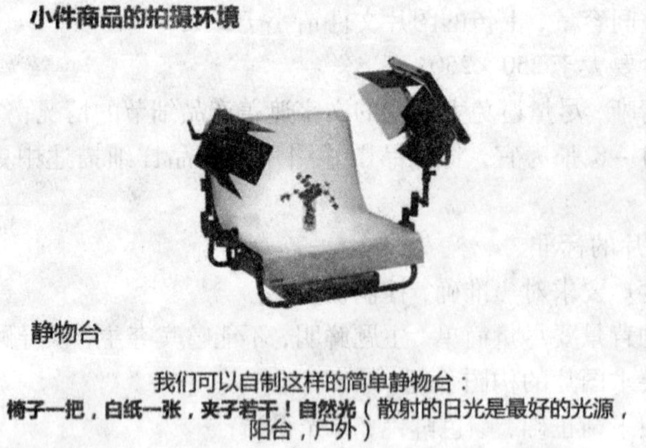

图 4 - 59

（5）服装拍摄方法

· 平铺。拍摄衣物的平铺图时，相机要和衣服保持水平状态。除了闪光灯之外，也需要增加反光板在衣物的两侧。使光线更均匀。比较透的衣服，可以放置一台大型透光罩，并将衣服吊起，贴与其上，方可拍出透光的效果。如【图 - 60】：

· 拍平铺的布光技巧：

1. KT 板需支成 30°悬空使光线从背面透入，避免近大远小的比例失调；
2. 从上往下做近距离的灯光摆设，平行拍摄、偏暗曝光以保证衣物质感；
3. 两盏辅灯打亮物体边缘，一盏主灯打亮物体主题；
4. 相机与主灯平行，距离视摆物大小调整。

图 4 - 60

· 挂拍。

挂拍就是把衣服挂在架子上拍，这个需要一块背景布做底色，也有的卖家就直接挂在木板墙上拍摄。基本需要两个至三个灯布光，一般拍挂拍的都是小卖家，投资也不会很大，两三个 135W 的四灯头常亮灯也就解决问题了。

挂拍的布光技巧：

在灯光的打向上你就把两个灯放在离拍摄物品1.5米到2米的距离，灯与灯之间的距离以拍摄物的大小为距离。相机居中，距离根据拍摄物大小调整。这样的话光分布均匀，衣服颜色基本可以保持原汁原味。拍出来的图片逼真。

图4－61

·模特拍摄

拍摄真人模特掌握角度很重要，拍摄角度的选择包括拍摄方向和拍摄高度的选择。拍摄角度的选择在人物摄影中十分重要，拍摄角度的稍微变化就会对被摄物体产生明显的影响。拍摄方向的变化是指以被摄者为中心，照相机在水平位置上的前、后、左、右位置的变化。有时候也可以请服装模特改变方向，以获得不同方向的拍摄效果。在服装真人模特拍摄时对拍摄方向的选择主要有正面、侧面、前侧面、背面几种，通过不同的拍摄方向，多方面的展示产品。

·模特拍摄的布光技巧

使用至少三盏灯，一盏主灯后一盏副灯和一盏地灯。主灯和副灯一般都是从模特的左右方位45度角往模特的方向打光。灯光指数可以两灯一样或者副灯指数稍微 小于主灯。地灯的话指数不要太大，必须小于副灯，这样就不会造成恐怖的效果。

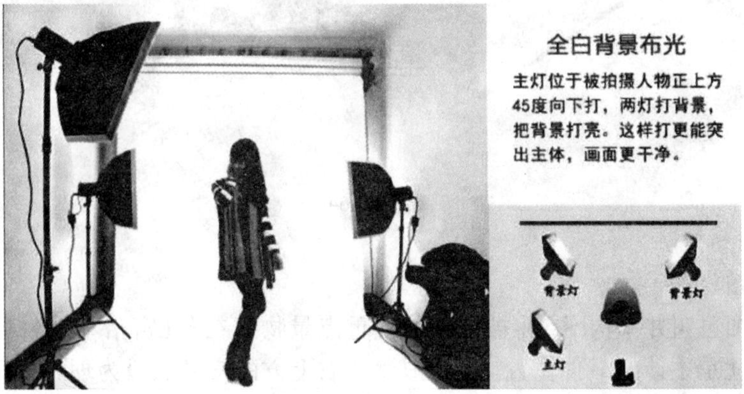

图4－62

小 贴士

拍摄过程中的注意事项：避免反光；金属反光体拍摄，尽量选择浅色背景；拍摄前，把被拍摄物体擦净一遍。

(6)照片构图

商品使用不同的造型和摆放方式会带来不同的视觉效果，所以照片的构图对于拍摄的效果至关重要。

· 放射构图

放射构图以主体为核心，景物呈向四周扩散放射的构图形式，可使人的注意力集中到被拍摄主体，而后又有开阔、舒展、扩散的作用。常用于需要突出主体而场面又复杂的场合，也用于使人物或景物在较复杂的情况下产生特殊的效果等表现手法。

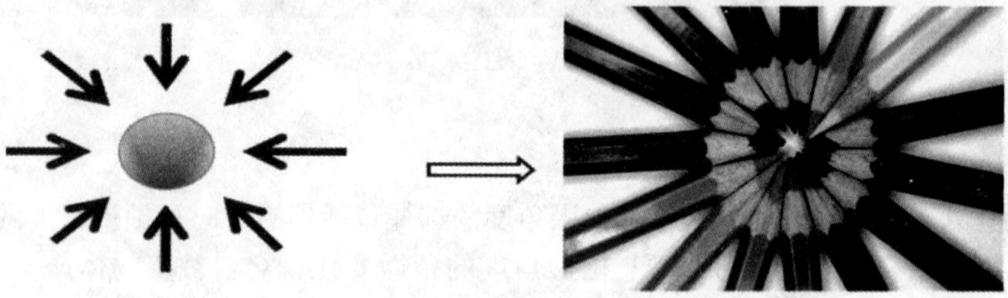

图 4－63

· 对角构图

把主体安排在对角上，能有效利用画面对角线的长度，同时也能使陪体与主体发生直接关系，富于感动，显得活泼，容易产生线条的汇聚趋势，吸引人的视线。

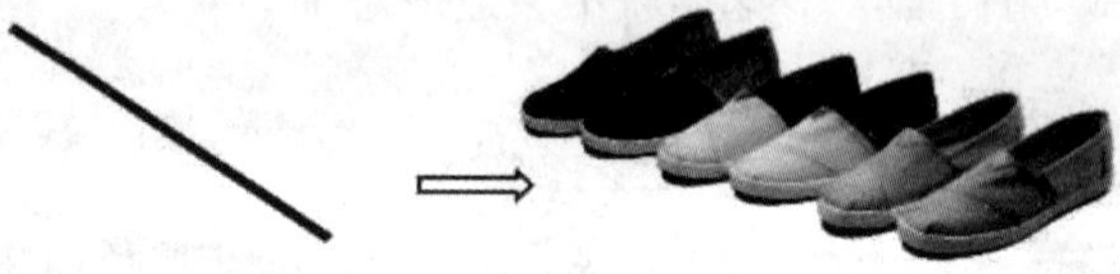

图 4－64

· 井字构图

九宫格构图也叫井字构图，将被摄主体或重点景物放在“九宫格”交叉的位置上“井”字的四个交叉点就是主体的最佳位置。一般认为，右上方的交叉点最为理想，其次为右下方的交叉点。但也不是一成不变的。这种构图较为符合人们的视觉习惯，使视觉自然成为视觉中心，具有突出主体，并使画面趋向均衡的特点。

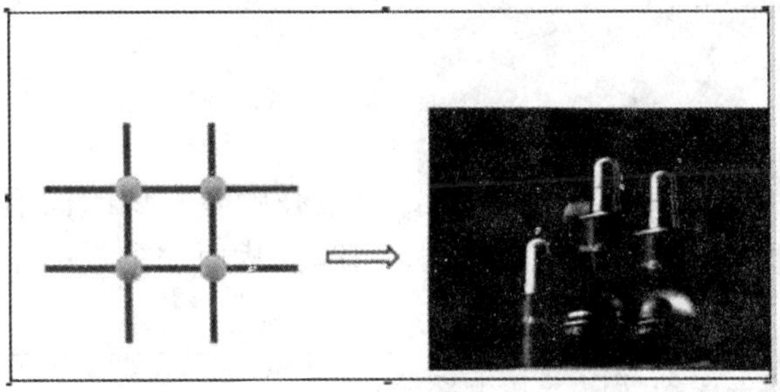

图 4－65

· 斜线构图

斜线式构图可分为立式斜垂线和平式斜横线两种。常表现运动、流动、倾斜。也有的画面利用斜线支出特定的物体，起到一个固定导向的作用。

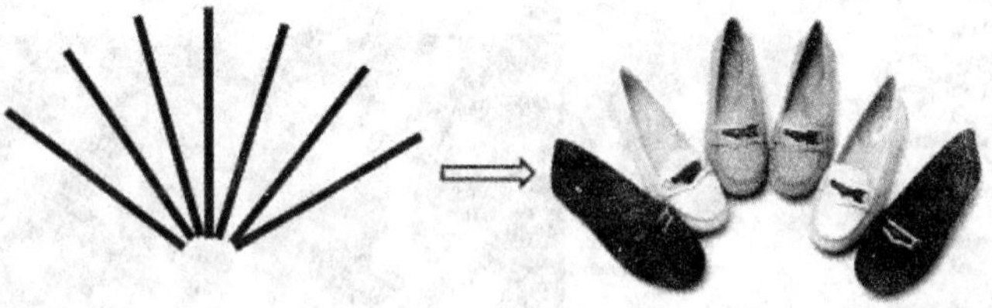

图 4－66

· 三角构图

以三个视觉中心为景物的主要位置，有时是以三点成一面的几何形成安排景物的位置，形成一个稳定的三角形。这种三角形可以是正三角，也可以是斜三角或倒三角。其中斜三角较为常用，也较为灵活。三角构图具有安定、均衡、灵活等特点。突出稳定感、跃动感、高度感和宽阔感。

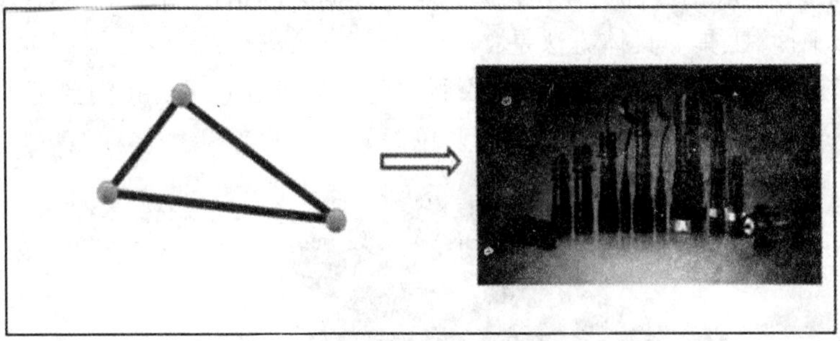

图 4－67

注：拍摄过程中的注意事项主要包括避免反光、金属等反光体拍摄尽量选择浅色背景、拍摄前要把被拍摄物体擦净一遍。

2. 产品图片的优化处理

小贴士

店铺图片优化在店铺中的作用：增加产品被潜在顾客发现的概率；影响买家购买政策；提高自己在同类产品中的竞争力；提高销量，引起供货商的重视，得到更好的服务以及更优惠的条件。

产品图片后期处理一般包括以下几个部分：

第一部分裁剪，摄影师拍摄的图片大多数需要重新裁剪，以突出产品（PS 裁剪）；

（1）打开 PS，点击右上角的“打开”，选择图片，点击裁剪工具，裁剪完成点击保存，如【图 4－68】

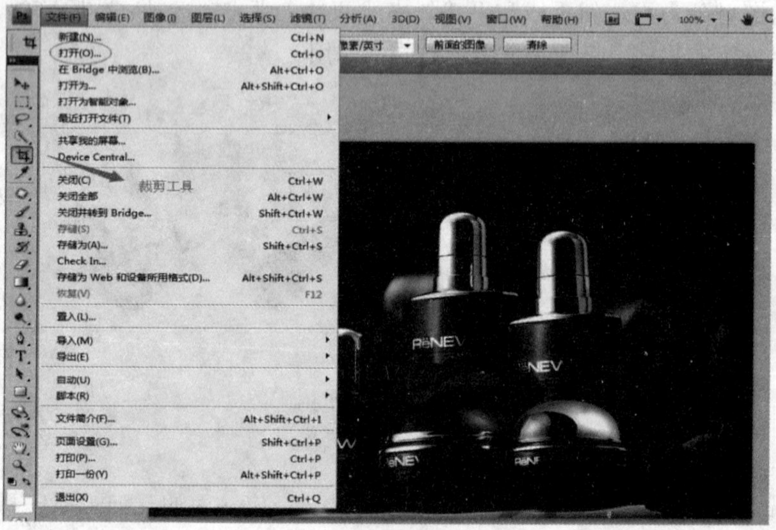

图 4－68

（2）色差调整，一般拍摄都会存在色差，需要根据实际情况调色。在 PS 中，色差的调整可以使用“色彩平衡”工具。具体方法是：

①打开原图。如下图，上面和下面的衣服颜色明显存在色差，我们要把上面的颜色调整和下面的颜色一致，就必须减小黄色、增加蓝色。

图 4－69

②把需要调整的上部分载入选区。

③点击菜单:图像——调整——色彩平衡，如图:把黄色到蓝色的按钮，慢慢向蓝色方向拉动，直至颜色平衡为止，参数大约在50时，颜色就基本一致了。

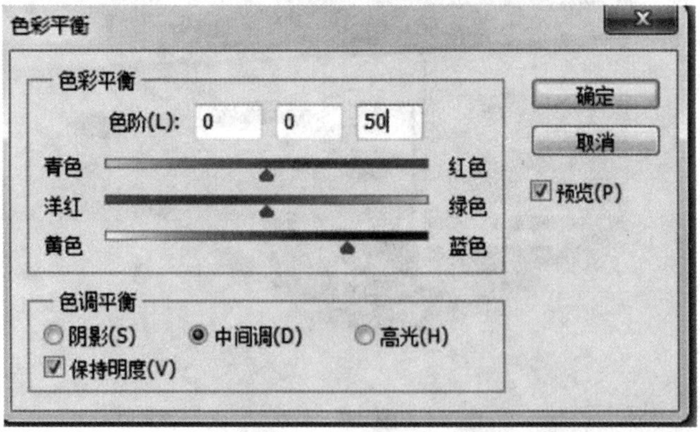

图4－70

最终效果图:

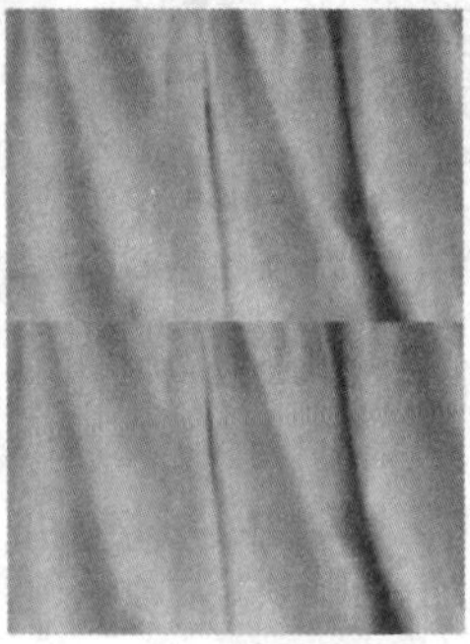

图4－71

色彩平衡的调整，往往不能一次到位，需要多次调整，有时还要用到亮度对比度等进行综合调整，才能达到满意效果;

第二部分去除瑕疵，如果产品有瑕疵需要用修补工具进行修补。

图4－72

用选框工具把瑕疵选取，也可以用钢笔工具,然后编辑 - 填充 - 内容识别或者直接快捷键 shift + f5 点击确定，剩下的就是 PS 的基本简单运用。

图 4 - 73

图 4 - 74

最好把水印加在图片的中央，并且水印要超过宝贝，加水印用 pHs 动作加感觉有点慢，可以用光影魔术手，支持批处理。

第三部分制作 LOGO 或水印，以防止图片被盗或被修改利。画 logo 的时候，注意新建空白层(透明的)。在空白层先做好你的 logo，注意把底层(白色)给删了(一般要双击图片解除锁定)，然后就得到一个透明的 logo 层，把 logo 层透明度降低，然后再保存为 PNG 透明格式，再添加到产品图片中。

图 4 - 75

图 4－76

（六）产品发布

1. 平台产品发布政策

买家要熟知平台发布政策，才能顺利发布产品展示给顾客，一旦卖家违反平台发布政策，将会受到处罚扣分，严重违反者甚至会遭到封店。平台发布政策主要体现在以下几方面：

（1）禁止发布禁售产品原则。平台禁止发布任何含有禁限售商品的信息，任何违反本规则的行为，平台将依据本规则给予处罚。禁售产品主要包括毒品类、枪支武器类、医疗药品、影响社会治安类、化学品类、色情暴力、政治信息的物品、解码设备、人体器官、珍稀物种、金融货币类、电子产品、服务类、警用品、虚拟类产品等。

（2）禁止销售侵权产品原则。平台严禁用户未经授权发布、销售涉嫌侵犯第三方知识产权的商品。

①图片侵权

· 抄袭其他卖家的产品

· 产品图片模糊

· 产品图片双水印

②文字侵权

· 乱放关键词

· 盗用品牌词

· 留联系方式

· 产品图片名称与描述不符合

· 详细描述附带中文字符

2. 产品发布基本原则

（1）谨慎使用第三方搬家工具上传产品

第三方搬家工具（例如万能搬），由于在类目匹配，关键词及属性使用上不够准确，产品来源上也无法判断，可能会引起乱放类目、滥用关键词、盗图、成交不卖等违反平台规则的行为。这些违规行为可能带来的处罚：限制上传和更新产品，黄牌累计处罚，期限冻结或关闭账户。

（2）为产品选择一个适合销售的发布类目

产品必须发布在正确的类目中，将产品置于不正确的类目中，会影响到搜索的正确性，因为错误的类目往往会使搜索结果呈现客户不感兴趣的产品。此外，不正确分类的产品，也会影响到符合政策规定产品的浏览率，有损平台的公平性。

(3) 避免发布重复产品

如果产品之间没有明显的差异，这些产品将会被判断为重复。为了避免产品被判断为重复，请通过对产品名称、价格、图片、简短描述、详细描述、产品特征等方面来展示产品之间的差异性。

(4)确保产品名称准确

优秀的产品名称应该具备以下元素：

· 准确的产品关键词让买家更精准地搜索到您的产品；

· 能提供地特色服务，如免运费等。

(5) 产品名称和简短描述

· 文字信息尽量避免缩写；

· 禁止出现店铺信息，如电话，地址及电子邮件地址等；

· 避免只是为了吸引访问产品的虚假描述；

· 禁止使用混乱或不清楚的名称或者简短描述。

(6) 禁止在产品名称和产品简短描述中堆砌关键词，或使用和发布与产品无关的关键词

· 堆砌关键词是指用与发布的产品毫无关系的词汇或者细节来使自己的产品出现在关键词搜索结果中。这会使搜索结果变得杂乱，同时让购买和销售都变得更困难；

· 产品中的所有单词必须是准确描述，禁止使用产品的比较词来形容；

· 如果对产品细节不确定，不要提及，以免产生误导；

· 堆砌关键词的处罚措施:产品审核不通过，产品下架。

(7)禁止更换产品

· 更换产品是指卖家通过修改有销售记录的产品，把其修改为与原产品不同的其他产品的行为；

· 更换产品后，原产品的“Transaction History”及“Product Reviews”无法体现新产品的真实情况，对买家有错误的引导；

· 违规更换产品的处罚措施:产品审核不通过，产品删除，黄牌警告，或期限冻结。

(8) 产品图片

· 文件格式为:jpg；

· 图片会帮助买家决定是否购买。尽量提供产品的清晰的、有细节的、真实的图片，以保证没有误解。

(9) 产品图片注意事项

· 未经他人许可，不能抄袭或使用他人的图片或 logo；

· 禁止使用与产品信息不符的图片；

· 禁止使用包含店铺信息，如电话、地址及电子邮件地址等信息的图片。

(10)产品详细描述中应该包含的产品信息

· 产品实物图片，包括整体图片、细节图及使用过程图等；

· 产品的特点、优势等，产品的详细使用说明；

· 产品的包装信息、是否有配件等;

· 产品付款方式;

· 物流方式;

· 服务承诺等。

(11) 产品详细描述需注意

· 禁止出现不一致的信息:

· 产品存在故意误导倾向,例如不能在产品名称里说一件产品,在产品详细描述里说另外一件完全不同的产品;处罚措施:产品审核不通过、产品删除、黄牌累计处罚。

· 产品名称、产品图片、产品简短描述、产品属性、产品详细描述、产品价格及以上信息中出现相矛盾的情况,例如产品名称说产品是新的,描述里面说是用过的;产品名称描述产品一包是5个,但是详细描述里面描述产品是一包10个;处罚措施:产品审核不通过,产品下架。

· 禁止出现任何形式的联系方式,如:邮箱、公司网址、MSN等;

· 禁止出现任何形式未经许可的平台以外的链接;处罚措施:产品审核不通过、产品删除、黄牌累计处罚。

· 详细描述中使用的产品图片需遵守图片发布规则;

· 避免嵌入HTML,CSS,禁止使用JavaScript代码,以影响产品正常展示;

· 未经许可,禁止嵌入视频或视频链接;

· 平台规定的其他禁止和限制的内容。

(12)产品属性

· 准确填写产品品牌属性,如填写信息有误;处罚措施:产品审核不通过、产品下架;

· 准确填写产品基本属性、自定义属性、购买属性、销售属性;

· 禁止在产品名称中出现产品基本属性信息,但在产品基本属性中未做准确填写;处罚措施:产品审核不通过、产品下架。

(13)备货设置

· 指卖家发布产品时,添加产品的备货信息,此功能可对产品的备货进行单独和批量设置;同时可根据产品库存情况添加库存总量或根据产品属性分别设定库存量。

· 卖家需根据产品实际情况如实填写产品备货信息,如备货状态、备货数量、备货所属地等信息。

· 卖家设置的备货信息可在买家页面显示,买家可按照备货状态及备货所属地搜索产品,增加产品曝光资源。

· 卖家设置备货信息后,仍不按备货期发货导致的成交不卖将从重处罚。

(14) 如实填写产品包装信息

包括销售产品计量单位、产品包装后重量、产品包装后尺寸。

(15) 产品价格

卖家须合理设定产品价格及购买数量区间,禁止卖家设定的价格与产品实际成本偏离过大,通过设定高价或设定低价的方式影响产品的正常排序,影响买家购物体验。违反产品价格规则处罚措施:产品删除、警告、黄牌、权限限制或期限冻结等处罚。

3. 产品审核规则

· 享受快速审核服务的商户新上传的所有产品，或者部分类目的产品可以快速通过审核，缩短产品上架时间。

· 影响产品快速审核因素主要有：卖家账户一定周期内侵权品数量、违规品数量、禁销品数量、上传产品通过率、处罚次数、二级类目通过率、商户责任纠纷率、商户原因退款率等。

· 平台每周将结合商户近 30 天的上传产品情况以及商户经营情况进行综合评估，如评估结果符合平台快速审核要求，即可享受产品快速审核服务。

知识链接

关于 eBay 平台的卖家准则

刊登规则

正确描述欲刊登的物品信息不仅可以提高成交率，也可避免卖家交易过后因物品描述不符而产生不必要的交易纠纷，不正确的刊登描述会扰乱 eBay 市场交易秩序。刊登描述不当会导致违规商品被删除、账户受限，严重者账户会被冻结，在刊登物品时，卖家应特别注意以下规则：

选择正确的物品分类

物品必须刊登在正确的类别中，如出售物品存在多级子分类，需将物品刊登在相对应的分类中。

例如：出售戒指需要登录在“珠宝 > 戒指”分类中，而不能登录在“珠宝 > 其他”分类中。

正确设置物品所在地

卖家必须在“物品所在地”栏如实填写物品寄出地点：一般情况下物品所在地需与账户信息相符，如果物品所在地在外地或其他国家，务必在刊登时选择真实的所在地(不能仅在物品描述中作声明)，避免日后不必要的交易纠纷；需特别注意运费的设置要与物品所在地相匹配；

若账户信息为中国，物品所在地为美国，物品被一个美国卖家拍下，运费价格需与美国当地运费相匹配，而不能设置为中国到美国的运费。

使用符合 eBay 标准的链接

在 eBay 刊登物品时，可以在物品描述中使用一些链接来帮助促销物品。但是，有些类型的链接是不允许的。例如，你不能链接到个人或商业网站。请特别注意，本链接政策适用于一切可以将用户引导到 eBay 之外的文字或图片(如照片、商标或图标)，任何链接均不能指向 eBay 以外含物品销售信息的页面。

物品图片标准

高品质的图片能给买家提供更好的购物体验，使物品更容易售出，因此 eBay 对物品图片刊登有一套详细标准：

a. 所有物品刊登必须至少包含一张图片；

b. 图片的最长边不得低于 500 像素(建议高于 800 像素)；

c. 图片不得包含任何边框、文字或插图；

二手物品刊登不得使用 eBay catalog 图片；

请务必尊重知识产权，不得盗用他人的图片及描述。（详情请参见知识产权部分）

预售刊登必须符合预售刊登规则

预售刊登是指卖方刊登那些他们在刊登时未拥有的物品。此类刊登的物品，通常在对大众的交货日期前就已预先出售。卖方需保证自物品购买之日（即刊登结束之日或从 eBay 店面购买刊登物品之日）起 30 天之内可以送货，eBay 允许其有限制地刊登预售物品。

在 eBay 刊登（预售）物品的卖方，必须在刊登时表明：

该物品为预售物品，并说明交货日期，保证物品在刊登结束之日起30 天内送出；此外，这些文字必须（至少）用 3 号 HTML 字体。对于未注明这些资讯的任何预售物品，eBay 都会结束其刊登。请特别注意，当三星、苹果公司推出的热门大众消费新品时，eBay 会制定相对应的独立预售政策，如果打算出售此类物品，请及时查看 eBay 官网公告。

符合 HTML 和 JavaScript 编码规则

eBay 禁止会员在刊登物品中使用以下几种特定类型的 HTML 和 JavaScript 编码文字功能。违反此刊登规则会导致在线商品被删除，多次违规会导致账户受限，严重者账户将被冻结。建议用户在刊登商品前先咨询刊登物品平台客服，以避免不必要的违规。

物流规则

国际物流方案政策

经过 eBay 长时间研究发现，买家在购买跨国商品时主要的担忧是货运延误、长时间、不稳定的运输以及无法追踪包裹的在途状态，可能会影响买家的再次购买意愿。为帮助卖家在 eBay 市场上保持竞争力并且能够持续成长，从 2011 年 5 月 3 日开始，eBay 国际物流新规范将要求，所有发往美国的货物包裹必须选用下述任一 eBay 认可的高质量的物流解决方案：

a. 中国、中国香港及美国邮政联手打造的“国际 e 邮宝”或“E - Express”服务；

b. 中国邮政速递 EMS 服务；

c. 由 UPS、FedEx、DHL、TNT 提供的商业速递服务；

d. 能对前往美国的包裹提供发货到妥投的货物追踪的海外仓储服务。

注意，以下情况物品可不受 eBay 国际物流方案政策限制：

△ 物品使用海外仓储（仅限于美国仓储），且物品所在地为美国（请遵守正确设置物品所在地政策）。

△ 刊登于指定分类中无法空运的物品，详细分类列表请见附表。

△ 账户评分达到或超过美国站卖家标准（标准卖家 & 高于标准的卖家），且物品售价（包括物流费）不高于 5 美金的物品。

△ 对于使用国际 e 邮宝的卖家，eBay 会给予政策上的保护，详情可参见卖家保护中国际 e 邮宝支持计划。

物品运费制定规则

卖家可向买家收取合理的运费和手续费，用来支付邮寄、包装和处理所卖物品所涉及的成本。eBay 对运费和手续费不进行金额上的规定，但会根据用户举报和 eBay 的判断来确定卖家收取的运费、手续费、包装费（和/或）保险费是否过高。运费及手续费不包含在物品最终成交价中。

除最终物品价格外，卖家还可以收取以下费用：

实际运费

手续费：可收取实际包装费。保险：提供保险的卖家只能收取实际的保险费用。除此以外不得收取额外费用，例如"自我保险"等。卖家如果未选择经许可的第三方保险公司，就不能要求买家购买保险。因为这种做法违反相关法律。

税额：只能收取实际产生及适用的税项。

对于跨国家/地区交易，卖家不能征收关税，而买家可能要负责交纳相应国家/地区法律所规定的实际产生及适用的关税。

（七）专利、商标、品牌与侵权

无论是自主经营还是企业运作，对于专利、商标、品牌与侵权都必须具备一定的认知，才不会导致在以后的经营中遇到侵权，寸步难行。尤其是近些年来，跨境电商的知识保护权的重视日益明显化。

1. 专利

· 专利属于知识产权的一部分，是一种无形的财产，具有与其他财产不同的特点。

· 随着知识产权在市场竞争中发挥的作用日益凸显，电子商务领域的专利申请也急剧增加，专利成为广大电子商务企业展开市场竞争的主要工具，随之而来的专利诉讼也越来越密集。

· 电子商务专利，它是指利用计算机和网络技术实现电子商务交易活动为主题的发明专利。电子商务专利涉及以"互联网"为平台的商业交易活动，它是由计算机网络、特定的应用软件和商业方法结合而成的技术方案。

· 电子商务专利授权的实质条件

专利实质条件是专利法规定的作为一项专利技术所应当满足的基本条件，也就是人们通常所说的专利"三性"，即新颖性、创造性、实用性。

新颖性。新颖性是指申请的专利技术不属于现有技术的范围。各个国家采取的新颖性标准大致有混合新颖性和绝对新颖性两种。混合新颖性是指申请日或优先权日以前没有在国内外出版物上公开发表过、在国内公开使用过或者以其他方式为公众所知；绝对新颖性又称世界新颖性，是指申请日或优先权日以前在世界范围内没有以任何方式为公众所知道和利用。

创造性。发明专利具有创造性是指：申请专利的发明与现有技术之间的差别必须是创造性构思的结果。换言之，构成发明专利的新技术解决方案必须是一种创造。虽然各国对于创造性都有明确的法律规定，但各国目前尚未建立针对商业方法创造性具体而系统的标准。

实用性。电子商务商业方法专利实用性要求本质上是要求申请专利的技术方案要具有技术性，从而能在产业中应用。

· 电子商务专利侵权诉举证

专利侵权诉讼举证责任的分配对于电子商务专利权能否得到有效保护具有至关重要的作用。由于电子商务技术专利通常属于方法专利，其技术特征由实施该技术的步骤组成，而实施该步骤的过程均在网络计算服务提供商的控制之下，即处于其作为经营信息和技术信息保密状态之下。作为专利权人，要通过正常手段获得作为对方秘密信息的技术实施情况，并与方法专利步骤进行详细比对以判断是否构成侵权是相当困难的。因此，专利权人更为倾向于利用专利制度中对于举证责任倒置的有利规定，从而提高赢得专利诉讼的机会。

2. 商标

商标是将某商品或服务标明是某具体个人或企业所生产或提供的商品或服务的显著标志。我国商标法规定，经商标局核准注册的商标，包括商品商标、服务商标和集体商标、证明商标，商标注册人享有商标专用权，受法律保护，如果是驰名商标，将会获得跨类别的商标专用权法律保护。

国际商标的申请

申请国际商标目前四种形式：

(1)马德里国际注册：是指通过中国商标局向马德里国际处递交的国际申请。可同时指定一个或者多个马德里成员国，同时向国际局交纳一笔国际注册费用。是一种手续简单，费用低廉、简单方便的注册方式；(风险：由于申请的国家多，而且马德里官网不支持查询，所以被驳回几率高，另外假如在5年内你在国内申请的商标无效了，那么你申请的马德里商标也一样失效，你申请通过了也无注册证书，只有一份国际局统一颁发的注册证明。)

(2)欧盟商标：是指根据CTMR(欧共体商标条例)规定的条件获得OHIM(欧共体内部市场协调局)注册的，在欧盟范围内有效的，用来识别和区分商品或服务的标记，总共有28个成员国。优点：

· 一次申请可以注册28个国家的商标。

· 在一个国家中使用等同于在欧盟所有国家使用。

· 商标的变更和转让会在全部成员国内发生效力。

· 注册费用比单个国家申请费用加总低。

(3)非洲知识产权组织商标

非洲知识产权成员国注册概述非洲知识产权组织(African Intellectual Property Organization，简称OAPI)是由前法国殖民地中的官方语言为法语的国家组成的保护知识产权的一个地区性联盟。

优点：注册分为查询费用和注册费用，如果注册不通过，注册费用可以返还，这个和日本商标有点像，日本商标是分为申请费用和注册费用，只有申请通过了，才可以继续到下 步去进行注册，减少了因为被驳回而注册费用无法退回的风险。

(4)单一国际注册：是指直接向某国的商标主管机构递交的国际注册申请。

3. 品牌

品牌是一个名称、名词、符号或设计，或者是它们的组合。是通过以上这些要素及一系列市场活动而表现出来的结果所形成的一种形象认知度、感觉、品质认知，以及通过这些而表现出来的客户忠诚度，总体来讲它属于一种无形资产。

(1)品牌的分类：

根据品牌的知晓度的辐射区域分为：当地品牌、地区品牌、国内品牌、国际品牌。

根据产品经营环节不同分为：制造商品牌、销售商品牌。

根据品牌与消费者的关系分为：功能型品牌、个性型品牌、开阔性品牌、族群型品牌。

(2)品牌的定位

定位是指公司设计出自己的产品和形象，从而在目标顾客心中确立与众不同的地位，定位要求企业能确定向目标顾客推销的差别数目及具体差别。

(3) 品牌的核心价值。

所谓“品牌核心价值”，是指一个品牌承诺并兑现给消费者的最主要、最具差异性与持续性的理性价值、感性价值或象征性价值，它是一个品牌最中心、最独一无二、最不具时间性的要素。

(4)国际知名品牌申请程序：

①企业通过咨询本中心并提出申请。

②申报企业将由我方提供的申请表逐项填写清楚并签章，连同下列申报材料复印件传真或寄至本中心：

A. 营业执照；B. 注册商标；C. 产品检验合格报告；D. 质量体系认证证书和其他获奖材料复印件；E. 企业简介和产品说明书。

③对申报企业进行资格审核，7－15 个工作日审核通过后向企业颁发“中国著名品牌”相应荣誉，并在权威媒体给予公告宣传。

④为审核通过的企业建档备案，并通报政府相关机构给予重点保护和扶持。

4. 侵权

侵权行为是一种侵害他人权益的行为，因此侵权行为也可以称为一种侵害行为。侵权，是网络销售快速发展中突然浮出的一个问题。

跨境电商店铺经营的侵权

跨境电商店铺经营的侵权主要体现在知识产权在知识产权侵权，主要包括商标侵权、专利侵权、图片侵权和品牌侵权。

· 商标侵权：他人未经商标权人的许可，在核定的同一或类似的商品上使用与核准注册的商标相同或相近的商标。

· 专利侵权：未经许可使用他人的专利。

· 图片侵权：未经允许擅自在商品中使用其他店铺或其他来源的图片。

· 品牌侵权：标题中盗用品牌，直接盗用品牌。

关于规避侵权的一些方法：

(1)努力找代理商要到授权书，或进货发票，哪怕只是一批货的，哪怕这批货进货价高一些，保留以供万一被告侵权好用到。

(2)宝贝的图片，描述一定要用自己的，主要包括：品牌 LOGO、官方商品描述及图片、代言人图片及海报、广告语、品牌故事。

(3)当收到侵权下架的产品时候，万万不能抱侥幸心理再次上架，那将直接被封店。

(4)发生侵权以后，积极和平台沟通，找到可以解决的办法，联系厂家和上家代理商，力求可以得到谅解，解决问题，将所损失降到最小。

(5)杜绝卖假货。卖假货会导致店铺直接被封。

五、店铺管理

店铺管理主要是指店铺平台允许的结构范围内，尽量通过图片、程序模板等装饰让店铺更加丰富美观。一个好的店铺设计更为至关重要，因为咱们的客户只能从网上的文字和图片来了解我们，了解产品，所以做得好能增加用户的信任感，甚至还能对自己店铺品牌的树立起到关键作用。

（一）店铺装修

1. 只要是在网络平台上销售的，视觉营销方面都是至关重要的。以速卖通为例，速卖通平台对卖家视觉营销方面，都增加了功能板块。

最主要最基础的模板：店招板块、图片轮播板块、联系信息、收藏店铺、商品推荐板块、自定义板块、左侧栏自定义板块。购买的第三方模板相对于系统模板板块更加丰富，包括新品上市、限时导购、全屏轮播、优惠券、分类导航、广告墙等。

2. 每个平台店铺的装修对于店铺的浏览量和买家的停留时间息息相关，那店铺该怎样装修才能吸人眼球，不失标准？【以速卖通为例】

（1）基础模板

进入店铺中心，点击"店铺专修及管理"，再点击"进入装修"，登录后台装修界面，如【图 4－77】所示；

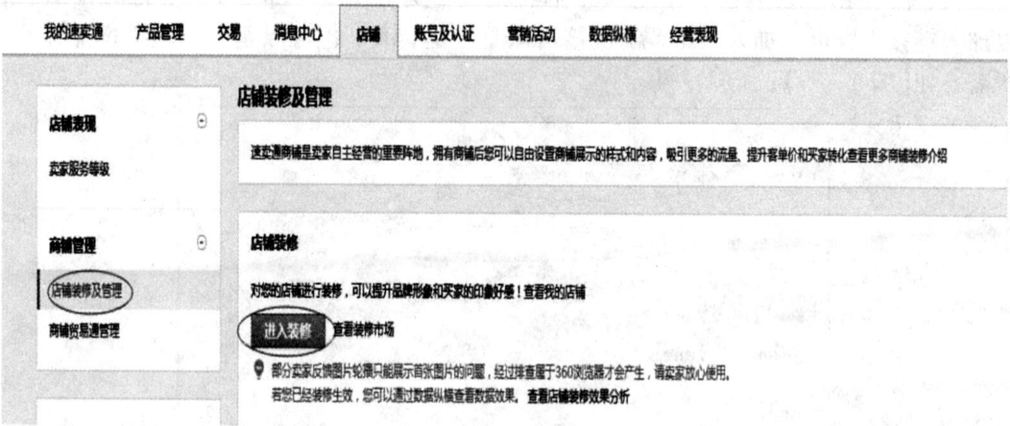

图 4－77

进入装修界面，加鼠标移到左上角的"装修按钮"，选择"样式编辑"【图 4－78】，根据自己的产品特色或店铺装修色调选择颜色（可以根据产品或产品定位来选色），有四个颜色可选：湖蓝、蓝色、红色和棕色。

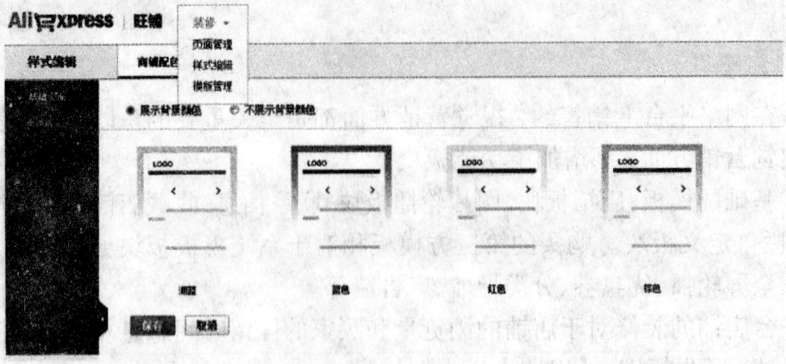

图 4－78

店招板块，所谓店招，就是一个店铺的门面，是展示店铺形象的一个板块。当鼠标移到店招板块，右上角就会出现编辑的按钮，店招的设置为高 100～150px，宽度为 1200px。店招可以加入链接，也可以加入二维码，链接可以是店铺首页，也可以是店铺主推产品，根据自己所需。如【图 4－79】；

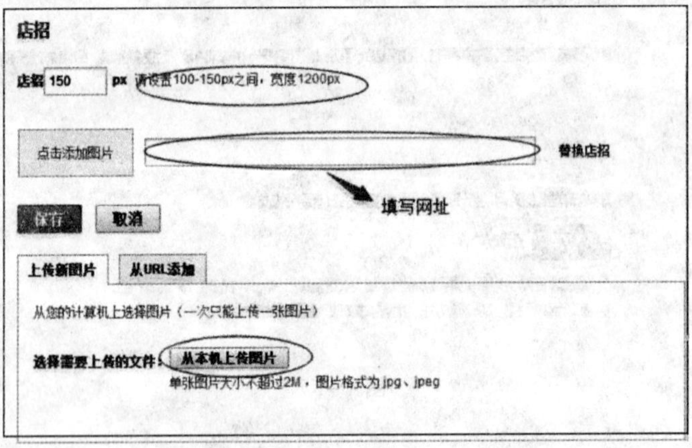

图 4－79

店招的设置为高 150px 会比较好看一点，如下【图 4－80】；

图 4－80

图片轮播板块。图片轮播可以将多张产品图片以滚动轮播的方式进行动态展示，是一个更好地展示店铺的产品。在店铺首页住区内最多可以添加 6 个图片轮播板块。

点击模板右上角的“编辑”，就会出现如【图 4－81】，模板的和高度为 100～600px（最好是 400～600px，图片比较清晰美观），宽度为 960px，可以根据所需调动上下位置，便于与别的板块上下协调。每个图片轮播板块最多能添加 5 张图片，每张图片够可以添加链接。

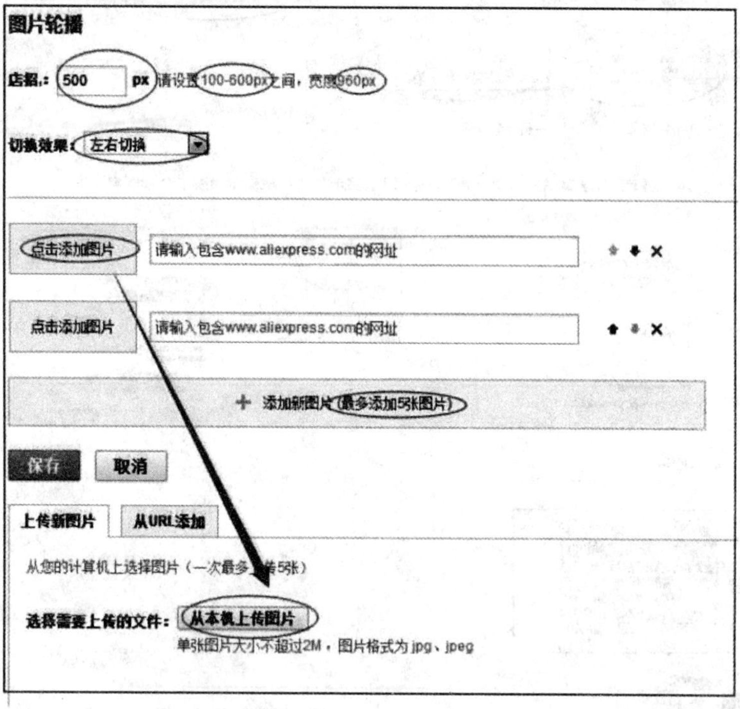

图 4－81

如【图 4－82】,是一张高为 500px,宽为 960px 的产品图片,大气简单，大小适宜。

图 4－82

商品推荐板块，点击右上角的“编辑”，会出现如【图 4－83】，选择好就点击“保存”，商品推荐模板有两种展示模式，一行 4 个商品和一行 5 个商品，推荐方式选“自动”有五种排序方式，可以根据店铺所需进行选择，也可以根据店铺的风格来选，这种模板操作简单、使用效率较高。

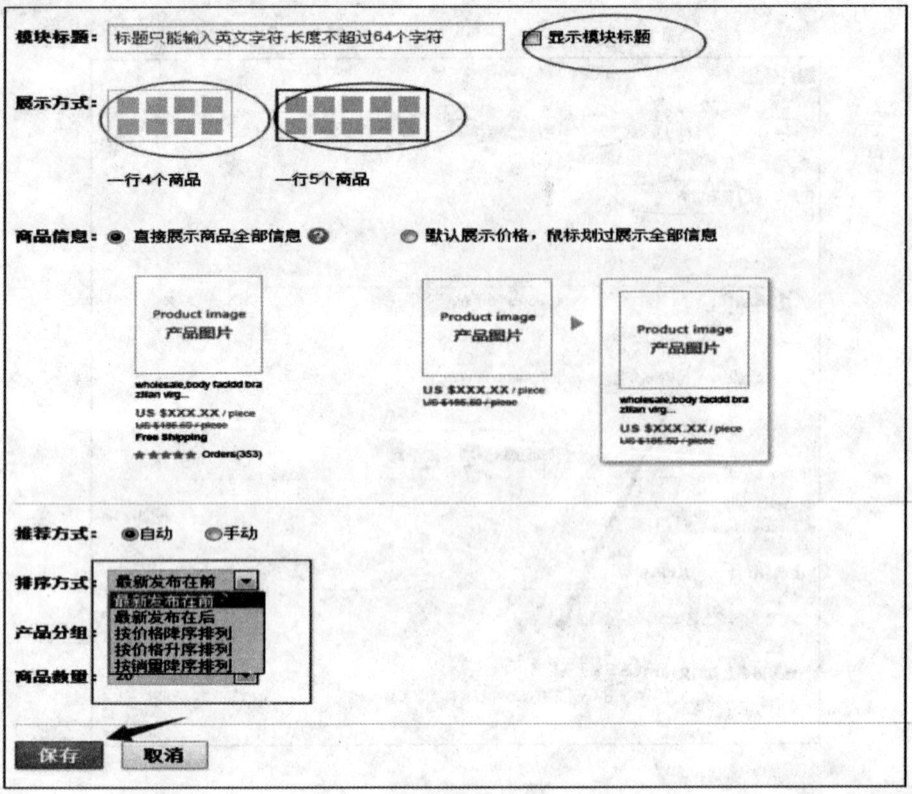

图 4－83

商品推荐板块的两种展示方式效果：

图 4－84

图 4－85

左侧栏自定义板块。左侧栏的图片最大宽度为 180px，高度没有上限，最好不要太长。如【图 4－86】，是做好的左侧栏自定义板块，图片的形状可以是多样的。也可以放置店铺的手机二维码(即店铺的链接)。

图 4－86

自定义板块。自定义板块是指产品图片或描述根据店铺的风格自由组织成一个板块，是高级旺铺装修中比较常用的部分，它应用起来非常灵活，可以是文字或图片，由于一个板块要添加多张图片，而每张图片都需要添加超链接，这就需要运用到 Adobe Photoshop 的切片工具和 Adobe Dreamweaver 编写代码。【图 4－87】为完成后的自定义模板。

图 4－87

3. 第三模板

第三模板（是要收费的）的灵活性、开放性为平台的视觉营销方面带来了巨大的提升。

进入装修页面，点击“模板管理”，再点击“装修市场”进入页面，如【图 4－88】；

图 4－88

点击装修市场进入有 http://fuwu. aliexpress. com/template，很多的模板进行选择，可以选择与店铺风格符合的，先点击使用，确实符合的话，再选择购买，可以买 1 个月、3 个月或 6 个月。

要点击马上使用，商品推荐、优惠券会自动更新，自动添加链接，跟店铺的产品一样，但有一些会重复，就需要手动修改，店招、图片轮播、自定义区域就需要手动上传图片，添加链接。

（二）产品信息板块

产品信息板块是内页详情中的板块，主要包括关联产品模块和自定义模块，是制造关联营销、发布通知、活动预告的最佳选择，可放入促销活动信息和售后信息。

点击“产品管理”中的“产品信息模块”，再点击“新建模块”按钮，会出现模块类型选择界面，有“关联产品模块”和“自定义模块”两种选择，如下图所示；

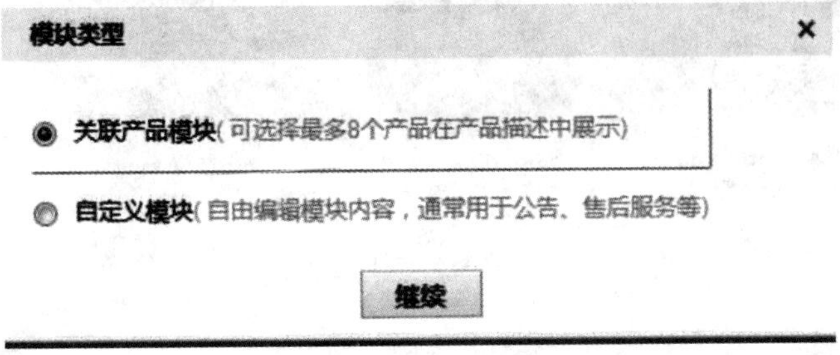

图 4－89

1. 关联产品模块。可以选择 8 个产品，它的优点是操作简单，工作效率高，美观度高，可行性非常强，如图【4－90】所示；

图 4－90

2. 自定义模块。利用切片等功能，加入相关的产品信息，可以是产品促销、产品推荐、售后服务等内容，如【图 4－91、4－92】；

图 4－91

图 4－92

六、跨境电商案例

(一)跨境电商案例分析

跨境电商案例分析

海外移动电商 wish:巨头阴影下的捞钱机会

互联网世界的规则是什么? 颠覆、创新、用户思维、赢家通吃等等。你还能说出很多? 但这已经足够了。无论颠覆、创新、用户思维还是赢家通吃，同样适用电商，一场大风暴正在逼近。那些电商界的强人也是这么想的。

刘强东认为:“在现有格局下，打造一个全新电商平台的时间窗口，基本上已关闭。移动电商还有机会。垂直电商的机会已经为零。”

“单纯靠人口红利的电子商务已经看到瓶颈，这当中能吸引到的消费者都吸引到了。”天猫总裁王煜磊说。

从入口、用户、消费习惯、商品渠道传统电子商务都已经到了瓶颈，阿里、京东都意识到了，变革迫在眉睫。腾讯力推微信；百度发力地图，19 亿美金收购 91 助手；阿里收购高德，入股微博；京东联手腾讯一切的背后，我们看到 2013－2014 年巨头全部布局，都是为了一个词——移动。

整个互联网行业都在关注移动互联网的机会。

今天，你能忍住多久不拿出你的手机查看？《时代》周刊最近一项调查显示，25% 的人是 30 分钟；还有 20% 的人，每 10 分钟就要查看一次。你尝试过或者习惯手机购物吗？普华永道的调查显示，中国 75% 的网购者每周至少进行一次网购，其中有 77%（绝大多数都吃过螃蟹了）的消费者使用智能手机作为购物工具；与此同时，中国的社交媒体（主流当时属于移动的）在对消费者的品味引导以及消费行为驱动等方面都起到了至关重要的作用。

我们再看传统的网购，大多是将互联网拿来作为商品销售的渠道，是展示、沟通和销售的平台。在大数据、智能设备、移动互联崛起的今天，尤其是产业互联网大行其道，用互联网思维改造传统行业，网购也正在与时俱进。比如电子商务，更好的说法是商业互联网，我们要利用互联网，实现深度改造传统商业和销售，它不仅仅是另一种销售的平台和通道。而是将传统商业和大数据、移动和社交网络进行深度融合，是要从消费者关系、营销模式、品牌塑造和产业生态的颠覆和创新。

说得太深奥了。一句话，这个行业是必须要被重新认识的！

我们常说互联网"赢者通吃"，掌握入口、数据和消费习惯很关键。移动互联网和智能设备的"人格化"属性，其强交互性、娱乐性、情景化、去中心化（流量垄断困难），对碎片化时间的利用以及数据价值的挖掘能力，带来的是毋庸置疑的从用户市场、消费习惯和创新能力上，移动互联网所有方面都必定会获得更多的得分。尤其是今天中国互联网到了 20 年，所谓真正伴随互联网成长起来的一代，他们和被称为"互联网土著"，年龄大约也就是 18－30 岁左右，这样的一族，他们是未来的市场主流力量，更是值得研究和关注。

第一，用户维度。未来 10－20 年，他们将成为消费的引导者和绝对的主力军。

第二，习惯维度。从使用习惯和消费模式上，过去几年从电脑、平板以及智能手机的过渡，以及移动支付手段的完善和便捷，都在为移动购物积累用户资源和培养消费习惯。

第三，需求维度。对于这些"网购一族"、"手机一族"来说，如何提升其移动网络上的效率，吸引注意力，让碎片化时间得到充分有效利用非常关键。移动互联网尤其是智能手机上，对更加简洁，更加有趣的要求是不断提升的。

第四，生态维度。从上游来说，我们过去说电子商务大多关注标准化的、品牌的产品，对于大量的长尾，中小微的生产者或者贸易商，以及一些初创型企业，他们有强烈的意愿和动力加入进来，移动互联网能否为他们创造更好的机会。

当然，传统的电子商务也谈用户体验，但更多还是做流量经营；移动电子商务时代，如何在小的屏幕、碎片化时间里，有效获得关注，促成交易和反复购买，在应用爆发、资讯爆炸、口水泛滥的时代，"用户体验"不可能再是句简单的口号，而是变得生死攸关。

近期，我们也关注了很多家涉足移动电子商务的应用，包括那些的巨头像亚玛逊，强调自身物流、后台支持和用户购物体验；以及 eBay，更强调用户参与；沃尔玛强调的是 O2O；淘宝对于大数据更加关注等等。我们发现有一家美国的移动为主的购物应用 Wish 很有意思，它具备了很多移动购物本质应用的典型特点。Wish 是一款根据用户喜好，通过精准的算法推荐技术，将商品信息推送给感兴趣用户的移动优先购物 APP。它尝试了 一些非常有意思的商业模式和服务的创新：

第一，采用数据算法推荐，而不是搜索推荐。Wish 的创办人是出生欧洲的 Peter Szulczewski 和来自中国的张晟（Danny），尽管他们此前分别就业于 Google 和 Yahoo，但却没有采用更熟悉和常见的搜索推荐。和传统 在线购物更具有目的性，更喜欢反复比较、对品牌更为关注，更多时间花在沟通和评论上。不一样的是，手机购物的用户更多希望“碎片化”的时间能够得到了充分和 有效利用，每次浏览时间都比较短，因而 Wish 的算法推荐对于帮助用户快速定位、快速选择和决策，具备更好的优势。

第二，Wish 采取直接购买和结算的方式，售后也是自己的。从消费习惯上，手机购物是短时间、高频次的，用户也更为专注，达成消费可能的机会也更大。之所以没有像很多手机导购、或者代购一样只做中间平台，Wish 也 是为了尽量减少中间环节，增加用户信任度，促进购买行为。当然，这样做也是可以更好掌握用户行为和增强用户之间的联系。

第三，移动购物的短时间、小屏幕、高频率也导致用户对于简介，过程的愉悦，以及推荐的精准度和更新的频率要求越来越高。Wish 一般页面只有 4－6 个商品推荐，页面非常简洁；通过一些随机推荐，类似于游戏，给用户惊喜也增强代入感和娱乐感；除了页面推荐一般不打扰用户，也不要求用户提供复杂资料；Wish 根据购物习惯和社交数据，随时更新推荐产品和品类。

第四、移动互联网本质上开启了一个可以精确知道用户是谁的时代，同时这个手机用户又是有着付费习惯的，发现和满足用户需求的敏锐和技术支撑成为核心能力。Wish 作为工程师创业的企业，它的技术能力和企业文化提供为此提供了很好的支撑。

第五，Wish 上很多商品上很多都来自数量庞大的中小企业。与传统电子商务更注重品牌，要获得销售机会可能还需要相当昂贵的流量和展示费用相比，在 Wish 这样的平台上，小企业的道路突然变得无比宽广。他 们只需要上传商品，收货发单。作为“最公平的移动社交购物平台（张晟语）”，Wish 要做的就是极大降低卖家寻找买家，以及和买家的沟通成本。商品是否能 被推荐给买家，卖家只要确保商品品质，够炫够性感就好了，品牌和市场推广这样过程，都由机器和用户口碑来完成。这些公司很多刚加入这个平台就会有收入，因 为不必通过广告或者漫无目的去寻找海量用户。他们也可以借此机会，创立移动网络自主品牌和口碑，参与全球化的销售，进行跨境商品贸易。

Wish 这种简约、高效、有趣的购物模式，充分体现互联网自由、平等的原则。一旦移动购物成为主流，传统电商看重的流量入口和渠道封杀将越来越难，这也正是传统互联网企业着急加紧布局的原因所在。

Wish 通过算法，将用户和想要购买的商品联系起来。

Wish 的用户基本都在 16－30 岁之间，他们是未来 10－20 年移动网络上的主流消费人群。

Wish 上游很多也都是中小企业，尤其是来自中国长三角和珠三角的生产商和贸易商。

所有这些，都展示了移动互联网的创新能力和巨大机会。对参与其中的卖家来说，产品为王。对享乐其中的买家来说，体验为王。这个市场，越来越关注的是用户体验和技术的作用。

Wish 模式，通过整个产业链打造，信息实时交流和分享，个性化和按需定制不再是个口号；将用户定位到个人，习惯和数据可延续的，以及习惯、地点以及社交信息的可 知性，带来更紧密的连接和更精准的推荐；同时改造上下游关系和整个服务模式，打造更有竞争力的、符合需求的，以及良好的合作关系和购物体验等等。

作为真正移动互联网技术和创新基因的创业公司，Wish 都干脆地颠覆了一把。今天，Wish 在欧美时尚生活类 APP 中排名非常靠前；她拥有超过 2700 万的用户，日均活跃用户 60 万－80 万；Wish 用户的平均浏览时间约 30 分钟/天（数据表明，eBay 移动用户每个月通过手机访问的平均时间为 108 分钟）。

Wish 用户绝大多数分布在美国、加拿大以及欧洲地区。这些互联网和在线购物成熟的市场，用户对产品物美价廉，合乎使用更加关注，购物习惯和在线支付等链条也相对成熟。

阿里巴巴发布招股说明书也透露，其移动平台用户已超过 1.36 亿，2013 年收入 370 亿美元，占总收入比例 15%。从产业链塑造，用户积累，习惯养成，移 动购物总会达到一个临界点，也就是用户和市场爆发的机会（并进一步取代传统购物的老大地位）。其实，移动购物今天非常关注的指标，还是用户数量和重复购买 率，而不是单纯的销售额指标（这两点广泛被认为是获取投资和未来突破的关键）。从这个意义上，Wish 的确值得瞩目，事实上 Wish 的销售额也不差，从 2014 年起每个月的销售额早已经超过了千万美金。

这可是一个 35 个人，商户平台真正发布只有 15 个月的公司。而且，Wish 的目标远不止于此。按照张晟的说法，Wish 从一开始，就将竞争对手认定为是亚马逊、eBay 和沃尔玛这样的购物巨头。

也就是说一开始，这就是两个世界的竞争，是两种模式和观念的竞争。

思考

1. Wish 能在电商巨头阴影下走向成功的原因是什么？
2. Wish 与其他的跨境电商经营模式有何区别？
3. 我们从 wish 的成功中能意识到什么？学到什么？

知识总结

产品上传发布是一个产品的基础，产品的选择与上传都关系到店铺的销量与发展。五个主要的第三方平台的注册于上传各有不同，必须遵守跟平台的发布规则。店铺的管理关系着店铺走着远不远，所以店铺的管理是至关重要的一步。

(二)教学检测

一、名词解释

自主品牌　代运营　产品标题与关键词

二、问答题

1. 简述自主品牌与代运营。

2. 简述5大平台注册的不同要求与差异化。

3. 店铺装修的技巧。

4. 产品管理在店铺中的作用与体现。

(三)拓展阅读

店铺设计，如何把握商品发布数量

店铺设计与布局不能为了唯美而唯美，正如一首诗，即使文字再飘逸洒脱，也要有中心思想。对于中小卖家，特别是网店新手而言，店铺设计也是同理。无论你追求的是个性、诗意、写意、狂草，还是巴洛克，你都要明白:店铺装修设计既要注意体现店铺主打产品的风格、气质与品质，也要把握好店铺设计布局与商品数量发布之间的细节。

目前，许多中小卖家特别是新手卖家，并不清楚如何选择合适的装修模板，将店铺设计风格、装修色彩与宝贝陈列数量之间的关系协调好。其中，最突出的三种现象如下：

1. 将网店当做一本诗集

店铺首布商品数量奇少，有的甚至只有一两件。过分的色彩与诗境的留白，往往会让缺乏耐心与对诗歌并不偏好的潜在买家流失。

记住，并非所有的买家都是通过店铺的类目导航，去查看你店铺内的商品宝贝。许多人会误认为你的店铺只有为数不多的几件商品，其结论往往是:这家店铺或许快经营不下去了(潜台词:担心售后没保障)。

2. 将网店当做一幅图画

这类卖家往往喜欢将自己的个性，融入店铺的设计与布局中，把狂野写意的个性填满了店铺的整个首页。但着往往会让许多急于寻找商品，且时间又非常有限的潜在买家选择放弃。这也是许多网店跳失率居高不下的主要原因之一。

3. 将网店当作一个杂货柜

这类卖家在淘宝更是数量居多，这类店铺唯一的特点，就是将所有的商品，在店铺系统允许或默认的上架宝贝数量范围内，全部呈现给买家。仿佛店铺就是一组杂货柜，什么商品都有。

其结果是:买家真的会视你的店铺是个杂货摊。即使你进了好商品，也没有多少买家会认同你的商品品质，更不能接受你的商品价格。

解决路径:

结合上述三种典型案例，我们聊聊店铺设计布局应如何把握商品数量吧！这至少应该从以下三个方面着手:

1. 解决好首页装修风格、设计布局，控制宝贝数量发布

首先，作为店铺首页，在设计布局时，一定要认真把控商品宝贝的发布数量。如果你是一个喜欢讲究个性、喜欢挥洒诗与画作的店主，那首页添加商品既不能过多，也不宜过少。

原则上可以选择的上架商品承载量，应该是在20个左右。

2. 控制好前三页宝贝数量控制，巧妙搭配装修风格

就像我们平时制作一套完美的PPT演示片一样，店铺装修设计风格与店铺商品展示布局，也要注意从首页到其他各页保持一种完整性。

至少，店铺的前三页要避免店铺跳失率居高不下的困扰。在商品数量上，前三页的商品宝贝，可以适当比第四页或以后的少一点，先吸引买家，达到留客效果。此时，商品宝贝上架数量可控制在20－30以内。

3. 控制店铺每页商品宝贝上架总量，控制与店铺整体风格的关系

通过首页和前三页的设计布局及商品陈列，可以有效解决好店铺跳失率的问题。为了保持店铺整体装修风格与商品宝贝上架数量，建议店铺每页商品上架数量，最好不要超过50个。如果每页上架宝贝过长，一方面是影响买家浏览体验，另一方面是容易让人产生视觉疲劳。

第五章　跨境电商网店经营篇

【知识要点】

1. 了解店铺定位的重要性及其定位的方向，介绍产品定价原理及策略以及打包营销、店铺营销方式上的灵活运用。

2. 了解货源渠道、跨境平台如何选品及判断技巧。

3. 掌握各平台站内的营销工具及方法技巧。

4. 掌握在站外如何将流量引进平台，促使店铺流量暴增。

【核心概念】

1. 店铺运营的核心是客户。

2. 经营店铺的主要态度是坚持。

3. 店铺营销的主要技巧是心思。

4. 销售的过程注意的是细节。

5. 客户的资料需要有系统化的整理。

【情境导入】

一、店铺定位及定价

（一）店铺定位法

现今在任何一个平台上开店，都必须有自己的定位，一个平台将定位做好了，才能有条不紊地进行网店工作。对于平台店铺定位有以下几点：1. 品牌定位；2. 市场定位；3. 产品定位；4. 价格定位；5. 装修定位；6. 人群定位；7. 渠道定位。

1. 品牌定位

品牌定位是企业在市场定位和产品定位的基础上，对特定的品牌在文化取向及个性差异上的商业性决策，它是建立一个与目标市场有关的品牌形象的过程和结果。换言之，即指为某个特定品牌确定一个适当的市场位置，使商品在消费者的心中占领一个特殊的位置，当某种需要突然产生时，比如在炎热的夏天突然口渴时，人们会立刻想到“百事可乐”蓝白相间的清凉冰爽。

2. 市场定位

市场定位，是店铺的首要任务，先有基础，才有后续的工作安排，一个经营优秀的平台店铺，其定位一定非常清楚，对于市场需求、货源供应、服务对象等等一系列工作都有着清晰思路，并且井然有序地进行，如果你对市场定位不清楚，对于往后的店铺工作将会毫无思绪，往往会出现文化差异、货源供应不足、人群需求饱满、国家的海关扣押产品等等问题；如果你的市场定位在欧洲，那你所服务的人群大部分在欧洲这个区域，就要根据这个区域的文化背景、消费习惯等等作出你店铺一系列的服务。

3. 产品定位

店铺80%的产品注定是配角，是作为一种跑龙套的角色。但是这角色却是每个店铺的重点，就要开始定位产品的需求情况了，比如A产品在B国畅销，然而在C国，A产品却需求接近饱和；或者A产品在B国的销售价格不高，而在D国却能高价出售；种种情况说明产品的定位也不容忽视，往往有些时候还涉及到打折、引流、赠品，甚至降价都要用到。但主打产品不要轻易降价，要对自己的产品有信心，要保留充足的库存，好的口碑，详尽的描述，不错的毛利，所有产品都要尽可能向它们引流。

4. 价格定位

价格定位与产品定位有着紧密相联的关系。所谓价格定位，就是店铺经营者把产品、服务的价格定在一个什么样的水平上，而这个水平是根据与竞争者 比较而言的。价格定位一般有三种情况：一是高价定位，即是产品质量、服务水平在竞争者之上的情况下把价格定在竞争者产品价格之上。这种定位一般都是借助良好的品牌优势、质量优势和售后服务优势。二是低价定位，即把产品价格定位低于竞争者价格。这种定位的产品质量和售后服务并非都不如竞争者，有的可能比竞争者更好，之所以能采用低价，是由于该店铺要么具有绝对的低成本优势，要么是店铺形象好、产品销量大，要么是出于抑制竞争对手、树立品牌形象等战略性考虑。三是市场平均价格定位，即把价格定在市场同类产品的平均水平上。

5. 形象定位

一个店铺有了产品和价格还不够，要想吸引更多客户，对于店铺的形象是少不了的。那么要装修好一间平台店铺重要的是先要考虑好自己的风格，否则将会在开店以后花更多的时间去修改，不然将达不到预期的效果。要注意色调的基本统一，不能有太多的主体的颜色出现在同一页面，如店招的颜色是红色，在下面的产品图中，应用灰色、绿色或者黄色去搭配，效果会很差，让人觉得眼花缭乱。确定店铺风格后，例如在速卖通上要注意的细节基本有：一是店铺LOGO；二是店铺店招；三是产品详情页模板；四是店铺关联模块；五是店铺推荐产品。

6. 人群定位

人群定位是开店前定位中的一个重点。要考虑店铺产品所要面向的主流消费人群是哪些？是男性还是女性？年龄段是多少？消费能力怎么样？这个都是需要在开店之初就要做好相关定位的，方便后续的营销推广策划的开展，所以人群定位也是开店前定位中不缺少的一点。定位不管是对于网站还说网店都是最初的一步，也是最重要的一步，没有定位就没有章法可循。有一句老话说得很有道理，那就是“磨刀不误砍柴工”。所以作为新手来说，不要冒冒失失地就冲进去，先要做好最基础的工作，再去谈其他的。

7. 渠道定位

为了更好地管理分销商，建立持续竞争优势，制造商应通过渠道定位来建立与分销商的长期合作伙伴关系。渠道定位是制造商通过提供比其他竞争对手更好的产品、服务、财务收入、项目和系统等而获得的在分销商中的一种信誉。

（二）店铺定位的重点

上一个部分细说店铺定位的几个定位方法，其中的重点想必大家都很清楚，那就是产品和定价，而产品和价格两者是紧密相连的，一个店铺的主要目的还是放在产品销售上，经营有序的店铺往往在销售方面会有着不错的成绩，其实他们的店铺已经把产品定位好，价格也定位得很合理！在此先重点讲述产品定位的方法，目前可以分四步来进行：

1. 要做好市场调研，选择目标客户群，找到需求所在，确定产品

如何进行市场调研？可以通过哪些渠道来实现呢？

(1)到国外市场进行考察(根据自身实际情况，但注意不要去亚洲国家)；

(2)平常的时候，可以多和外国人进行交流，特别是自己身边有外国朋友的时候，可以了解一下他们日常的购物习惯，在平台上经常买什么东西；

(3)可以到各大国外购物平台上多进行浏览；

(4)发现自己的产品在国外类似品牌旗舰店上的情况(模仿他们的产品描述与关键词设置，并在最后取得超越)；

(5)多留意一下国外的电影和电视剧，通过日积月累的经验积累，可以了解到外国人的购物习惯，毕竟电视剧中人物的日常习惯是现实生活的反映；

(6)可以经常查看平台卖家频道或者论坛，分析销量高商品的特点与共性；

(7)进行专业的数据分析，从而对商品有一个全方位、多层次的了解。

2. 分析竞争环境

不管是国内还是国外，只要有市场，就会有竞争。因此把握市场现状，了解竞争压力，可以让我们在市场定位中择优而选，不至于摸着石头过河。

由于文化地域、国家发展水平的不同，人们在选产品的时候更倾向于自己的性格特征，以美国为例，美国人崇尚自由，在性格方面自我独立，在购买产品的时候，更喜欢选择具有个性的产品。因此当卖家在市场定位中寻找自己所要销售产品的时候，可以考虑具有个性的产品，这些产品往往是比较有销路的，同时，在国外具有个性特征的产品往往利润空间也是比较大的。

3. 要找到细分市场切入，实践检验市场

(1)地理细分：是按地理特征细分市场，包括以下因素：地形、气候、交通、城乡、行政区等；

(2)人口细分：是按照人口特征来细分市场，包括以下因素，年龄、性别、家庭人口、收入、教育程度、社会阶层、宗教信仰与种族；

(3)心理细分：个性或生活方式等变量对客户细分；

(4)行为细分：对消费者行为的评估，然后进行细分；

(5)定位的市场：可以做大众的中低端市场，也可以做高端市场；也可以选一些特定范围的品类去深挖，去做品类的专业化；也可以去做风格的差异化，有自己的风格的产品。

4. 要找到适合自己产品的市场定位

(1)前期的调研，找到细分市场进行切入；

要选择合适的产品，店铺在进行装修的过程中，要统一有创新。要标新立异，真正找到让客户满意的风格。

（2）一定时间的市场检验；

在选择完合适的产品之后，要经过一段时间的市场实践，进而检验自己的产品定位是否正确，以下几个关键点的数据可以作为检验的标准。如：曝光数据、销量、评价。

（3）优化明星产品，调整市场定位；

当产品上架之后，经过一段时间的销售，总有那些销售量很高的热卖产品，我们要优化这些明星产品，下架那些不适合市场定位的低质量产品。

总之，根据潜在目标客户制定销售策略和对产品的选择，清晰的定位决定着你的店铺未来持续的为客户提供价值的能力，并且保证不会偏离轨道。

（三）店铺产品定价原理

店铺产品定价一定程度上决定产品的销量，而影响产品定价的因素有企业内部因素、企业外部因素和产品的定价模式。

1. 企业内部因素

（1）企业营销目标

①以生存为目标。

②以利润最大化为目标。

③以提高市场占有率为目标。

④以树立质量最优形象为目标。

⑤以补偿投资为目标。

⑥以排斥竞争为目标。

（2）成本因素：价格 = 生产成本 + 流通费用 + 利润 + 税金

①固定成本 - 在一定产量范围内不随产量变动而变动的成本。

②可变成本 - 随着产量的增减变动而变动的成本。

③边际成本 - 指增加或减少一个单位产量所造成的成本变动数。

④机会成本 - 企业为经营某一项经营活动而只好放弃领一项经营活动的机会，被放弃的另一项经营活动所应取得的收益即为某一项经营活动的机会成本。

2. 企业外部因素

（1）市场与需求因素

（2）市场竞争因素

3. 产品定价模式

（1）传统模式

费用→成本→利润→价格

产品的外形、质量、功能、服务、商标、包装中任何一部分对定价都有影响。

（2）现代模式

价格→市场可接受价格

↓

成本→企业可接受成本

↓ ↑

品质→较适宜的品质

4. 产品定价的方法基本如下：

(1)成本加成定价法

①以成本为基础加成

加成价格 = 单位成本 x(1 + 成本加成率)

②以售价为基础加成

加成价格 = 单位成本/(1 - 加成率)

(2)目标利润定价法(损益平衡定价法)

根据估计的总销售收入(销售额)和估计的产销量来制定价格的一种方法。

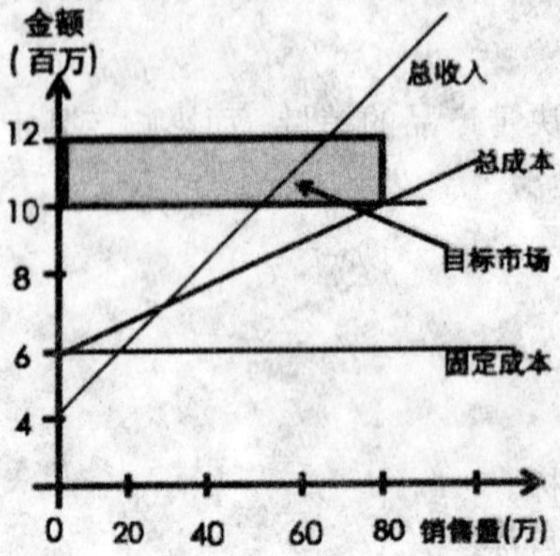

图 5 - 1

使用目标利润定价法的步骤:

①确定所要实现的目标利润。

②根据需求弹性来考虑价格及对销量的影响。

③将价格定在能够使企业实现目标利润的水平上。

(3)需求导向定价法

依据买方对产品价值的理解和需求强度来定价,而不是依据卖方的成本定价。

基本思路:定价的关键因素是买方对商品价值的理解水平,而不是卖方的成本。

因此,定价时首先要估计和测定商品在消费者心目中的价值水平,然后依次为依据制定商品的价格。

①认知价值定价法。

②反向定价法。

(4)竞争导向定价法

主要依据竞争者的价格来定价,或与主要竞争者价格相同,或高于、低于竞争者的价格,要视产品和市场需求情况而定:

①随行就市定价法(流行水准定价法)。

②密封投标定价法。

③拍卖定价法。

知识链接

安静的鞋子

“安静的小狗”是一种松软猪皮便鞋的牌子，由美国沃尔弗林环球股份公司生产。当“安静的小狗”问世时，该公司为了了解消费者的心理，采取了一种独特的试销方法：先把100双鞋无偿送给100位顾客试穿8周，8周后，公司派人登门通知顾客收回鞋子，若想留下，每双鞋子5美元。其实公司老板并非真想收回鞋子，而是想知道5美元一双的猪皮便鞋是否有人愿意购买。结果绝大多数试穿者把鞋留下了。得到这个消息，沃尔弗林公司便大张旗鼓地开始生产、推销。结果以每双7.5美元的价格，销售了几万双“安静的小狗”。

(四) 店铺产品定价策略

产品定价的策略基本上分为：

1. 折扣定价策略

主要为鼓励顾客及早付清货款，大量购买，淡季购买，酌情降低基本价格的策略

(1) 现金折扣：现金折扣(cash discount)，又称销售折扣(sale discount)。为敦促顾客尽早付清货款而提供的一种价格优惠。

(2) 数量折扣：数量折扣又称批量作价，是企业对大量购买产品的顾客给予的一种减价优惠。

(3) 功能折扣：指企业对卖给帮助其完成一定功能、提供一定服务的销售渠道的各个环节的产品按零售价格给予一定折扣。

(4) 季节折扣：季节折扣也称季节差价，一般在有明显的淡、旺季商品或服务行业中实行，是指卖方为鼓励买方在淡季购买而给予的折扣，目的在于鼓励淡季购买，减轻仓储压力，利于均衡生产。

(5) 价格折扣：为了鼓励顾客及早付清货款、大量购买、淡季购买，酌情降低其基本价格，这种价格调整叫做价格折扣。

2. 地区定价策略(地理定价)

(1) FOB原产地定价：所谓FOB原产地定价即按产地某种运输工具上交货定价，就是顾客(双方)按照厂价购买某种产品，企业(卖方)只负责将这种产品运到产地某种运输工具(如卡车、火车、船舶、飞机等)上交货。交货后，从产地到目的地的一切风险和费用概由顾客承担。

(2) 统一交货定价(邮资定价法)：所谓统一交货定价，就是企业对于卖给不同地区顾客的某种产品，都按照相同的厂价加相同运费(按平均运费计算)定价，也就是说，对全国不同地区的顾客，不论远近，都实行一个价。因此，这种定价又叫邮资定价。

(3) 分区定价法(地带定价)：就是企业把全国(或某些地区)分为若干价格区，对于卖给不同价格区顾客的某种产品，分别制定不同的地区价格。距离企业远的价格区，价格定得较高；距离企业近的价格区，价格定得较低。在各个价格区范围内实行一个价。

(4) 基点定价法：基点定价即企业选定某些城市作为基点，然后按一定的厂价加从基点城市到顾客所在地的运费来定价。

(5)免收运费定价法(消化运费定价):有些企业因为急于和某些地区做生意，而负担全部或部分实际运费。这些卖主认为，如果生意扩大，其平均成本就会降低，因此足以抵偿这些费用开支。采用运费免收定价，可以使企业加深市场渗透能力，并且在竞争日益激烈的市场上站住脚。

3. 心理定价策略

(1)声望定价 :声望定价(prestige pricing):属于心理定价(psychological pricing)的一种，为了提高潜在消费者的认知价值，有些名牌商品或著名企业，故意把价格定成整数或高价，限制潜在的买主，并创造一种高品质的印象，称为声望定价或整数定价。质量不易鉴别的商品最适合采用此法，因为消费者有崇尚名牌的心理，往往以价格来判断质量。

(2)尾数定价(奇数定价法):尾数定价，又称奇数定价，或者零头定价，是利用消费者在数字认识上的某种心理制定尾数价格，使消费者产生商品价格较廉、商家定价认真以及售价接近成本等信任感。

(3)招徕定价:招徕定价(Loss Leader Pricing) 又称特价商品定价，是一种有意将少数商品降价以招徕吸引顾客的定价方式。商品的价格定的低于市价，一般都能引起消费者的注意，这是适合消费者“求廉”心理的。

4. 差别定价策略(价格歧视策略)

(1)顾客差别:顾客差别定价又称顾客细分定价，是指企业按照不同的价格把同一产品或服务卖给不同的顾客。该定价策略是根据顾客的付款能力来定价。这种定价策略是根据具体情况灵活掌握价格，差别对待，同时也表明顾客的需求强度和商品知识有所不同。

(2)产品形式差别:产品形式差别定价是指企业按产品的不同型号、不同式样，制定不同的价格，但不同型号或式样的产品其价格之间的差额和成本之间的差额是不成比例的。

(3)产品部位差别:产品部位差别定价是指企业对于处在不同位置的产品或服务分别制定不同的价格，即使这些产品或服务的成本费用没有任何差异。

(4)销售时间差别:时间差别定价是指企业对于不同季节、不同时期甚至不同重点的产品或服务分别制定不同的价格。

5. 新产品定价策略

(1)撇脂定价法:撇脂定价法(market - skimming pricing)又称高价法，即将产品的价格定的较高，尽可能在产品生命初期，在竞争者研制出相似的产品以前，尽快地收回投资，并且取得相当的利润。然后随着时间的推移，在逐步降低价格使新产品进入弹性大的市场。

(2)渗透定价法:又称渗透定价，价格的高低与产品周期相关。在产品进入市场初期时将其价格定在较低水平，尽可能吸引最多的消费者的营销策略。它是以一个较低的产品价格打入市场，目的是在短期内加速市场成长，牺牲高毛利以期获得较高的销售量及市场占有率，进而产生显著的成本经济效益，使成本和价格得以不断降低。

(3)满意定价策略:产品销售以稳定价格和预期销售额的稳定增长为目标，力求将价格定在一个适中水平上，所以也称为稳定价格策略。主要适用于大量生产、大量销售、市场稳定的日用工业品和部分生产资料产品。

6. 产品组合定价策略

产品线定价:针对整条产品线制定价格，而不是对单一产品定价。

主打产品——以低价位抢占市场，遏制竞争，主攻普及率和销量，使生产与销售迅速达到一个理想的规模，保本甚至微亏，以打通渠道，打开市场，压制竞争为目的。

形象产品——以高质高价如市，随网络销售为主，主攻品牌形象建设。在获取超额利润的同时，树立高品质，高回报的品牌形象，增强发展后劲。

获利产品——是以合理的获利水平，顺着主打产品打开的销路，迅速达到消费终端，既求销量也求获利，发挥规模效益。

(1)一般企业提倡推广什么，价格就倾向什么

(2)选择品定价

(3)补充产品定价

(4)分部定价法

(5)副产品定价

(6)产品系列定价法

7. 价格变动反应及价格调整

(1) 企业降价与提价的条件

(2) 顾客对价格变动的反应

(3) 竞争者对企业变价的反应

(4) 企业对竞争者变价的反应

8. 产品成功定价的两个特性

(1)定价方针与公司整体营销战略相辅相成

通常情况下，定价方针直接出自整体营销战略，它和营销组合的其他要素应当保持一致并产生协同作用;同时，明智的定价决策要求多方人员的共同参与。

(2)定价过程具有协调性和整体性

确保定价方针和公司整体营销战略的匹配性，以及本着协调的观念来考虑各方面的相关信息，是定价时应牢记的大目标。

小贴士

单件出售,免运费,比较合理的价格,销量还不错。单件出售,免运费,较高的价格,利润设置过高,很难销售出去。打包出售,免运费,利润控制合理,给予了一定的优惠,体现了批发特性,适合批发群体的老买家,销量不错。

9. 定价的八个步骤

(1) 预估顾客对产品价值的看法

传统加成法着眼于公司内部，确定成本后再加上期望的利润，就得到价格。价值定价法着眼于市场，考虑顾客的看法，再确定价格。

(2) 发现不同顾客看法上的差异

不同顾客群对同一件产品的价值有不同的评价，因此我们最好对市场进行细分并据此设定不同的价格，争取最大利润。

(3) 预估顾客的价格敏感度

价格弹性在不同类别的产品，甚至是同类产品的不同品牌之间都有很大的区别，因此我们应该根据情况具体分析。可以先从三方面来仔细观察影响价格敏感度的主要因素:顾客经

济学、顾客对产品的搜寻与使用、竞争形势。

(4) 确定最佳定价结构

建立定价结构的过程需要考虑两个重要问题:一是是否提供数量折扣,二是是否进行捆绑式定价。

在定价过程中,投入的资源应分配合理,确定定价结构所投入的时间、财力和精力要充足。

(5) 考虑竞争对手的反应

如果对手有机会做出竞争性反应,那么看似高明的定价行为也会变的毫无意义,比如,设计不当的定价很容易导致价格战。因此定价策略的思路要宽广,要考虑到第二层,甚至第三层的效果。

(6) 监控交易中的实际价格

由于公司可能提供给顾客多种折扣和退款,最后实际交易价格已经低于产品标价;可是大多数企业仍将90%的定价精力耗费在确定产品标价上,而随意对待实际价格,导致企业利润大量损失。

(7) 估计顾客的情绪反应

分析顾客对产品价格有何反应时,既要考虑短期的经济成效,也要考虑顾客情绪反应的长期影响,每一笔交易都会影响顾客对企业的看法以及他们在别人面前对公司的评论。

(8) 分析公司在各类顾客的收入与成本之比

特别注意高成本的顾客,要尽量保证高成本能带来高利润。

总结:有效的定价过程不可能一夜之间确定,在决定定价策略的过程中要高瞻远瞩。

小贴士

平台是以美金为单位的,定价的时候要关注汇率变动,及时在网上查询汇率浮动,以便及时调整价格。

(五) 产品定价与打包的平衡

1. 捆绑定价的形式

根据捆绑定价性质,可以将其划分为以下几种形式:

(1) 同质产品捆绑定价

同质产品捆绑定价,按照提供的产品组合不同,又可以把它划分为混和产品组合定价和单一产品组合定价。混和产品组合定价例如航空公司对往返机票的定价;单一产品组合定价例如在酒吧里面啤酒必须成打买卖。

(2) 互补式产品捆绑定价

即捆绑定价的产品在用途上具有互补性。例如饭店将几种不同的菜捆绑成一份套餐进行定价。互补式产品的捆绑定价已经越来越广泛,大大突破了传统的产品与产品互补的概念。

(3) 非相关性产品捆绑定价

生产者将他的产品同竞争性的另外一种产品组合。被捆绑的产品不一定是和它一起销售产品的互补品,而只需要捆绑产品的消费能够给生产者带来有关消费者对基本产品的支付意愿的信息。非相关性产品捆绑定价在一些多元化企业中和一些商场促销活动中表现得比较明显。

小贴士

捆绑定价是指生产者将一种产品与其他产品组合在一起以一个价格出售。捆绑定价是企业的一种营销策略，最著名的如微软将其“探索者”与视窗操作系统捆绑定价销售，欧洲委员会阻止 GE 并购霍尼韦尔公司以防止他们将飞机引擎、电力设备部件和商业金融捆绑定价。

（六）店铺产品营销方式的确定及判断方法

1. 包装营销：

（1）包装营销是以某种产品的标签、包装等产品外观（包括其标签、袋、盒、瓶、箱、桶、杯、瓶盖，甚至造型本身），为其他类别的商品或服务做广告宣传的营销形式，通过该商品本身的市场流通渠道，使其附带的广告信息精确地到达目标受众。包装营销与其他营销方式的最大区别是：这类广告不依赖任何报刊、广播、电视、网络等第三方媒体，也就几乎不消耗任何额外的能源、不需要建立专门的发布渠道、不会带来任何的环境污染，甚至还能改善环境污染，而且，由于包装营销的潜在用户与载体商品的用户高度吻合，所以这种共生传媒广告模式对两种商品的销售都有非常有效的促进作用。

（2）包装营销的优势：极具广度和深度；时间有效性极强、传播极为迅速；100% 的有效阅读率，史无前例；不浪费广告主的钱；每一分钱都花在刀刃上；极有粘性；极容易吸引注意力、印象极深刻；及其精准；极低的广告制造成本；极低的广告发布成本；不增加能源消耗、不增加垃圾排放、控制环境污染，甚至改善环境。

2. 情感营销：

（1）情感营销就是把消费者个人情感差异和需求作为企业品牌营销战略的情感营销核心，通过借助情感包装、情感促销、情感口碑、情感设计等策略来实现企业的经营日标。

（2）在情感消费时代，消费者购买商品所看重的已不是商品数量的多少、质量的好坏以及价钱的高低，而是为了一种感情上的满足，一种心理上的认同。情感营销从消费者的情感需要出发，唤起和激起消费者的情感需求，诱导消费者心灵上的共鸣，寓情感于营销之中，让有情的营销赢得无情的竞争。

（3）情感营销五部曲：亲切招迎，赢得好感；真诚回应，赢得信任；挖掘深层需求，给予情感寄托；推荐情感寄托适合的产品；信心个案，坚定购买决心。

3. 伏击营销：

（1）伏击营销是指一家公司通过商业赞助进行营销活动时，另一家公司（经常是该公司的竞争对手）采取各种手段吸引该赞助活动目标受众的注意力，鱼目混珠，甚至使目标受众误以为伏击公司是赞助者，从而以极低的投入（至少是部分地）取得了赞助者投资所欲取得的成果。

（2）伏击营销的特点：低成本和寄生性。在伏击营销中，伏击者以极低的成本（至少是部分地）窃取了赞助商的营销成果。利用他人投资创造的机会达到自己的目标，损害了投资赞助者的利益，在一定程度上带有损人利己性质。也是一种寄生在其他营销活动上的营销。具有隐蔽性和突然性。伏击者往往抓住赞助商营销活动中某一环节上的疏漏，在对方无知觉情况下突然发动攻势使对手防不胜防。

4. 知识营销：

（1）知识营销是通过有效的知识传播方法和途径，将企业所拥有的对用户有价值的知识（包括产品知识、专业研究成果、经营理念、管理思想以及优秀的企业文化等）传播给潜在用户，并逐渐形成对企业品牌和产品的认知，为将潜在用户最终转化为用户的过程和各种营销行为。

（2）知识营销的特点：首先，知识营销能打破旧观念，开拓新市场。知识营销是深入浅出地向大众传播新的科学技术，以及它们对人们生活的影响，通过科普宣传，让消费者不仅知其然，而且知其所以然，进而萌发对新产品的需求。其次，知识营销是以科普为先导，以知识推动市场的营销方法。它强调注重与消费者建立起战略性的营销关系，使顾客成为产品的忠实消费者。

5. 城市营销：

（1）城市营销力求将城市视为一个企业，将具体城市的各种资源，以现代市场营销手段，向目标受众或目标客户宣传或兜售，这里的资源包括产品、企业、品牌、文化氛围、贸易环境、投资环境、人居环境及至城市形象，等等。其营销市场既包括本地市场、国内市场以及海外市场，还囊括了互联网上的虚拟市场。城市营销是运用市场营销的方法论，对城市的政治和经济资源进行系统的策划与整合，以求找到符合市场经济规律的发展路线，通过树立城市品牌，提高城市综合竞争力，广泛吸引更多的可用社会资源，来推动城市良性发展，满足城市人民物质文化生活需求的营销科学。

（2）城市营销的特点：城市活动本身是要树立城市品牌出发，活动必须具备长期性；活动必须有可参与性，创新性，活动本身必须能够充分吸引相关人员的积极参与；活动本身蕴涵巨大的商业机遇，如招商作用、销售产业、或营销政策环境资源等；城市活动营销必须可以驾御城市的有形和无形资产，使现有资源充分发挥其最大效应；城市活动必须充分考虑到前效应，中效应和后效应，同时可以考虑与后期的产业结合，建立长期的消费机遇。

6. 直复营销：

（1）直复营销："直接回应的营销"，它是以盈利为目标，通过个性化的沟通媒介向目标市场成员发布发盘信息，以寻求对方直接回应（问询或订购）的社会和管理过程。

（2）直复营销的特点：广告与通路的完美结合；个性化一对一为基础的客户服务；以名录作为目标市场选择的主要工具；没有（或极少）中间分枝环节；媒介的选择更有针对性；营销手段的隐秘性便于大规模营销活动策划；注重顾客服务和长期合作关系；广泛的适用性可复制到任何行业；顾客可信度高延伸产品的多渠道流通。

7. 逆向营销：

（1）逆向营销理论则认为战略应当自下而上发展而来，即先制定战术，可从三个方面阐述：营销战略要自下而上制定，依据战术制定战略。战略提炼于已选定的战术，即企业先选定一个可行的、有竞争优势的战术，然后将它演变成长期性的营销战略；战术决定战略，换言之，战术支配战略，即企业的广告宣传等沟通战术应当支配企业的战略，这就如同结构要服从功能一样;战略推动战术,一个完善的营销战略的目的在于推动战术的运用,此外无别的意图,即战略的唯一目标是战术上取得成功。

(2)逆向营销的特点:由顾客主导一切。包括:逆向产品设计、逆向订价、逆向广告、逆向推广、逆向通路、逆向细分。

8.事业关联营销:

(1)事业关联营销是企业在承担一定社会责任(如为慈善机构捐款、保护环境、建立希望小学、扶贫)的同时,借助新闻舆论影响和广告宣传,来提高企业形象、提升品牌知名度、增加顾客忠诚度,最终增加销售额的营销形式。

(2)事业关联社会营销观念,是最高层次的营销观念,它不仅注重营销的效率和效果,还考虑社会与道德问题。包括销量决定型、公益事业冠名型、义卖捐款型、抽奖捐款型、主题活动型、设立基金和奖项型。

9.精益化营销:

(1)所谓精益营销或精益化营销,是以占有有效市场为目标,采用细分市场、聚焦、速度等策略建立根据地市场和战略性区域市场,提升营销的战略管理能力,对战略性市场进行有效规划,依据市场规划进行营销资源的合理配置与安排,对战略性区域市场进行精耕细作。

(2)精益营销是在进行营销活动的过程中,消除不给产品或服务增加价值的活动,并对营销资源进行合理而有效的配置,把重要而关键的资源集中到主要客户上。在营销过程中,营销团队不断在过程中学习,丰富自己的知识结构,树立起精益的观念并在以后的活动中不断应用,持续改进营销活动,追求尽善尽美,最终获得投资收益最大化,这就是精益营销的核心思想。

(3)特点:针对中国企业的现状,我们可以把精益营销的核心内容总结为以下四点:

①以占有有效市场为目标。

②以顾客为基础。

③以人为本,尊重员工,建立高效团队。

④对营销各要素进行整合。

10.个性化营销:

(1)所谓个性化,最简单的理解就是量体裁衣。具体来说,就是企业面向消费者,直接服务于顾客,并按照顾客的特殊要求制作个性化产品的新型营销方式。它避开了中间环节,注重产品设计创新、服务管理、企业资源的整合经营效率,实现了市场的快速形成和裂变发展,是企业制胜的有力武器。特别是随着信息技术的发展,个性化营销的重要性日益凸显。

(2)特点:

①主观:消费者的主观性越来越强,广告和促销活动等已经越来越难以改变消费者的主观意念,行销成本直线上升。

②个性化:消费者的行为呈现出相当的差异化。

③善变:买方市场的全面来临、竞争的日趋激烈使消费者的心态和行为越来越缺乏持续性,越来越逆反、求新、多变。

11.网络营销:

(1)网络营销就是以国际互联网为基础,利用数字化的信息和网络媒体的交互性来辅助营销目标实现的一种新型的市场营销方式。简单地说,网络营销就是以互联网为主要手段进行的，为达到一定营销目的的营销活动。

(2)网络营销亦称做线上营销或者电子营销，指的是一种利用互联网的营销型态，网络营销是建立在互联网的基础上，是以营销为导向，网络为工具，由营销人员利用专业的网络营销工具，面向广大网民开展一系列营销活动的新型营销方式。

(3)特点：

①时域性。

②富媒体。

③交互式。

④个性化。

⑤成长性。

⑥整合性。

⑦超前性。

⑧高效性。

⑨经济性。

⑩技术性。

12. 概念营销：

(1)所谓概念营销，是指企业将市场需求趋势转化为产品项目开发的同时，利用说服与促销，提供近期的消费走向及其相应的产品信息引起消费者关注与认同，并唤起消费者对新产品期待的一种营销观念或策略。

(2)概念营销着眼于消费者的理性认知与积极情感的结合，通过导入消费新观念来进行产品促销。目的使消费者形成新产品及企业的深刻印象，建立起鲜明的功用概念、特色概念、品牌概念、形象概念、服务概念等，以便顺手牵羊，增强企业的竞争性实力。

13. 其他营销方式：

(1)植入式营销概念：

植入式营销又称植入式广告，是指将产品或品牌及其代表性的视觉符号甚至服务内容策略性融入电影、电视剧或电视节目各种内容之中，通过场景的再现，让观众在不知不觉中留下对产品及品牌形象，继而达到营销产品的目的。植入营销相当于隐性广告或称其为软广告。植入式广告不仅运用于电影、电视，植入式广告还可以“植入”各种媒介、报纸、杂志、网络游戏、手机短信、甚至小说之中。

(2)体验营销概念：

体验营销通过看(See)、听(Hear)、用(Use)、参与(Participate)的手段，充分刺激和调和消费者的感官(Sense)、情感(Feel)、思考(Think)、行动(Act)、联想(Relate)等感性因素和理性因素，重新定义、设计的一种思考方式的营销方法。

(3)服务营销的概念：

服务营销是企业在充分认识满足消费者需求的前提下，为充分满足消费者需要在营销过程中所采取的一系列活动。

(4)RSS营销概念：

RSS营销是指利用RSS这一互联网工具传递营销信息的网络营销模式，RSS营销的特点决定了其比其他邮件列表营销具有更多的优势，是对邮件列表的替代和补充。目前RSS营销的应用还处于初级阶段，因此对于RSS营销方法和一般规律的研究也有待深入。

(5)SNS营销的概念：

SNS，全称Social Networking Services，即社会性网络服务，专指旨在帮助人们建立社会性网络的互联网应用服务。SNS营销随着网络社区化而兴起的营销方式。SNS社区在中国快速发展时间并不长，但是SNS现在已经成为备受广大用户欢迎的一种网络交际模式。SNS营销就是利用SNS网站的分享和共享功能，在六维理论的基础上实现的一种营销。通过病毒式传播的手段，让产品被更多的人知道。

(6)病毒式营销的概念：

病毒式营销，也可称为病毒性营销是一种常用的网络营销方法，常用于进行网络推广、品牌推广等，病毒式营销利用的是用户口碑传播的原理，在互联网上，这种"口碑传播"更为方便，可以像病毒一样迅速蔓延，因此病毒式营销成为一种高效的信息传播方式，而且，由于这种传播是用户之间自发进行的，因此几乎是不需要费用的网路营销手段。

(7)饥渴营销：

主要是通过各种限量策略或者限时策略，以充分引起消费者的关注和重视，激发消费者的购买欲望，从而实现产品由厂商到消费者的快速转移。

(8)错位营销：

避开趋同性的竞争手段，追求独树一帜、别具一格的竞争理念和竞争策略，以拓宽自己的市场空间。通俗地说，就是"不做别人做的，只做别人不做的"。

(9)蜂鸣营销：

蜂鸣营销俗称"口头宣传营销"，是传统的"口耳相传"方法在新经济下的创新营销方法。口头宣传营销的英文术语"Buzz Marketing"中的"Buzz"，意即"叽叽喳喳的声音，或嗡嗡声"，因此，也有人将Buzz Marketing译成"蜂鸣式营销"。是一种主要通过人们(可以是消费者，也可以是企业的营销人员)向目标受众传播企业产品(或服务)信息而进行的非常廉价的营销方法，蜂鸣营销主要基于人们对于企业产品和服务的直接体验。

(10)互动营销：

所谓的互动，就是双方互相地动起来。在互动营销中。互动的双方一方是消费者，一方是企业。只有抓住共同利益点，找到巧妙的沟通时机和方法才能将双方紧密地结合起来。互动营销尤其强调，双方都采取一种共同的行为。

二、店铺产品货源

(一)选择的渠道及渠道介绍

店铺货源方面想必是许多想开网店或是新手卖家刚开始要考虑最多的问题。既然开网店，目的就是盈利，而想把一家小店做大除了价格优惠，还一定要有最好的质量保证。那么，寻找合适的货源肯定是卖家首要解决的问题了。

货源的渠道

1. 自产自销

技术专长型、兴趣爱好性、商品增值型、传统工艺型。

2. 品牌代理商

优点：货源稳定，渠道正规，商品不易断货。

缺点:更新慢，价格相对较高。

3. 各种展会、交易会

优点:成本低，竞争力强，商品质量稳定，售后服务有保障。

缺点:一般不能代销，需要有一定的经营和选货经验，资金投入大，风险较大。

4. 普通批发市场

不管是实体店铺还是网店，大多数的卖家都是从批发市场进货的。因为虽然厂家是一手货，价格中的利润比较大，但是一般的厂家都是有一定的大客户，通常不会和小卖家合作的。所以当你还没有最终确定要卖什么产品的时候，去批发市场转一转，说不定会有意想不到的惊喜。

(1)批发市场的商品比较多，品种数量都很充足，大家能有大的挑选余地。而且很容易实现货比三家。

(2)批发市场很适合兼职卖家，这里进货时间和进货量都比较自由。

(3)批发市场的价格相对很低，对于网店来说容易实现薄利多销，也能有利于网店交易信用度的累积。相比较而言，批发市场的确是新手卖家不错的选择，如果住的刚好是大城市，有大的批发市场，不妨就去那里看看吧，保证不会让人失望的。如果居住的是小一点的城市。没有批发市场，那也没关系，条条大路通罗马，会有适合的路，只要耐心地看下去。

5. 在阿里巴巴网站批发

全国最大的批发市场都主要集中在几个城市里，而且有很多卖家也没有条件千里迢迢地跑到这几个批发市场。所以，在这个时候阿里巴巴做为一个网络批发的平台，充分地显示出它的优越性，为很多小地方的卖家提供了很大的选择空间，它不仅查找信息方便，也专门为小卖家提供了相应的服务，且起拍量很小。

(1) 阿里巴巴不仅有批发进货，还有小额的拍卖进货，这都是淘宝卖家很喜欢的进货方式。

(2) 大家在网站进货时最好选择支持支付宝或是诚信通会员的产品。阿里巴巴推出“诚信通”已经有4年时间了，一般，如果是诚信通会员是两年或是三年以上的，诚信通指数达到近百或是上百的都是比较值得信赖的，不过，这也只能作为一个叁考，具体还是要看沟通了。

(3) 阿里巴巴有很强大的搜索功能，进货时可以最大限度地进行货比三家。

(4) 和商家商量时尽量地使用贸易通，如果以后有什么纠纷，也好作为证据之一。

(5) 第一次进货的时候也可以选择本地的厂家或是公司，这样方便上门取货。网络进货不比批发市场，因为存在着一定的虚拟性，所以大家选择商家的时候一定要谨慎再谨慎。一定要选择比较可靠的公司进行交易。

6. 寻找商家余货

在这里的商家，所指的就是商品的前一两道的卖家，比如说外贸服饰加工厂或是批发商之类的。平时所说的“A货”，就是外贸公司一般生产的尾货，定单退货或是临时取消定单所造成的库存。还有像比较大的批发商一般都会有一定的库存积压，有时甚至还会有名牌商品的积压呢。不过款式当然不会是最新的，但是它的名牌效应是还在的，所以寻找到好的商家余货，其实是很不错的货源。

(1) 商家余货一般市场需求量较大，商品的品质也有一定的保证，属于中高档的东西，在网络交易中很容易换取买家的好评。

(2) 商家余货的货源相对较少，所以竞争小，竞争力很强。而且还可以利用网店的地域性差异，从而提升积压产品的品质，进而提高价格。也就是说这些商品在那个地方的市场不好，造成了积压，但是有可能在另一个的地方市场比较大，也就有可能成为畅销品。

相比较而言，商家余货在几种货源中算是很难找到的，尽管很多的厂家会有库存积压，但是找到的难度系数也很大，但是如果所在的城市有很多个厂家，那就另当别论了。

(二) 货源选择及产品质量评估方法和技巧

1. 货源选择技巧

开网店第一头痛的事情就是网上开店货源如何选择，卖什么？从哪里进货？进货数量如何控制？进货价格是否合适？如何得到批发商的支持?。

无论是网上商店，还是传统商店，最先考虑的就是进货问题，货品的质量、数目、种类、季节特性、属性特征、资金流、补仓、促销等环节是环环相扣，作为经营者应该对这些环节了如指掌。

(1)首先了解批发与零售的概念

批发:大量销售，利润低，依靠销量来提高利润。

零售:实现利润最大化，出货量通常为个体单位(件/个/台/根等)。

网上开店初期，许多店长在不知道产品销路时，每件产品只定一件，这样会将风险降到最低。但通常这种情况会有一个通病，就是价格会比其他网店贵。

(2) 进货量:

在进货之前，最好能对其产品有一定了解，如果其他网店销量还不错，最好能集中精力做该商品进行铺货，一方面是为了让进货价格拿到最底，另一方面是集中精力推广该产品。新手开店，也不太适合上架非常多种类货源，这样非常容易分散推广精力。从而降低推广效果。在选择产品时尽可能选择大众消费的产品，如果是特殊人群定位，就不需要大量进货。

(3) 如何获得批发商的支持:

若想要得到批发商的支持，无非就是两个方面:

①首次进货金额。

②进货频率。

新站长通常两点都非常难，因此在选择批发商的时候，一定不要选择大企业。有一句俗话:“店大欺客，客大欺店”，找一些刚起步、小批发商或小厂家合作(前提是做工一定要质量好)。在小企业那里你可以是上帝，但找一家大企业，很可能别人根本不把你当回事，受气且不讨好。

(4) 批发市场规则:

①批发验货要快。

批发市场验货千万不能像购买零售产品一样，批发市场通常只点数量和抽像验货。

批发需要长期打交道，不能做一锤子买卖，所以有些信息需要提前了解，如:是否有坏产品可以换货(如果损坏率很低，最好放弃更换);换季产品是否可以更换新品等信息。

②砍价要地道。

批发本身利润很低，千万不能狂杀价，还价幅度尽可能控制在1%~5%之间，能够降个5%就已经是极限了。长期合作的批发商，可以让他们直接发货运，千万不要发快递(省钱)，通常批发市场是批发商将货物通过物流发送到买家所留地址，取货时自付运费。

③风险承担。

做人要厚道，做生意本身有亏有赢，如果事先没有约定，千万别想与批发商商量没卖出的产品可以对其退货，如果事先说好能更换当然最好。

④代销。

现在非常流行这种销售模式。与代销商谈好后，你所卖出的产品全部由代销商发货，中间差价为利润部分，这种模式基本上是零风险，但同城销售就有问题了，不能上门交易，或是当天到货。

⑤网上批发商。

进货方便，点点鼠标就能发货，但如何保证货品质量呢？最好能要求发样品，或者咨询其他人对该批发商的评价，网上多搜搜评价，可以省去许多不必要的麻烦。

知识总结

网上开店两大误区

1. 什么好卖就卖什么

从众心理让新手卖家认为什么好卖就卖什么，其实这是误区。每一件新品都经历过新品——预热——销售——大量销售过程，所以一旦知道该产品好卖的时候，已经在大量销售期，这时销量上去了，可众多卖家已开始蜂拥而至，价格战争开始，利润越来越低，最早一批赚到钱的店家已经在寻找其他高利润产品途中。此时再对该产品进行销售，已经没有多少利润可图。

消费者咨询产品信息时，你可能对该产品没有深入的了解，一些专业问题很难回答出满意的答案。如果能与用户谈论产品的技术性问题，那就是非常优秀的卖家。

2. 进货直接找厂家记住几个原则。

①有代理的地方，厂家为了保护经销商是不会给发货的。

②如果进货量不大，找厂家，量少厂家是不会发货的。

③小卖家向厂家说话是："能进多少"。大卖家对厂家说话是："能产多少"。所以非要与厂家合作，还是上面提到的，找小厂，小到什么程度，这个需要直接与厂家面谈了。

进货问题解决后，一定要有坚持的毅力去经营自己的网店，三天打鱼两天晒网是开不好网店的，要想成为一个成功的网店卖家，除了要遵守网上开店的基本原则外，更要有良好的职业道德和优秀的人品，最主要的是注意自身修养。

2. 货源销售分类

(1)卖大众化用品

就是大家都需要的产品。比如说衣服裤子等，因为这些多是生活的必需品，这类的产品每个人都会有需求的，虽然需求大，但是卖的人也多，所以说考虑卖大众化的东西，需要考虑的就有很多东西！价格是最需要注意的地方，同一个牌子，同一个款式，很多人比较的就是价格，所以说我们新开店的想要有生意上门，价格上只好比别人低了。相信大家都知道，如果没有信用，很多人在购买的时候就算价格比别人低，可买家还是信不过卖家，宁愿选择贵的，也不会在卖家店里买！

(2)卖宠物用品

宠物用品指的是有条件的人养宠物之类所需要的各类产品，像宠物用品啊，宠物食物啊，宠物玩具之类的东西！大家都知道，养宠物的人会选择购买宠物口粮之类的东西给宠物吃，这类消费者一般多是经济实力比较好的，很多人对宠物就像对自己的孩子一样，肯定不会小气的！宠物用品之类的东西属于中等的快消品，国内超市也是最近几年才有人开始做宠物用品的东西，所以这个市场还是蛮大的！不过如果做代理商就没有什么钱赚了，很多供货商留给代理商的利润空间往往是很小的，所以建议后期还是要自己进货的好！

(3)卖数码产品

很多人都觉得数码产品的空间太小了，太多人卖了，市场基本饱和了，但是往往很多人忽略了一点，别人能做为什么自己不行呢？实际上数码产品的利润是很大，不过这个只是局限于供货商来说，对于代理商来说，利润肯定不会有那么大，不过恰恰是这点让电子商务存在了商机。现实中如果买同样牌子的手机或者电脑，往往会比网上的价格高，为什么呢，这个不用多讲了，店租的问题，淘宝有一点好处就是不用店租，实体店经营还要考虑店租的问题，所以往往实体店的老板会在同样的供货商给的底价再加上自己店租的费用去销售！所以说淘宝的经营商占据了较大的优势！很多人会认为在网上看不到实际的东西，货值那么大，购买者会不放心，这点随着淘宝规则的完善，服务的完善，相信越来越多的人会打消这样的顾虑！

(4)卖特殊的东西

这个有很多，比如卖回忆，很多人会不解吧！相信80后的人有很多会怀念小时候玩的玩具，小时候吃的东西，淘宝现在也有人在做这个了，生意也很不错的。很多人在长大后了难免会想着儿时的乐趣，可是时间过去了，留下的只有回忆，可能那种儿时玩闹的感觉相信很多人是没有办法去忘记的！当然，特殊的产品还有很多，比如地方的特产，地方的服务，过去一些消失的儿时玩具零食，往往一些我们觉得有回忆的东西，现在却没有再看见了，这些东西往往藏着巨大的商机！

小贴士

根据产品定位进行选品

产品定位就是用什么样的产品来满足目标消费者或目标消费市场的需求。产品定位决定着你选择什么行业，主营什么产品，如何做？当您选择计划经营的产品后，不妨进行产品定位“六部曲”：

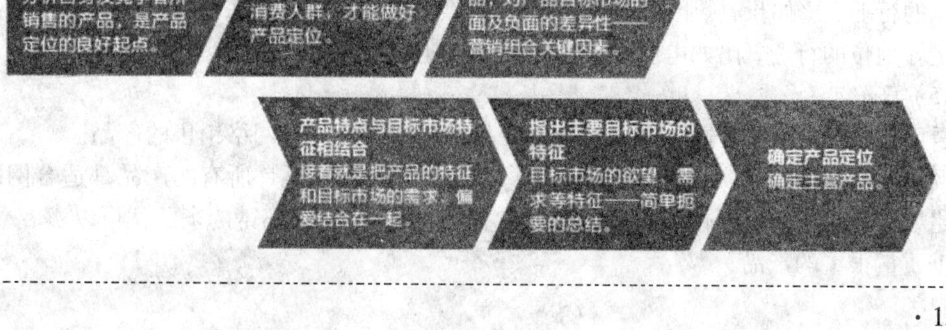

3. 如何对所卖的产品质量进行评估

如何挑选产品、如何选择产品与如何确定产品是一样的，一共有以下五点。可以通过看质量、看价格、看特色、看网销就可以定产品，而看性价比就要看卖的是什么产品了，有些产品是没有性价比的，也很难用性价比来衡量。看网销也是一样的，并不是所有的产品都可以在网上销售，这样一个产品就可以用三点来衡量，看质量、看价格、看特色。它们在网上卖跟现在有不一样的地方就是首先看质量而并不是价格，等肯定了产品质量之后再看价格，然后再看特色。

(1)第一点：

看质量，能提供质量相对较好的产品货源或选择相对较好的产品货源。

众所周知，质量是产品的核心竞争力。质量不好的产品，价格再便宜也没人要。如果你卖的宝贝质量不好，即便卖了出去，也会有各种各样的后遗症。比如说，被要求退货、换货、投诉、中评甚至差评等，令你烦不胜烦，而且众多的中评或差评也会给你带来永不磨灭的烙印，让后来人不敢买。

(2)第二点：

看价格，能提供价格相对较便宜的产品货源或选择价格相对较便宜的产品货源。

很多人上网购物，主要还是因为网络商品的便宜，如果卖的宝贝的价格比网上的同行高很多，或者和现实中的同类宝贝价格一样，那么在理智的消费者面前，这样的宝贝是很难卖出去的。有的时候，即使宝贝质量一般(仅限制于一般，不能太差)，但价格比较便宜，可能还是会有不少人接受的。

(3)第三点：

看特色，能提供比较有特色或个性化的产品货源或选择有特色或个性化的产品货源。

在质量可靠、价格公道的基础上，如果宝贝比较有特色或个性化，并且这种特色很难在短期内被广泛复制的话，那就离成功不远了。这里的所谓有特色包括几个意思：一是如果在大城市，就可以卖大城市的特色产品，比如一些在大城市生产或流行没多久，中小城市还没普及的工业品。如果在小城市或边远城市，就可以卖小城市或边远城市的特色产品，比如一些手工制品、食品或地方特色的产品。二是可以卖一些在现实中很少看到、很难买到的、或者在现实中不方便购买的，但在网络上却很方便销售的宝贝。三是可以卖一些比传统产品有特色或有创新的新产品，但要把握好风险，调研好市场。

(4)第四点：

看性价比，能提供性价比相对较高的产品货源或选择性价比相对较高的产品货源。

有的人买东西喜欢挑质量较好的商品，有的人买东西喜欢捡价格便宜的商品，而有的人喜欢的是性价比较高的商品。虽然性价比这个东西在一些非标准化生产或标准化价值不占主导地位的行业，比如玩具、服装、珠宝等行业很难被衡量出来，但在一些标准化生产或实用价值占主导地位的行业，比如电脑、手机、相机等行业还是备受关注的。

(5)第五点：

看网销，能提供比较适合网络销售的产品货源或选择适合网络销售的产品。

网络并非完全是现实的翻版，有其自身的特性，因此并不是所有的产品都适合网络销售的。比如下面的产品就对网络销售极不感冒且也不适合：能够邮寄的东西就可以卖。

①质量很重的产品；

②体积很大的产品；

③某些液体产品；

④某些易碎品；

⑤价值特别高的产品；

⑥其他一些不适合邮寄的东西。

（三）店铺产品款式选择及判断方法(跨境平台货源选品方法和技巧)

选品目前一直是跨境电商中谈论最多也是最核心的话题，对于不同平台的选品，其实，最核心的是在了解平台后做选品是必须的，同时，了解了平台后，同一个产品就可以有不同平台营销的方法相互借鉴，精细化的选品思维才是核心！

1. Amazon 的选品

提到亚马逊，大家首先想到的是适合做品牌，高毛利等等话题！但是，对于我们很多中国式卖家来讲，亚马逊留给我们销售产品的路线只有“跟卖 LISTING”“自建 LISTIN”；自建 LISTING 的方式适合目前大家热衷的品牌和伪品牌策略；当然，如果是简单的贴牌，其实这条路线是非常累的；

那么，在这个环境下，对于中国卖家如何选品呢；

(1)跟卖：这类产品，其实大多数是标准化产品，选品思路是中国式采购思维，电子类、汽配、家居和运动器材类等等；加上目前亚马逊的规则，很多都已经是 FBA 的配送，所以，选择这类品类的时候，侵权可以根据要跟的母 LISTING 是否品牌(或者伪品牌保护)来确认；剩下的工作主要精力要放到采购成本分析和国内物流流程计算；一直要围绕着市场的销售价格区间，不断对这类产品做测试；在 TITEL、关键词、页面、图片、本地派送一样的情况下，然后根据每个跟卖竞争账号绩效表现的不同之外，大家唯一能做的就是看谁的运营费用低，谁争夺 BUY BOX 的实力就强；我们选品的目的就是为了能够销售出去，这个其实就是选品的根本核心。

(2)自建：这类产品集中比较多的是已经比较认可的品牌(或者认可的伪品牌)，选择这类产品在除过品牌号召力的时候，TITLE、关键词、描述、图片、页面等等都要自已做，除过账号绩效表现、优质物流和性价比之外，选品的核心是这类产品市场的销售容量，这类产品往往是非标准化和主观性产品，且是高毛利竞争对手相对少的小众市场产品。这样，才能在非中国式采购思维的门槛上面，对于特定的用户群和竞争小的市场缝隙中获得发展，同样，是为了产品销售出去，这个也是这类选品的核心。

2. 速卖通的选品

速卖通目前主要是直发为主，对于本地化的运作只有卖家自己本身去刻意提升时效和客户体验度自己投资运作，平台本身没有做这个要求(迟早平台会部署海外仓本地化)。那么，这样产品的重量和价值方面就有了区分，所以目前集中在速卖通的品牌比较多的是时尚类产品和配件以及小家居运动类产品。所以，卖家做速卖通的选品的时候，还是主要以中国式的采购思维为主，TITLE、关键词、页面、图片等等是必须要做好的，性价比比其他平台表现的更加突出。而且，主要市场要放到除过欧美以为的新兴第三方国家市场为主。选品的思路可以考虑的是销售主要为新兴第三方国家为主，利润核算以小包为主。铺货思路和虚拟样品库存这些是目前一些增长迅速卖家的核心。导致在线 SKU 数量和库存实际 SKU 数量天壤之别，中小卖家都可以很快上手，在人力充足的情况下，无需投资太大的库存资金就可以事半功倍。

当然，有心的卖家可以按照亚马逊自建 listing 的思维，做垂直化的产品线，把亚马逊的卖家品牌(伪品牌)思路利用起来，重点利用速卖通的付费流量做自己的品牌店铺，这个做的越早越好(目前速卖通其实大品牌也有不少在里面)。

3. eBay 的选品

eBay 放到第三点说明是刻意的;eBay 平台的复杂性，其实给到大家选品的思维有一定的复杂程度;但是，如果这么说，大家可能会明白很多的。除过目前 eBay 销售的品牌和专营店这种战略布局经营，eBay 的选品思维也可以用“海外仓派系”和“中国直发派系”来区分。

(1)“海外仓派系”的选品思维大家直接利用讲到亚马逊的“跟卖”选品思维，但不同的是，TITLE、关键词、图片、描述、本地物流选择方式等因卖家自身的不同而不同，所以，谁在这个方面写的文章好，结合自己的账号绩效以及 eBay 实操细节，就已经胜出了 60%;那么，剩下的就是和“跟卖”思维一样了。在 eBay 上，实操霸主卖家对待新入卖家最恨的就是性价比上动手(其他细节都已经在未到销量霸主的时候调整维护完毕)，当累积到一定的销售比例后，霸主的销售售价反而会高出新入者很多，拿到了定价权和引领市场均价的旗帜，但是新入手者也是无法去抗衡霸主卖家的，持久的坚守战和国外特定的时间管理是策略核心。这样垄断流量的因素出来了。当然，对于一些在站内做的比较 OK 的卖家，早已经部署到站外社交引流了!

(2)“中国直发派系”的选品思维可以用上面提到的“速卖通的选品思维”操作。可以说，两个市场是基本相同的，不同点就是平台对卖家的考核不一样和平台在受众国家的宣传力度不一样。

4. Wish 的选品

Wish 卖家如果同时做上面三个平台就会发现，Wish 的关键词和页面是按照亚马逊的模式做的，但是在标签中失去了灵活性。SKU 属性和匹配方面是按照速卖通的模式做的，当然，在灵活性方面也是欠缺的。在用户界面方面选择了大多数移动端的性别爱好推荐，了解 eBay 的卖家马上就注意到了，这个界面其实是 eBay 的“Collections”模式。当需要搜索产品的时候，整体其实又回归到了每个平台相同的算法模式。所以，除过移动端特殊的视角对于页面、整体单品显示的不同细节注意之外，用速卖通的选品思维做 WISH 基本是吻合的。不过，要注意 Wish 的仿类似 FBA 模式的客服退款和目前和 PAYPAL 停止合作造成的一些列影响。

小结

选品思维是根据不同平台思维所决定。相同的产品，中国卖家喜欢多平台销售，但每个产品在每个平台所表现出来的销售情况又是不同的。所以，建议可以把每个选品当做有不同(平台)几个销售方法，扬长辟短，相互借鉴，应该会效果很不错。举例，分清楚 A 产品在哪个平台是利润，哪个平台是跑量来提升供应链和物流折扣，那个平台是收集用户信息做二次营销的等等!

小贴士

选品小技巧·在外贸平台、从同行商户中发现产品商机

与实体店相比,网店更容易查看到竞争对手和其他商户都卖些什么产品,什么产品都比较畅销,最近的流行趋势是什么。关注这些方面就可以为你指明方向,从中发现商机。

分析竞争对手的商铺

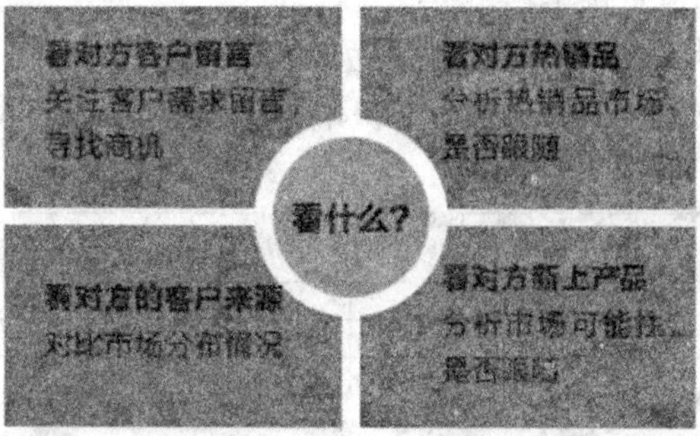

找到与自己店铺定位相近而且信用等级较高的店铺,对其店铺产品进行深入分析。例如,最近一段时间内热销什么商铺,买家留言里提到需要哪些商品,通过这些信息来调整自己的产品线。

三、站内营销

(一)免费营销板块及应用介绍

【敦煌】

1. 流量快车

产品流量快车(简称流量快车),是敦煌网为卖家量身打造的强力引流工具,快车产品将会在搜索产品结果列表页中专属推广位置上高额曝光且无时间限制。

流量快车产品会出现在产品类目列表页和关键词搜索列表页,卖家可看到流量快车标识,产品的所在目录、关键词的相关度和产品质量决定了流量快车产品的排序。

平台的商户(低于标准的商户除外)都能免费获得一定数量的流量快车。

商户可以自行选择审核通过的上架产品,添加成为流量快车产品,从而获得搜索产品结果列表页的高流量。

·根据平台规则:

1 个产品处于正常上架状态可获流量快车数量:1 个

10 个产品处于正常上架状态可获流量快车数量:2 个

30 个产品处于正常上架状态可获流量快车数量:3 个

如何高效使用流量快车?

①优化产品图片、特别是首图;

②审视产品目录关联性，产品所有关键词是否符合行业发展；

③产品最终页关联营销版块设定，提高转化率；

④控制店铺整体纠纷、退款、好评率；

⑤分析行业特色、季节、产品表现等因素，密切关注快车产品的转化数据，根据实际表现，每周及时更新快车推广产品。

另外，流量快车产品将不再参加普通的产品排序，如果当前产品流量已经达到一定水平且排序位置很好，建议选择其他产品作为流量快车产品。

如何获得更多数量的流量快车？

卖家级别越高所获得流量快车的使用数量也越多；

增值会员可根据会员类型获得专享流量快车使用数量（总数与卖家级别不叠加）。

流量快车数量获取规则：

增值卖家专享	
钻石礼包商户	36个流量快车
白金礼包商户	24个流量快车
黄金礼包商户	14个流量快车
普通卖家可享	
顶级商户（T级）	9个流量快车
优秀商户（P级）	6个流量快车
标准商户（S级）	3个流量快车
低于标准商户	没有流量快车
新卖家扶持	
1个产品处于正常上架状态	可获得1个流量快车
10个产品处于正常上架状态	可获得2个流量快车
30个产品处于正常上架状态	可获得3个流量快车

图5－2

获取更多快车产品小支招：

及时查看自己的商户级别，提升自己经营数据，以便获得更多数量的流量快车；

购买增值服务包，享受增值卖家专享流量快车使用数量。

添加流量快车操作介绍：

进入“我的DHgate——推广营销——流量快车”页面，如【图5－3】；

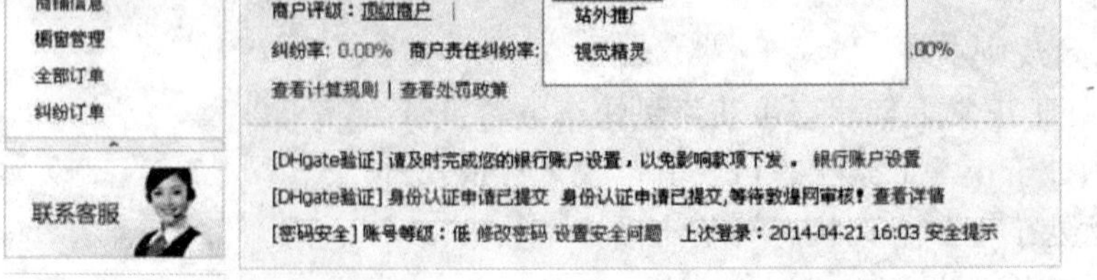

图5－3

点击添加产品，选择自己要加入流量快车的产品，如【图 5－4】；

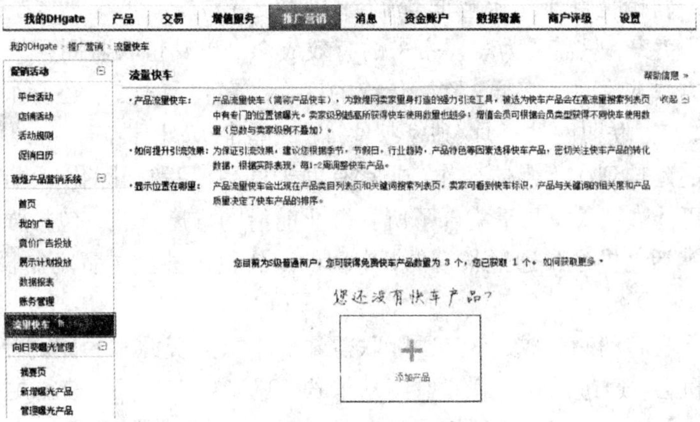

图 5－4

通过产品编号、产品名称、所设关键词、产品组筛等维度选择的产品，提交后即可成为快车产品。

密切关注流量快车产品的转化数据，根据实际表现，每周及时更新。

小贴士

产品流量快车经验总结：

误区：1. 所选产品历史没有出单记录。

2. 所选产品有历史出单记录，出单周期较长（效果下降的快车产品基本为使用前一周没有出单产品），加入快车打乱原有排序，过渡时间段流量会下降，坚持使用，效果会逐渐显现，但是此类产品不易把控，需要不断更换。

3. 不要一股脑地把店铺内已经是非常热门、出单周期短且拥有良好自然排序的产品加入流量快车哦，不但打乱了其自然排序，还有可能降低产品的出单率，建议可以把机会多留给店铺其他特定时间段内非爆款但具有潜力的产品。

（潜力产品指单价/打包价略低或平行与行业内此类产品，高品质，不能高频出单只因流量不够的产品类。）

4. 所推产品在快车使用期间务必要保证不要出现纠纷退款，情节严重者，此产品的排序将会受到很大影响哦。

5. 千万不要认为自己的店铺质量分数低，历史积累低就觉得产品流量快车对自己帮助不大哦，官方真实数据统计，此类基础低的店铺凡是使用过了产品流量快车工具，正确选品后，流量基本可均增 70%。

6. 快车产品需要不断更换调试，只要是正在使用产品流量快车，无论您觉得效果好还是不好，均需要不断地调整自己的产品流量快车产品，每日更新的数据反馈报表卖家们一定需要时实每天关注，2－3 天为新品数据监控期，产品确认后监控时间为 7－14 天！

7. 建议与视觉精灵产品同时使用，强强联合，事半功倍。

2. 敦煌联盟

网站联盟推广营销是目前国际上非常流行的网络营销方式之一。联盟采取为效果付费的模式，参与项目的卖家，只需要为联盟带来的有效成交订单支付联盟佣金。

联盟的推广方式非常灵活多样，除了传统的广告文字和广告图，还有很多新型的如博客推广，视频合作推广，联盟网站每月/独家邮件推广，单品 Deals 推广，Top 优惠券推广，大型广告位推广甚至能延伸到线下媒体合作，非常有助于产品/品牌国际化，更快融入目标市场。推广方式的无限可能性，联盟几乎集合了所有行业前沿的推广方式，包括强大的社交媒体营销和最直接的促销活动推送！通过长期的，丰富的广告投放甚至付费定制投放，流量和订单都将稳定增长。

通过微小的让利和利润分成，得到国际联盟站长丰富的资源和稳定的流量，甚至长期合作和独家曝光的机会，通过国际口碑联盟网站推荐，曝光更多产品，获得更多顾客的信任和订单，这是联盟最大的魅力。要达到好效果，也需要优质的产品展示素材。

小贴士

通过联盟产生的订单，有 60 天的保留期(为充分保障卖家权益，设置国际通用保留期要稍长)。

① 若买家确认收货或系统自动确认妥投，卖家需要支付这笔有效订单的联盟佣金。

② 保留期内如果发生订单全额退款或订单取消等异常情况，将不会收取卖家联盟佣金。

③ 若产生了部分退款，只要退款金额小于产品金额的总和，订单仍算作有效联盟订单，您需为此支付联盟佣金。

④ 保留期过后，若买家正常退货，由于联盟网站已经起到了导购引流的作用，那么联盟佣金也是不退的。

综上，有效的联盟佣金将在交易完成时(买家确认收货或系统自动确认妥投)进行结算并从交易账户扣除，超出 60 天保留期的有效联盟订单也将扣除联盟佣金。同时您在后台也能查到每个时间段的联盟订单详情和状态。

加入敦煌网联盟推广项目是完全免费的，您不要支付任何保证金，预付费用或加盟费。只需要为联盟推广带来的有效订单支付联盟佣金。考虑到联盟网站的多样性，庞大基数以及每日广告投放的巨大量和分销商对产品的喜好不可控性，按照国际惯例，为避免作弊和违规行为，并保持国际网站联盟的良性竞争，这部分资料不予公开。

联盟项目实行 Last Click 原则，在卖家加入联盟期间，30 天内最后一次点击为国际联盟推广渠道的顾客在卖家店铺完成付款下单，并最终交易完成，才算有效订单，才会收取卖家的佣金。

因此一定不会出现好几个联盟同时收取佣金的情况。卖家可以根据佣金收取公式核实应该支付的佣金。

除了联盟各类专属引流页面，敦煌还会以产品数据库的形式向联盟网站提供用户所有产品，这也就意味着，用户每个产品都有曝光的机会。曝光形式也非常多样，和联盟网站所采取的推广方式挂钩，例如国外大型搜索购物型网站上的搜索结果展示，博客推荐，返现网单品 deals 展示，独家邮件广告位等等。买家由联盟网站接触到用户产品/店铺，最后不一定直接购买广告产品，通过搜索/相关浏览，购买了用户其他产品也是有可能的。

如何加入联盟？

进入 seller 后台，点击推广营销 - 敦煌联盟，如【图 5 - 5】；

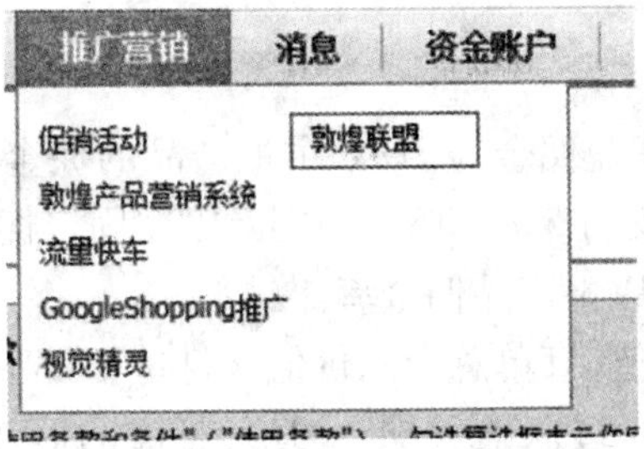

图 5 - 5

在打开的加入页面，勾选“我已阅读并同意使用条款”后，点击“加入敦煌联盟”按钮。点击后则加入成功。全店铺的产品都加入到了联盟营销中。您可以去“主推产品”中，设置主推产品，以获得更多的推广。注意：在同意加入前，请阅读联盟营销服务使用条款，该条款为加入合同，加入则意味着同意全部条款。

小贴士

参加联盟营销必须是整店参加的。进入操作后台推广营销——敦煌联盟——主推产品，进行搜索并设置：卖家可以通过输入产品编号或者产品名称的方式搜索 店铺内的产品，从而选择设置成为主推产品，同时可以设置该产品的佣金。建议根据自身产品情况来自由设置，筛选利润高竞争力强的产品。注意：主推产品会在联盟所有的页面、广告、信息库一系列曝光中，自动获取最高优先展示，并拥有主推产品专属活动展示。

进入操作后台推广营销——敦煌联盟——主推产品，进行设置或者修改已有佣金。

佣金分别为 8%，12% 和 15%。设置主推产品后，随时可以移除，移除成功即该产品不再享受作为主推产品享受到的优先推广。建议卖家精心选择主推产品，设置成功后尽量不要退出，更有利于联盟网站对单品的长期稳定推广。

由于联盟佣金的高低直接影响推广效果，所以建议卖家尽可能多的与联盟网站利润共享，以达到更好的推广效果。

怎样才能获得更多的免费推广和曝光机会？

一方面，产品信息质量，包括产品信息的全面性和准确性，图片质量，性价比，热卖度，交易和评价记录等方面都会影响到产品曝光度和成交量。

另一方面，对于竞争力强且利润高的产品，务必在后台设置为主推产品，设置更高的联盟佣金级别，敦煌为这部分产品向联盟网站单独提交高佣金产品信息库，优先推送各大联盟网站，同时也会得到优先页面展示和各种形式的单品推广，意味着更高的曝光率和更多的免费展示机会。

用户可以在操作后台进入推广营销——敦煌联盟——联盟交易订单，查看每次通过联盟项目成交的订单详情，包括：订单成交日期、订单号、订单成交产品编号、产品 GMV、产品价格与销售数量、该产品的联盟佣金率、计算得到的联盟佣金金额，还有该笔订单联盟佣金的扣除状态等。

知识链接

加入联盟后，系统默认联盟佣金为 5%，主推产品的佣金可以设置为 8%、12%、15%，即卖家需要为联盟有效订单支付 5% ~15% 的国际联盟固定佣金。

联盟佣金金额 = 产品 GMV × 产品佣金率。

产品 GMV = 单个产品价值/订单总产品价值 × 订单 GMV。

例如，一个买家周女士通过联盟购买了卖家店铺的两个产品 X 和 Y，单价分别为 $100 和 $80，联盟佣金率分别为 5% 和 12%，您给周女士优惠了 $30，运费 $10，您总共需要支付的联盟佣金分别为：

$X\text{产品佣金} = \$100/(\$100+\$80)\times(\$100+\$80-\$30+\$10)\times 5\%$

$Y\text{产品佣金} = \$80/(\$100+\$80)\times(\$100+\$80-\$30+\$10)\times 12\%$

加入联盟推广的 7 天内无法申请退出。7 天后可以退出。退出后随时可以再次加入。退出后，将不会再产生联盟渠道的订单。退出时要慎重。

Google Shopping：是 Google 旗下的一款比价产品，目的是让用户很容易进行购买研究，找到不同产品的功能和价格等信息，然后直接联系商家进行购买。

DHgate 所做的 Google shopping 推广，就是将卖家店铺内的合格产品推广到 Google 中，带来更多的优质买家。并通过多维度优化，让热卖的产品更加火热，潜力的产品更多曝光。

Google Shopping 展示形式：

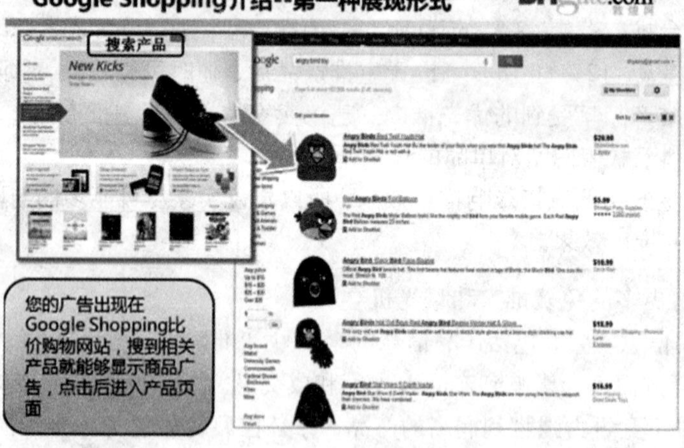

图 5-6

Google Shopping介绍--第一种展现形式
DHgate.com
在Google shopping搜索，广告显示出的商品信息
$89.92 产品价格
$96.91 with est. tax & shipping
加上邮费和关税总价
Angry Birds 16-Inch Angry Bird Plush
产品标题
Peluche de Red Bird, taille env. 55 cm. 100% Polyester.
产品描述
图片
LangtonInfo.com
5 reviews
产品商家及买家评价

图 5－7

Google Shopping介绍--第二种展现形式
DHgate.com
Google
搜索产品
您的广告出现在Google搜索，搜索产品词，广告也可能被展示出来，点击广告进入产品页面

图 5－8

具体信息
DHgate.com
图片
产品标题
产品价格
Angry Birds 8" Star Wars Plu...
$19.99
toysrus.com
商家
在Google搜索商品，广告包括商品的具体信息

图 5－9

Google Shopping 推广国家：

图 5－10

Google Shopping 流量 & 优点：

图 5－11

最佳建议：

(1)上传产品图片要充足：由于 Google shopping 推广以产品来做广告基础，产品越多，展示的机会越大，出单机会越多；

(2)选择应季产品来传，更能抓住市场动态，得到更多的曝光，进而取得更好的下单时机；

(3)保证产品质量；

(4)保证持续上传图片，直到全店铺都有无水印图片，这样才能保证利益最大化；

(5)不必担心有盗图的风险，只是在 Google shopping 上面展示该产品。

Q&A:

(1)该流量是否免费:流量是免费的。

(2)提交图片的方式有几种?

①更换产品图片的首图和一张附图(第二张图片)。

②重新上传一张无水印的图片(对现有的图片不会有影响)。

(3) 一次可以上传多少产品?

①产品量没有限制,每次提交50个,可以连续地提交。

(4)什么样的产品容易出单?

①订单金额在$200以下的产品。

②图片清晰,产品有竞争力,Free shipping 的产品。

③产品描述清晰,使用核心关键字描述产品。

④提交产品越多,越增加产品曝光的机会和成单率。

(5)如何找到我们的产品?

通过 VPN ,然后到 www.google.com/shopping,搜索产品的 title,就会找到自己的产品。

3. 敦煌店铺活动

所有在线产品的商户都可以使用店铺自主促销功能,可以选择打折或者直接降价两种促销方式。登陆"我的 DHgate"——"推广营销"——"店铺活动",便可进入店铺活动页面:进入店铺活动界面后,点"创建活动"按钮开始店铺活动的创建流程,参加店铺活动也是需要一定的原则的:

(1)只支持创建本月以及下月的活动;

(2)在活动开始后不能编辑,不能添加产品,所以要在活动开始前确认好活动信息和产品信息;

(3)活动创建后,在活动结束之前可以随时停止,但停止后无法重新启动,请慎重使用停止功能;

(4)添加到活动中的商品会被锁定,无法编辑产品信息,只能设置备货信息或者下架;

(5)被锁定的产品在以下情况下解除锁定:活动结束或停止、产品下架、产品从活动里删除。

另外,店铺活动与平台活动的优先级相同,正在参加一个活动的商品同时间不能参加另一活动。

知识链接

在世界著名的跨国公司中,宝洁公司是实行差异化营销的典型,它的洗衣粉就有11个品牌,中国妇孺皆知的有强力去污的"碧浪",价格较高;去污亦强但价格适中的"汰渍";突出物廉价美的"熊猫"。洗发水则有6个品牌,有品位代表的"沙宣";潮流一族的"海飞丝";优雅的"潘婷";新一代的"飘柔"。此外,它还有8个品牌的香皂,4个品牌的洗涤液,4个品牌的牙膏,3个品牌的清洁剂,3个品牌的卫生纸等。

4. 敦煌平台活动介绍及申报

活动类型	活动位置	活动时间	适合产品
平台主题大促	首页轮播图 & 全站顶通 Banner & 买家登录页面	3月，8月，11月	全品类重点产品
首页行业主题促销	首页轮播图 & 首页左侧类目推广位 & 首页轮播图右侧Banner	每月	行业重点产品
行业频道页（DCP）促销	行业频道页（DCP）轮播图	每周	行业重点产品
Daily Deals	首页轮播图右侧Banner & 买家登录页面 & 全站顶通 Banner	每天	全品类重点产品
VIP Club	首页Header位	定期	VIP买家购买产品
Brand Zone	首页Header位	每周	全品类重点品牌
海外仓	首页Header位	每周	全品类海外仓备货产品
大包装	首页Header位	每周	B类买家批发购买产品

图 5 – 12

通过卖家后台 – 推广营销 – 促销活动 – 全部活动 – 报名参加；

平台大促：一般 3 月，8 月，3.18，周年庆活动；另外还有季节性促销、夏季促销活动、返校节、国外节日，例如：万圣节、圣诞节、情人节、夏季促销、秋季促销等等；

行业促销活动：例如 1 –3 月份的奥斯卡，金球奖名人礼服促销，5 –6 月海滩婚礼促销，8 –9 返校节礼服促销等；

Daily Deals：推爆款绝佳位置，后台促销活动即可报名，适合配饰或者低价现货款礼服，例如新娘头饰、珠宝、椅背罩等等，产品每日更新；

NEW ARRIVAL：绝对新品（平台没有的产品，卖家后台新品集结号招募的新品），可参加全品类新品促销活动；

VIP 买家专属区：只有 VIP 买家能够看到，行业定期给 VIP 买家发送 EDM，Coupon 等推广，参加方式：后台设置 VIP 产品折扣。

品牌专区：国内或者国外注册品牌的卖家都有机会入驻；参与方式，跟行业经理联系。

海外仓：凡是有海外备货的，均可设置 – 备货状态 – 国家，参加活动。

【速卖通】

1. 速卖通联盟

（1）什么是速卖通联盟

速卖通联盟是速卖通官方推出的一种“按效果付费”的推广模式，它是国内最大的海外网络联盟体系之一。加入速卖通联盟营销的卖家可以得到海量海外网站曝光机会并享有联盟专区定制化推广流量。速卖通联盟卖家只需为联盟网站带来的成交订单支付联盟佣金，不成交不付费，是性价比极高的推广方式。

速卖通联盟有三大特点：

海量曝光：数十亿次网络曝光，PC 端 & 移动端全覆盖。

全球覆盖：覆盖全球上百个国家，数十亿海外买家覆盖。

精准投放：精准地域匹配，精准购物习惯匹配。

（2）速卖通联盟的价值

①解决速买通卖家在经营中总遇到的多个问题

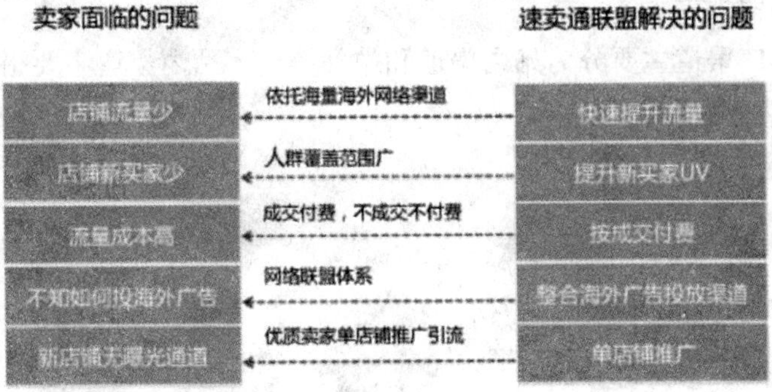

图 5－13

②抢占先机，扩展站外买家第一层通道

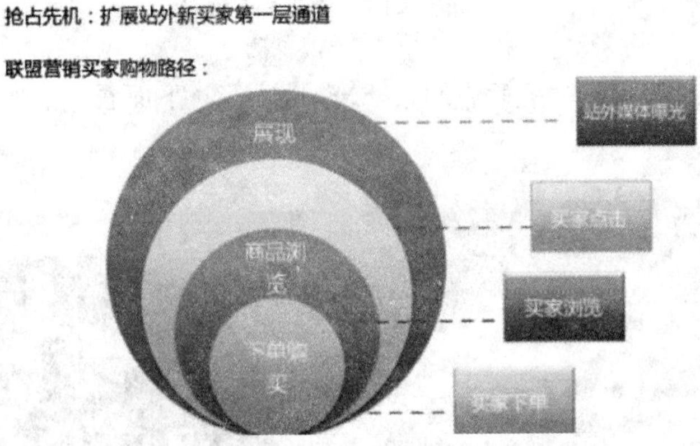

图 5－14

③精准将商品与人群匹配，锁定目标人群，提升转化

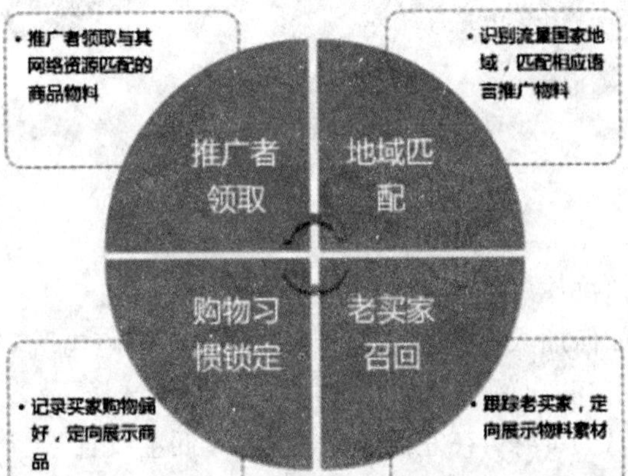

图 5－15

（3）速卖通联盟推广渠道

速卖通联盟推广渠道主要分为站内渠道和站外渠道。站内渠道主要指联盟专区。

图 5－16

站外渠道包括媒体站、导购站、垂直网站、SNS、Blog 等。下面看一下速卖通联盟推广的站外广告形式：

分类	形式
Content	SNS
	优惠券
	垂直资讯网站
	……
Display	网络联盟
	移动端Banner
	定向追踪
	……
Search	移动端搜索
	PC端搜索
	……
Email	邮件营销
PPV	浮窗广告
	弹窗广告
	……

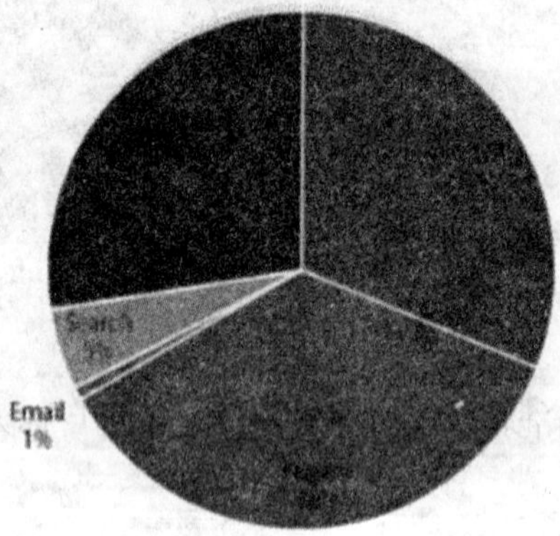

图 5－17

（4）速卖通联盟如何操作

首先可以先看一下如何加入速卖通联盟，在速卖通首页点击“营销中心”在左边导航处点击“联盟看板”，然后点击“我已阅读并同意此协议”，最后选择下一步即可。

佣金设置也是按照以上步骤，在左侧导航处选择“佣金设置”会出现以下界面；

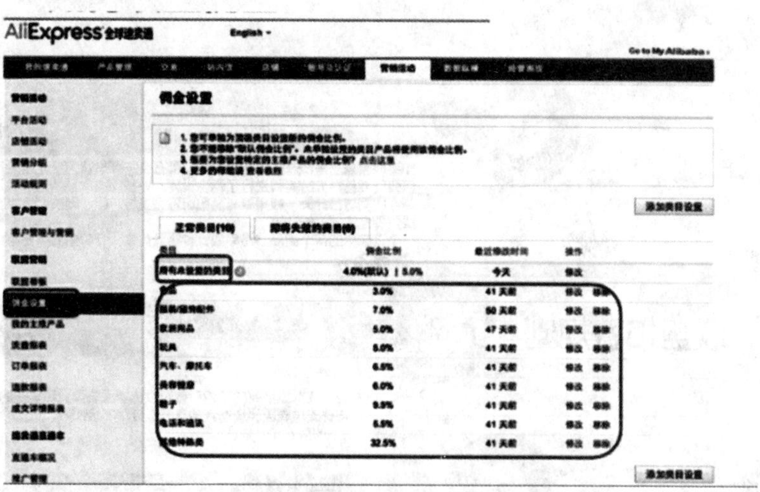

图 5 – 18

然后点击页面右下侧“添加类目设置”就会弹出一个页面框，按照要求设置即可。一般，主推商品佣金设置范围在3% ~50%之间，卖家可根据自身需求进行设置。

设置主推产品首先要先搜索我的在售产品；

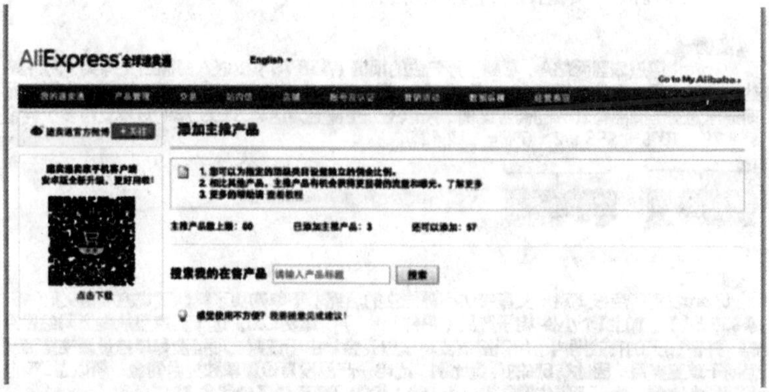

图 5 – 19

搜索后会出现在售产品列表，从列表选择某一产品后，点击页面右下方“添加主推产品”即可。

（5）速卖通联盟重点规则介绍

①联盟订单规则

买家从联盟网站，通过特定格式的推广链接，访问到速卖通时，联盟会识别到这些买家。在30天内，如果买家在店铺中的产品下单，并且这笔订单最终交易完成，才算一个有效联盟订单。

30天计算逻辑：首次通过推广链接进入的买家开始计算的30天，如果在这30天内买家又通过推广链接进入，那么又会重新开始计算30天。

②联盟扣费规则

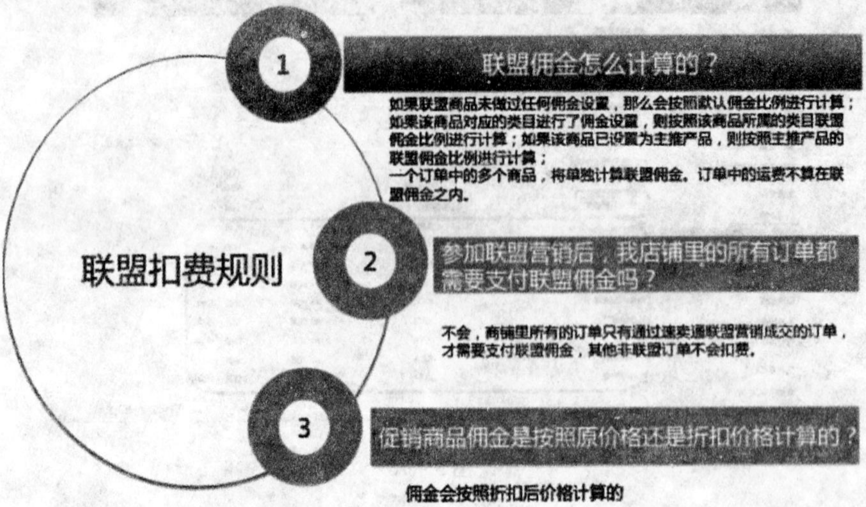

图 5－20

下面看两个实例，巩固一下扣费计算方法：

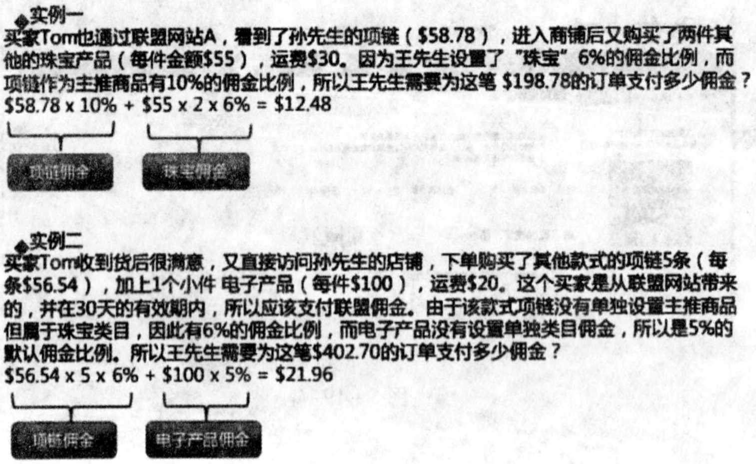

图 5－21

速卖通联盟特别适合新手卖家，能帮助新店铺快速增加流量和曝光，而且订单不成交是不扣佣金的，速卖通新手赶快试一下速卖通联盟，快速出单吧！

联盟营销按照成交付费的推广模式，店铺积累了一些销量之后，可以与直通车结合使用。

小贴士

1. 联盟上面要设置佣金，比如一款产品的佣金是5%，如果成交了一笔的话除了要付联盟佣金外还要付平台的5%的佣金。

2. 联盟佣金是只从货款里收取还是从货加运的总款里收取，如果设置了包邮，佣金是不是从包邮价里直接收取？

总的价钱，包括运费

3. 如果某个客户是通过联盟进入到商铺，但是购买的是其他产品也要支付联盟佣金吗？

答：如果客户通过联盟进入商铺并且买了其他的产品，也需要支付联盟默认佣金5%，另外还必须支付速卖通平台5%。

2. 速卖通平台活动介绍及申报

(1) 平台营销活动

Super Deal：打造爆款的利器，有着1天千单的记录。包括Daily Deals、Weekend Deals、Featured Deals，每周五开始招商，每周四审品，一周7天展示，每天更换。对产品的要求有：满足近30天的销量大于1，包邮，运动鞋折扣35% off起，运动娱乐50% off起就可以报名参加。

俄罗斯团购：一周更新3次，每期展示4天，提前15天招商，提前5天审品。以运动行业为例，需满足这些要求：好评率达92%以上运动全行业40% off起；近30天的俄语系销量大于1；最小促销数为150；必须是单SKU商品；俄语系国家包邮。

巴西团购：一周更新3次，北京时间每周一三五7点更新，提前15天招商，提前5天审品。对运动品牌要求是：好评率92%以上；运动全行业40% 0ff起；近30天的销量大于3；最小促销数200；巴西包邮。

Weekend Deal：每周五预览，周六周日售卖，每周四招商，周四审品。要求只是全行业25% off起。不要看它要求就这么点，但是它却能带来订单的爆增。

除了上诉的几个活动，下面要介绍的几个也是不容小觑的。

行业主题性促销：适合推新品的日常行业促销，需要按照主题商品报名。这项活动结合买家对商品的购买需求，发现行业的潜力新品类，推进行业的发展。

行业大促：针对性地挖出行业产品线，是热门运动类导购。在促销当日，全网流量引入活动页面，这将给商品高曝光。而专门为买家购买提供的行业专属优惠券，将让买家购买更集中，使行业购买率更高。

(2) 报名参加平台活动

报名入口：我的速卖通 - 营销中心 - 平台活动；如果在后台看不到活动路口，有可能是类目错误或者卖家门槛不符。

参与平台活动还有一些事项值得注意：

选择产品：速卖通的活动是希望通过活动发现新的商品，探索有潜力的产品，提价打折是无法通过机器审核的。在选择产品参与活动时要注意避免同款，商品与主题的符合度是非常重要的。值得一提的是新品入选的几率相对更高。

设置折扣、促销数量和限购：速卖通对促销数量、折扣都是有限定的，同款商品，价格低者、促销数量多者入选几率大。要特别注意的是，设置折扣时20% off代表的是8折。

在报名参加平台活动时大家要注意产品是否符合活动规则。品牌商品的图片要是白底，且左上角要有logo，如果没有就没有希望通过审核了。另外，在运营审核审核产品前是可调整产品、编辑信息或者退出的。但由于活动有限制卖家报名产品数，如果报名之后选择退出，这件商品还是占用卖家的额度。

（3）创建店铺活动

在速卖通平台上，有着限时限量折扣、全店铺打折、全店铺满立减、店铺优惠券这些店铺活动，都可以在营销中心店铺活动中找到。

①限时限量折扣：需要填写的内容有活动名称、活动开始时间、活动结束时间，这里的所有时间都是美国时间。促销时间建议持续一周，商品数量20个左右。

②全店铺打折：一键打折，全店商品打折，可以说这是新店铺提升的利器。需要填写的内容是活动名称、活动开始时间、活动结束时间和各组的折扣。这里说的所有时间仍然都是美国时间。这里出现的"other"组，包含所有未进入营销分组的商品。

免费使用的活动，每月20个活动，总时长720小时。可创建24小时后开始活动，从创建活动到活动开始前12小时，这段时间为"未开始"状态，此时是可以对商品进行编辑、退出和下架的；活动开始前12小时就是"等待展示"阶段了，这12个小时直到活动结束，都是不能编辑和下架的。限时限量折扣和平台活动的优先级是高于全店铺打折活动的，若有商品同时参加这些活动，则以限时限量折扣或平台活动为准，两者的折扣不会叠加。

在进行全店铺打折活动时要注意把控利润，把相同利润的商品放在一组，打折时针对分组打折，例如将一些商品放入5% Discount组，全店铺打折时，这个组的产品最高只能设置9.5折了。

③店铺满立减：这个活动是提升客单价的利器，可以刺激买家更多的购买产品。也是免费使用的，每月3个活动，总时长720小时。可创建24小时后开始活动，从创建活动到活动开始前12小时，这段时间为"未开始"状态，此时是可以对商品进行编辑、退出和下架的；活动开始前12小时就是"等待展示"阶段了，这12个小时直到活动结束，都是不能编辑和下架的。

店铺满立减在设置金额时，略高于客单价才更有价值，如果高于客单价就没什么意义了。所有时间仍然是美国时间，使用条件是指商品售卖价与运费之和。要特别注意是，在填写活动名称、优惠条件之后，是否叠加优惠条件。

④店铺优惠券：免费使用，每月5个活动，能够刺激买家购买，提升客单价。可创建48小时后开始活动创建活动到活动开始前24小时，这段时间为"未开始"状态，此时是可以对商品进行编辑、退出和下架的。活动开始前24小时就是"等待展示"阶段了，这24个小时直到活动结束，都是不能编辑和下架的。

全店铺满立减和店铺优惠券活动可同时进行，且跟任一折扣活动都可以同时进行，折扣商品以折价后价（包括运费）计入满立减、店铺优惠券订单中，产生叠加优惠，更易刺激买家下单。在进行活动时要注意填写，活动名称、活动开始和结束时间、面额、每人限度、发送总量、使用条件和有效期。这里的所有时间还是美国时间。

卖家还可以根据优惠券的发放量来分析哪类产品受欢迎，什么优惠券最适合自己店铺。

小贴士

1. 在每月底设置好下月月初的活动，抓住每月活动空档期，收获最大营销效果！

2. 每个工具都有各自的优势，在开始设置活动之前，不妨先对工具进行一下比较，就能根据自己的需要，进行不同活动合理搭配，轻松玩转店铺营销！

知识链接

数据纵横——数据让营销不再盲目

数据纵横为卖家提供店铺经营状况（流量、交易、热门商品分析）、全平台热门关键词及行业情报等多维度数据，帮助卖家更好地经营和管理店铺。

利用数据纵横的“热门商品”分析，可以找到流量大转化率弱的商品进行信息优化和打折促销，提升转化率。

产品互链——关联销售让生意更红火

产品互链工具是可以在一个产品详情页中插入店铺内其他商品信息的工具，能给买家提供更多商品选择，促进买家更多消费，减小买家流失。

关联商品选择技巧：可主推店铺内转化率高的商品，也可推荐类似商品及新品。

3. 老客户营销

(1)介绍平台网店老客户营销技巧

平台卖家每天都在关注网店数据的变化，关注每天新来了多少用户，老用户流失了多少。其实网店最终的目的就是把新顾客变成老顾客并长期维持下去，这样你的平台网店才能长久发展。以下介绍平台网店老客户营销技巧。

①精细化运营：就是运营的方向要明确，并且要具体分工。例如，引流的方式，根据店铺的规模来选择适合自己的2－3种来研究、细化，多而不精，最后肯定是反受其害的。②差异化营销：平台上现在竞争激烈，一定要做出自己店铺的特色，无论是从客服培训接待，还是售后等等，要规范，贴心，这其实也是体现了老客户营销的重要性。

(2)老客户营销需注意的几点：

首先催付，发货，收货，以及一些单品促销都可以成为老客户营销的一部分，要研究店铺的客户群体，了解他们的整体特性，来创造只属于自己店铺的一个文化特色，以便让客户更好的记住，能让客户记住，老客户营销就成功过了一半了。

其次，初次涉及到老客户营销的朋友们，最初可先对一部分老客户做营销，要对你的老客户进行精细化分类，通过一些维度来判断是否为优质客户，注意：这里的优质客户不仅仅是客单价来衡量的，例如，9.9美金包邮的产品，一位客户买了30件；另一个是99美金的产品，一位客户买了2件，虽然第二位的客单价低于第一位，但是第二位应该是相对优质的客户。

另外，做老客户营销还需要注意几点：

①成立客户维护团队，尤其是需要维修类的产品，在买家拿到产品时，致电给买家，询问是否顺利收到宝贝，并询问是否有损坏或者对哪些方面不了解。

②差异化服务 差异化服务是凸显店铺文化最有效的方式。

③店铺老会员群还是很有重要的，不一定每天都要推销产品，但是基本维护是必须的，找合适的理由来说服大家加入店铺群。

④做客户调查，了解客户，才能真正做好营销。调查表是个不错的选择，当然，这不是单纯的调查，是为第二次客户营销做准备。假设要送赠品，其实最好是送店铺里其他的产品，目的不是为了盈利，而是为了让他体会整个不一样的购物过程，当然，成本等要控制好。

⑤类似清仓的一些产品，其实最好的方法就是回馈给老客户，一直在卖的产品，低折扣再清仓，很多时候是在伤老客户的心。

老客户营销应该内外兼修，先炼好内功，再发外力，盲目的低价营销是不可取的，容易降低店铺 DSR(店铺评分系统)，买过宝贝的客户，降价信息会导致部分购买过宝贝的客户给中差评。

修内功可以概括为以下几点：

①商品风格化

首先，一定要有自己的定位和风格，纵观平台卖家，做的好的店铺，都会有细分。风格定格以后，喜欢您的风格的群体几乎就锁定您了，无人能敌，这就是商品风格对老客户营销的影响力所在。

其次，掌柜要花时间去看看 KPI 数据。每周会强调什么问题要怎么解决，服务的重要性，强调了并不代表客服执行了。每周要对 KPI 数据进行分析，奖罚分明，让客服由被动转主动，想办法提升询单转化率，这样效果是很明显。

② 产品质量的把控

没有质量可言的产品，根本无从谈及老客户、二次营销等。第一次货物都是勉强接受，想让顾客第二次来购买简直是天方夜谭。质量把控好，能得到顾客最真实的信息反馈，那就是评价，供后来的顾客参考，起到推荐作用。

③ 价格定位明确

通过市场定价参考，结合自身商品价值，合理定价，杜绝虚高、时高时低的现象出现，这样对老客户的伤害是非常大的。新品出来有一个折扣期，可以是一个周，这段时间可以吸引老客户购买。

④ 客服服务体现

再好的质量，再合适的价格，如果因为客服态度不好而阻止了客户的二次购买，那就太冤枉了。所以，客服的专业化培训非常重要。

第一步，客服每个人登陆固定的客服号，不重复登陆。这样，遇到问题可以直接追踪到是哪个客服接待的客户。

第二步，建议建立 KPI 绩效考核制度，对售前的接单，询单转化率以及客单价要定期分析，并对未成交的顾客，调取聊天记录，发现客服的问题所在;对举报维权的顾客，调取售后聊天记录，找出原因，及时通知更正。

第三步，将客户进行细分类，划分出会员等级 ，拉大会员折扣梯度，让对店铺相当忠诚的老顾客感受到最大的尊重和实惠。

第四步，对于老客户，要先关怀再营销。

通常很多客户是不会记得曾经在你的店铺里买过东西，那么直接营销的结果就是很多人会直接忽略掉。所以优选策略是先关怀老客户。

真诚互动：通过 Skype、Facebook、Twitter、论坛，Pinterest，google + 等跟您忠实的买家互动起来。主题可以围绕一些你的客户感兴趣的话题，因此前提就是要了解客户。

促销短信：促销也是要有技巧的，即使是送礼品也是要跟会员等级挂钩的。这样才能凸显老会员在店铺中的一个地位，让客户有被尊重的感觉。

老客户营销，内功修炼是关键，产品品质是基础，客服服务是保障，促销活动搭配做，让老客户切身感受到他在您家是享受的贵宾待遇，那同样的商品，他又怎么会去其他店铺购买呢？

(二) 收费营销板块及介绍

【亚马逊】

1. 跟卖 listing 及技巧分

亚马逊的跟卖是亚马逊的一大特色之一。

跟卖究竟好不好呢？对于初步起步而又有一定的货源开发和把控能力的卖家来说，跟卖无疑是一个快速起步的策略。因为跟卖，意味着卖家截获了本来已经卖得很好的那些 Listing 的流量，流量就意味着生意，但不是每个跟卖的卖家都能够在跟卖中获取成功。跟卖，往往也意味着有很多的苦恼困扰着卖家。往往有些卖家苦恼，卖家的月销售额将近 30W 刀的账号被关了，原因竟是跟卖被举报。由此可见，跟卖的风险还是挺大的。

(1)那么跟卖究竟有那些风险呢？

①知识产权人的举报投诉

跟卖的 Listing，有可能对方已经申请了商标备案，或者持有相应的专利，那么，将有可能面临上述这种账号受限或被关停的状况。

②跟卖 Listing 被修改而造成发错货

虽然说每一条 Listing 发布之后，理论上来说产权已经归属于 Amazon，但亚马逊会根据销售情况和账号表现等因素，把 Buy Box 让渡于这条 Listing 下表现好的卖家，同时，这些卖家有可能会有了相应的 Listing 的修改权限。如果该卖家对产品进行修改，而你作为跟卖方，没有注意到，没及时做出调整，则有可能出现发错货的情况。

(2)作为新人，该如何跟卖呢？

①首先要确保跟卖的 Listing 是你有稳定货源和品质保障的产品，不要仅仅为了跟卖而跟卖，没有货源保障的跟卖全是自我灭亡；

②跟卖时要注意适当检索对方商标的有效性。这时，你需要用到包括 Google，美国商标网等，包括但不仅限于此，自己去思考。

③跟卖时不要明目张胆的跟卖一些大牌，比如跟卖 Apple、Samsung、Cannon、Epson 等，跟卖这些，等于就是在宣告卖假货；

④跟卖时的小窍门：该 Listing 已经有大于 4 个以上的跟卖，且经过你自己的判断，原有的跟卖者非一人所为；

⑤跟卖的 Listing 要每天检查，简单浏览，不要出现上文提到的产品已经被修改了你还不知；

⑥跟卖的价格要保证自己合适的利润，任何生意，没有利润都是自欺欺人，所谓的战略亏损，请放弃吧。

⑦跟卖的价格要适时做调整，跟卖的价格自然要低一点，但即便你是 Lowest，也要及时检查比你高的卖家价格，如果彼此价格差太大，你应当适当提高价格以保证较高的利润率；

⑧如果跟卖的 Listing 被权利人发 Message 通知说需要下架否则投诉之类，建议最好做出删除处理。产品有的是，但没了账号，一切都将成为空谈。顺便说一句，绝大多数的中国卖家，在投诉前一般都会提前通知你一声的，毕竟走 Amazon 的投诉程序是漫长而耗费精力的。

2. 站内广告

先介绍如何在亚马逊上做站内广告(Amazon Sponsored Ads)，已经知道的老鸟卖家可以跳过这个部分。

Amazon Sponsored Ads 就是在亚马逊站内搜索买的关键字，用这样的方式来提高商品曝光率、点击率，进而提升转化率。亚马逊的站内广告是使用竞标的方式，同个分类内出价高者得，以点击量付费。在开始之前，先来了解什么是「亚马逊广告」BQool 分享用「亚马逊产品广告」促使顾客到您的网站购买产品

(1) 广告会出现在哪里?

①Desktop search 搜索结果

卖家的广告会被放在分类搜索结果的最后一行，如图。

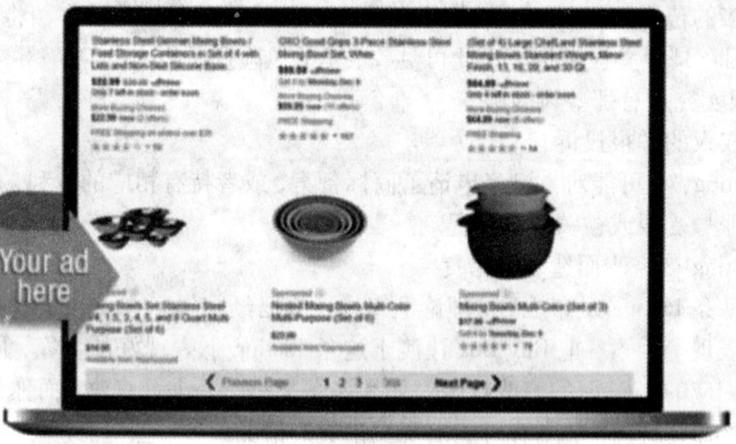

图 5－22

②Desktop browser 浏览页面

您的广告会被放在分类浏览页面的最下方、侧边栏、如图。

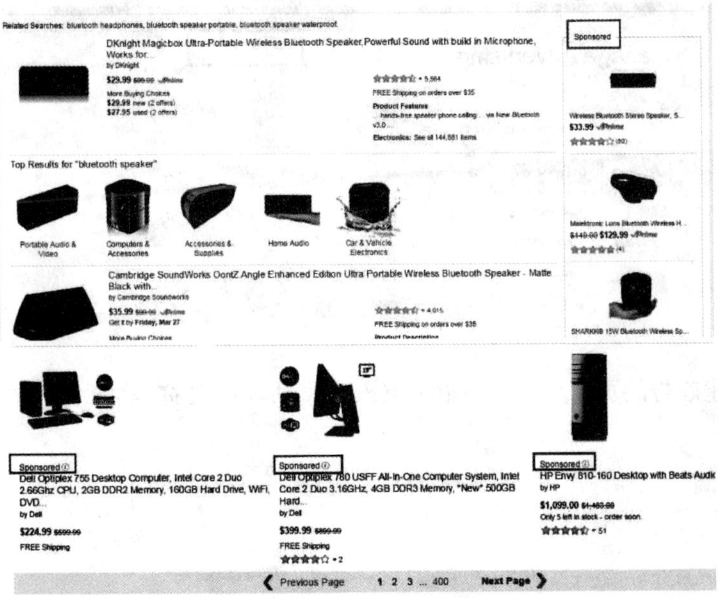

图 5－23

产品细节页面(Product detail page)的下方，卖家的广告会被放在相关产品细节页面的下方。

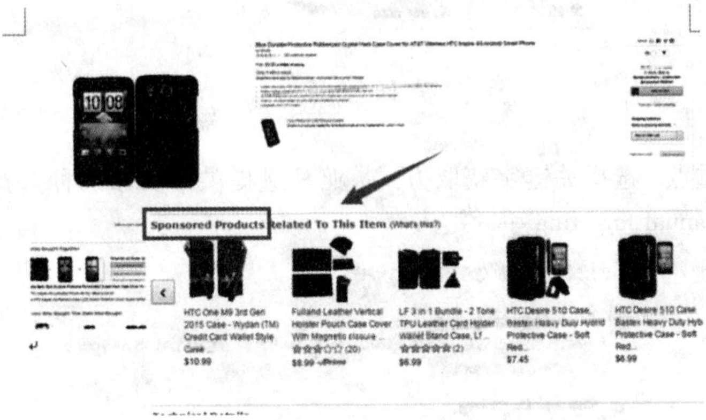

图 5－24

除此之外，亚马逊也持续测试，寻找更多放广告的位置，来帮卖家达到提升销售的效果。而所有广告的阅读率、点击率、转化率，也都可以在卖家支持中心的 Reports > Advertising Reports 看到。

(2)如何做亚马逊站内广告?

①到卖家中心，Advertising > Campaign Manager

点击 Create a campaign

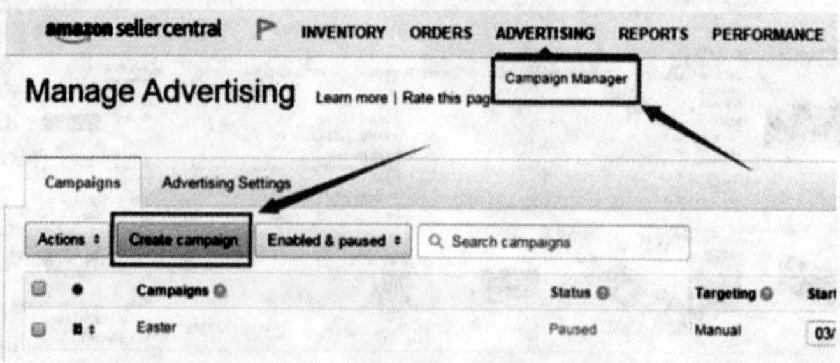

图 5－25

② 进入创建广告的页面后，按照指示填入卖家活动的名称、卖家每天的预算限制，以及起始日期。

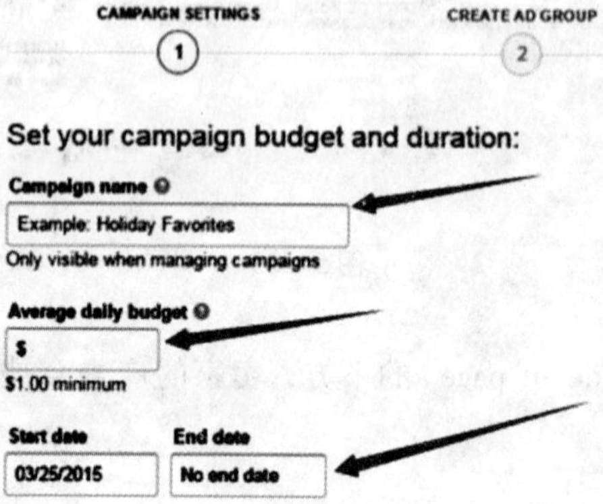

图 5－26

③ 再来进入重点，选择关键字获取方式，亚马逊提供给卖家两种选择，Automatic targeting 自动生成与 Manual targeting 手动键入。

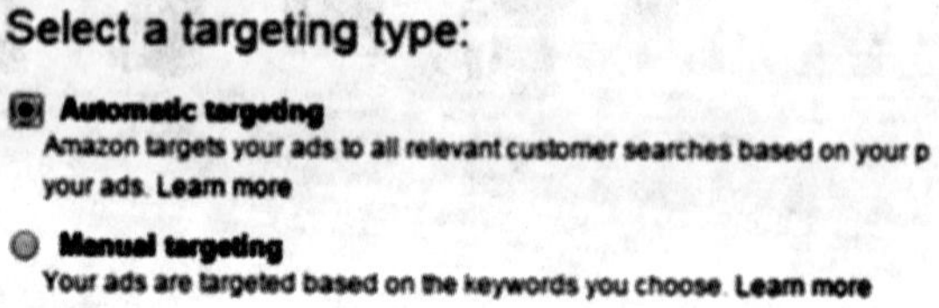

图 5－27

如果没有特定的关键字想要加入，建议先选择 Automatic targeting，就如字面上的意思，亚马逊会帮卖家直接根据店铺的产品，广义地列出所有相关搜索字，这个方式可以迅速扩大店铺产品的点击率。

除了关键字，商品标题也相当重要，动动脑筋去优化店铺商品标题吧！

④再来就是要建立要做广告的商品，一个 Campaign 下可以建立多个 Ad group，用不同的点击预算，同个 Ad group 里的商品是共用关键字的，所以卖家可以根据分类，来建立 Ad group。按照下图，填写群组名称、每个点击的预算，以及选择要做广告的产品。

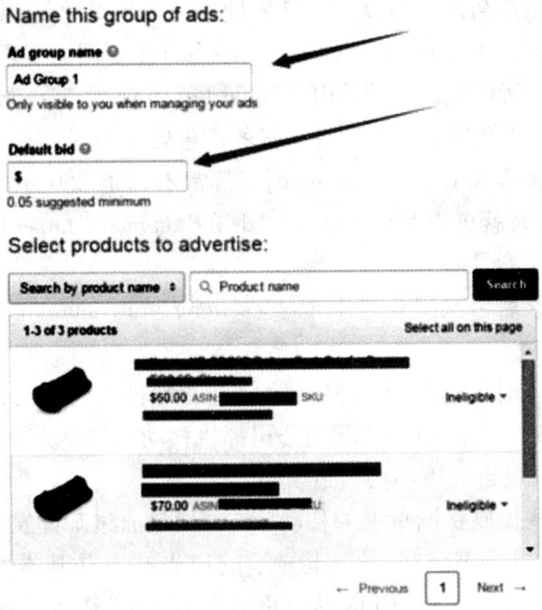

图 5－28

选好产品之后，Automatic targeting 会帮卖家自动找关键字，直接储存即可。

选择 Manual targeting 的话，会出现建议关键字（如下图），可以自行添加。

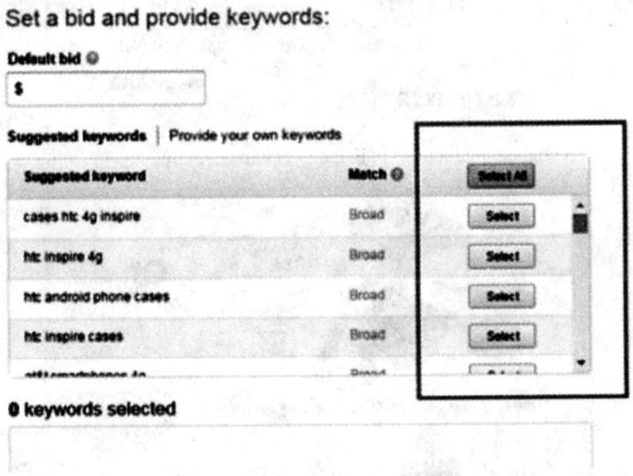

图 5－29

Campaign 设置好之后，一小时候即可开始供买家点击。

注意店铺的 listing 必须要有 Buy Box 才会显示卖家的广告，出现以下警示表示广告无法显示。

! Your ad is not eligible for impressions because your listing is not in the buy box.

图 5－30

⑤如何利用 Sponsor Ads 来优化您的 Listing?

第一次做亚马逊站内广告时，建议方式是先使用 Automatic targeting，观察哪些关键字的转换率最高（到 Reports > Advertising Reports?）因为有些单词的搜索率高，但并没有转换成销售，这样会浪费预算。所以测试之后，用 Manual targeting 设立另个 Ad group，只放转换率高的单词，并提高竞标点击预算，才能达到最好的广告转换效果。

除了广告之外，很多卖家在建立 Listing 时，常常不知道 250 字的 search term 要怎么填写，不填满又很浪费，这时就可以利用 Sponsor Ads 的 Automatic targeting 功能得到亚马逊提供的关键字，优化 listing。

马上进入亚马逊卖家后台试试看吧：https://sellercentral. amazon. com/gp/homepage. html

3. 邮件营销

越来越多人开始习惯用手机上网，浏览网页、查看邮件等，移动化已经成为互联网发展必然趋势，包括 Facebook 在内的很多互联网公司都将移动广告作为下一个淘金地。身为全球最大的在线零售商，亚马逊自然也不会错过机会。

现在要说的不是那些投放在网页上的移动广告，而是通过邮件发送的营销广告。

一般来说，对于要在手机这个小屏幕上显示的广告有一些基本要求：字体和图片够大，便于点击的链接按钮，友好的邮件内容界面更容易吸引消费者。这一点，亚马逊已经做到了。

（1）推销邮件

父亲节即将来临，很多在线商店都向消费者发送了节日促销邮件。下图是来自亚马逊的促销邮件，它符合了方便手机阅读的两个要素：产品列表为瘦长型，480px 的宽度适合手机屏幕尺寸；白色底更好地凸显了产品图片以及文字和链接，让人一目了然。

图 5 - 31

（2）购物车提醒邮件

很多人都有过将商品先放入购物车，随后却没有购买也没有从购物车中删除的经历。亚马逊通过下图这种提醒邮件刺激购买。

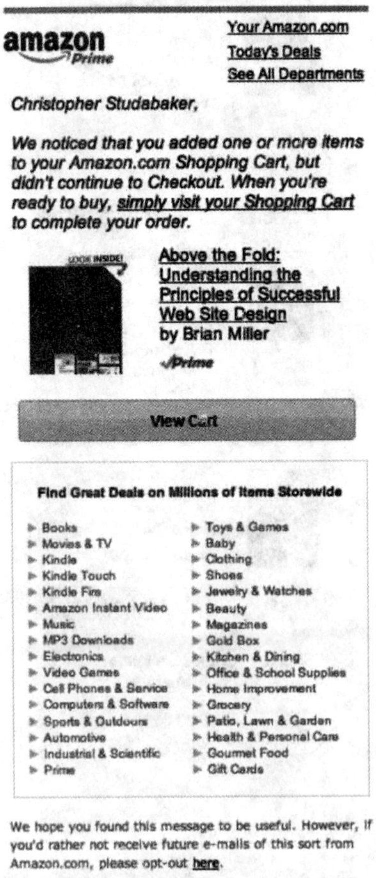

图 5－32

邮件内容为320px 宽，网页链接清晰可见，很容易促使消费者点击查看购物车，从而刺激消费。底端的商品列表无论是在电脑还是手机上都几乎不会有人去一一点击查看，亚马逊选择在列表顶端给出一个大的黄色按钮，方便用户点击。

（3）商品推荐邮件

这种推荐邮件的视觉风格与上述两种类似，都是适合手机阅读的瘦长型排版。在产品图片底部放置颜色鲜明的“更多内容”以及“加入购买清单”按钮，除了引起点击这个基本功能外，还让整个邮件看起来更加有层次感。

图 5－33

当然，这种界面显示在电脑上就是一个糟糕的阅读体验。针对 PC 用户的广告邮件中，商品的图片绝对是主角。

（4）日常推销邮件

下图左侧是邮件广告，右侧是网页广告。用户时刻都在进行信息消费，即时让消费者作出决定是刺激购买的关键。在营销邮件中，商品图片和价格以及商品描述都缺一不可。下图中的邮件广告如果像网页广告一样将标题和图片放大，效果会更好。

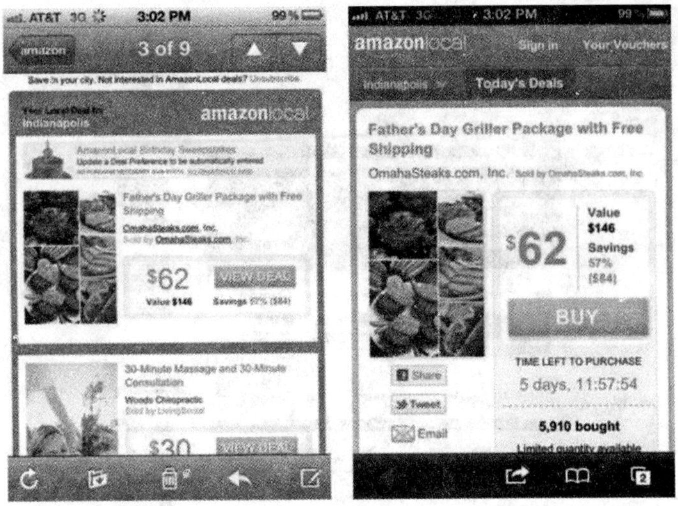

图 5－34

(5) Kindle 日常推销邮件

这是一个邮件和网页广告的反面教材：虽然相关链接都有，但书籍图片偏小，相关介绍信息字体太小不易阅读；而且书名、价格等重要信息淹没在一整段文字内，没有突出重点。这种糟糕的广告界面自然让人无心浏览，更别说激起购买欲望了。

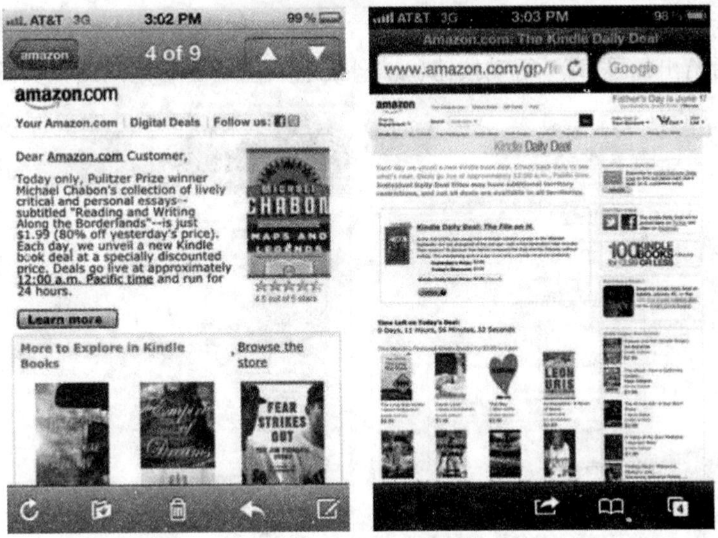

图 5－35

(6) Responsive Emails(内容可调邮件)

下图是同一封邮件分别在电脑和手机上显示的界面，邮件内容能够根据显示器进行自动调整。不管是在电脑还是手机上，邮件内容整体结构层次分明，不同内容由导航条隔开，属于友好阅读界面。

各个模块也是独立排列，线条简单。

图 5－36

(7) 纸质广告和邮件广告

两则广告内容相同，但右侧的邮件内容在布局上进行了一些调整：

· 标题用不同颜色突出；

· 白底上的用整块灰色背景色或灰色框突出内容，使内容排列更简洁；

· 邮件最后给出的是 CTA 行动按钮(点击购买按钮)，而不是网站主页链接。

图 5－37

从上述7个例子不难总结出成功邮件广告营销必须具备的特点：**内容要分明，布局要简单，重点要突出。**

4. 亚马逊上如何打造一个好标题

一个好的标题，要具备让顾客读了之后不需要再看产品描述就能够产生正确的购买行为的能力。一个优秀的标题可以实现最大化的为产品引流，提高曝光量和订单量。

(1)那么，该如何打造一个好标题呢？

一个标题中最核心的部分是关键词，所以，设置一个好的标题，关键词的选择是重中之重。虽然每个人似乎都知道关键词的概念，但并不是每一个卖家都能够对关键词 做一个很好的把握和运用，往往出现的情况是，要么关键词抓偏了，没有抓住核心关键词，这种情况往往是由用词习惯造成的，关键词的选择太单一，比如用于 Iphone 手机的外壳，卖家可能设置了 Case for Iphone，但却忽视了 Cover，Skin 也同样被很多人使用和搜索。

在标题的设置中，关键词的选择一定要精准，至于如何选择，会使用数据分析的 卖家不妨借助数据分析来多一个维度的参考，如果不懂数据分析，那么不妨借助于多个竞争对手的标题来作为参考，逐层过滤筛选。除了精准关键词，为了涵盖更多 的搜索，标题中不妨加入相关度较高的宽泛关键词和长尾关键词。

关键词确定后，接着要考虑的是，产品的适用范围和特性(颜色，材质，尺码 等)，前边提到，好的标题可以引导顾客产生正确的购买行为，那么产品适用范围和特性则正是对购买行为的一个准确引导。适用范围既不能夸大也不能太窄，夸大容易导致客户购买后的不满意，太窄则会导致流失了潜在的交易。

以上两部分，基本上完成了一个好的标题的大框架，后面就是去做修饰和数据的补充。为了预防后续被跟卖，有自有商标的，商标一定要在标题中体现出来，虽然卖家的商标可能没有像 Anker 那样具有关键词搜索的属性，但标题中加入自己的商标，形成了一个明显的区隔，为自己构建起护城河。如果是多数量销售，那么，数量也是有必要在标题中体现出来的。

(2)上面说的是一个好的标题需要包含的要素，那么，好的标题应该避免那些情况呢？

①不要添加无谓的促销信息。Free Shipping，New Arrival，Hot Sale，Promotion 等等，诸如此类的词语，在速卖通上是经常出现的，但在亚马逊上是不提倡使用的，亚马逊的产品上架规则和促销工具已足以体现卖家要表达的这些内容，所以，标题中不要添加这些词语。

② 标题不要全部用大写。有些卖家习惯性地把标题设置成全部大写，看似很酷，实际上亚马逊也是禁止的。在亚马逊产品发布中，当卖家的标题所用字符不规范，系统会自动提示，在此建议大家，尽可能的按照规则，规范的去设置。通常情况下，每一个单词的第一个字母大写，但遇到 for，with，and，of 之类的介词，通常会使用小写字母。

③不要出现拼写的错误。由于在 Amazon 上，标题设置完成，产品发布一段时间或者有交易记录之后，通常就无法对标题做出修改了，所以非常有必要一次到位地设置好标题，选准关键词，突出重点和卖点，避免在后面的销售中为最初工作的不足而烦恼。

【eBay】

第一、产品排名规则

在 eBay 要想提升商品的搜索曝光率，最重要的是了解 eBay 默认的搜索排序方式——“最佳匹配/Best Match”。卖家需要抓住排序的关键因素，进而努力提升商品在这些方面的优势，最后使商品攀升至搜索排名的前列。

(1)Best March 简介

①认识“最佳匹配/ Best Match”

• “最佳匹配/ Best Match”的含义

Best Match 是一种排序的规则，此规则基于买家之前的购物喜好为买家提供搜索时最相关的产品。

• “最佳匹配/ Best Match”的来源

为了提高买家用户体验，卖家需要迎合买家需求和习惯。

小贴士

买家购物的期望:买家希望更方便地搜索到商品、商品价廉物美、和较守信的卖家完成交易、网络购物和平常的线下购物体验接近、能尽快收到商品、收到的商品与想像的一致。

卖家应该做的:商品方便买家快速地搜索到;商品的价格要合理，保证质量;账户表现要让买家认为值得信赖，购物是有保障的;所提供的物流服务能够达到或超过买家的预期;买家收到的商品要和刊登的商品一致。

② Best Match 考量的因素

买家和卖家如何进行完美的匹配，则通过搜索排名规则，引导卖家不断提高买家的购物体验。Best March 做为 eBay 的默认搜索方式，Best March 使用不同条件来决定一口价和拍卖的搜索排序位置。选择排序时，Best Match 应考量的因素:

• 近期的销售转化率(一口价，销售转换越高排名越前)。

• 即将下架的时间(下架时间越短排名越前)。

• 物品的相关性(标题和买家搜素内目相关性越大排名越前)。

• 物品的价格与运费(价格越低排名越前)。

• 卖家在服务评级方面的表现(商品质量、卖家服务、物流服务、物流到达时间、运费和处理费的考核)。

• 卖家在安全诚信方面的表现(卖家服务评级的比例、买家投诉的比例、买家满意度与评价)。

• 是否提供退换货服务(提供优质退换物服务排名更排前，影响卖家物品在 Best Match 排名的关键是:准确的标题，精准的分类定位，精美的图片，有竞争力的价格和专业的卖家服务吸引买家购买)。

③物品搜索呈现流程——搜索关键字

买家搜索筛选商品——eBay 呈现搜索结果——买家选择值得信赖的商品购买。

何种商品在 Best March 中得到高曝光率?

• 详尽的标题描述和填写完整的物品规格属性:排名前 8 的商品，都有精准的标题描述。

• 正确的销售模式:排名前 8 中，有半数商品是拍卖形式。

• “ 一口价”物品的最近销售记录:排名靠前的“一口价”物品都有最近销售记录。

• DSR 分数:排名前 8 的物品，其卖家 DSR 分数均达 4.8 及以上。

(2) Best March 规则解析

eBay 的刊登方式

①Auction:拍卖

使用“拍卖方式“刊登，设置起拍价，在规定的时间结束时，价高者得，通常在以下情况下使用拍卖方式:

▷如果不清楚物品的价值而又想马上卖掉它，就让 eBay 市场来决定它的价值。

▷如果卖家拥有一件独特又少见的物品，它可能会吸引很多需求并发起一场竞购战，让卖家从中获得最大收益。

▷卖家目前采用拍卖方式刊登物品，其成交率很高(物品通常在卖家第一次刊登时就能卖出)。

②影响 Auction 排名的因素:

▷相关性:标题和属性

买家搜索关键词与产品标题的相关性，排名越靠前。

▷上架时间、结束时间

越接近结束的帖子，排名越靠前。

▷卖家表现

卖家等级越高，排名越靠前。

优秀评级卖家排名越靠前，如果是低于标准的卖家，搜索排名会越来越差。

▷Fixed Price:一口价(定价方式,在大多数分类中，定价物品)使用“一口价“方式刊登商品，方便买家立即购买商品。

③影响一口价的排名因素:转化率解析

转化率 = 售出、曝光

点击率 = 客户点击量除以物品曝光的次数

售出率 = 所售出的商品个数除以点击次数

转化率 = 点击率 × 售出率

小贴士

在引入销售转换率因素对 Best March 规则中搜索排名会造成什么影响，首先是 Best March 总和产品在近 30 天的销售量、买家点击率和 Impression 值三个因素，全方面考量产品表现;再就是 Best March2.0 在提出转化率概念之后，改变卖家原本只重视产品价格的销售刊登方式，以促进卖家全方面优化在线产品。

对于以上影响卖家应该做的是强化商品关联性，增加商品搜索次数，同时还要增加商品的点击量，可以采用精美的图片和竞争力的价格来吸引买家，最后一个是增加产品售出，采用更加详细的物品描述以及提供更加优质的买家服务来吸引买家购买。

要在搜索中获得好位置，没有任何的“必杀技”。Best Match 考虑了很多因素，而且在不同的情况下可能也有区别。但是优化搜索排名的最佳操作建议是通过良好的业务运作尽可能扩大销量。而且，重要的是在以下方面你要比竞争对手做得更优秀:

▷提供更好的价格和合理运费。

▷提供良好服务 。

▷以正确的方式、在正确的分类刊登物品 。

▷撰写准确、关联性强的物品标题 。

▷撰写清晰的物品描述。

▷提供优质的照片 。

▷清晰列明你的交易条款。

第二、营销技巧之 Listing 优化

(1)提升曝光率——物品刊登分析工具

①浅析物品刊登分析工具

物品刊登分析(Listing Analytics)工具能够帮助卖家及时了解物品排名情况，对物品做相应修改，从而提高排名和销量。

物品刊登分析工具已取代原有的“物品曝光率分析工具 (Search Visibility Tool) ”，让卖家清楚了解物品在最佳匹配(Best Match)中的排名情况及物品销售额；了解哪些方面目前做的比较好、哪些方面有待改进，从而对物品做相应修改，最大程度地提升销量。

小贴士

物品刊登分析工具(Listing Analytics)于 2010 年 9 月开始，免费供所有卖家使用。这个工具就能够让卖家深入了解物品浏览率、点击率和物品售出率等数据以预测销售量 。

②刊登分析工具的作用

▷卖家可以通过新物品刊登分析工具(Listing Analytics)查看如下信息：

▷物品在最佳匹配(Best Match)中的排名情况如何？

▷如何通过浏览次数、点击数、已售出物品数量等数据预测店铺的销量？

▷物品与搜索结果第一页排名前五的物品相比，有哪些地方需要改善 ?

▷如何吸引更多买家点击并购买店铺里面的物品 ?

③分析在线和已结束物品

卖家可通过物品号或关键字确定要分析的在线物品，通过该工具，可以查看该物品的排名、标题、刊登方式、浏览次数、售出数量、收藏该物品人数和销售额等数 据。如果卖家想了解更多物品表现情况，可以按照刊登方式来筛选查询结果，了解每个在线物品的表现情况，并可点击“ 修改 ”按钮对需要做出修改的物品进行调整，提升物品曝光。

卖家还可以通过物品号查看已结束物品过去 30 天内的排名、浏览次数、点击率、售出数量等数据。

④使用步骤：

- 通过“My eBay”中的“ 应用程序 (Application)”标签选用该工具。

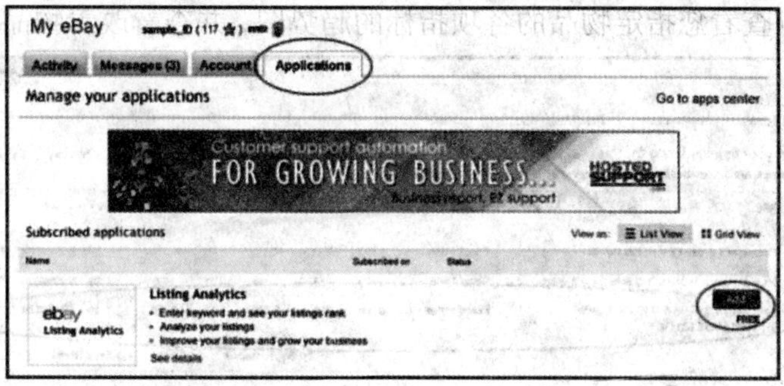

图 5－38

●通过关键字或物品号查看在线物品的排名和表现情况。

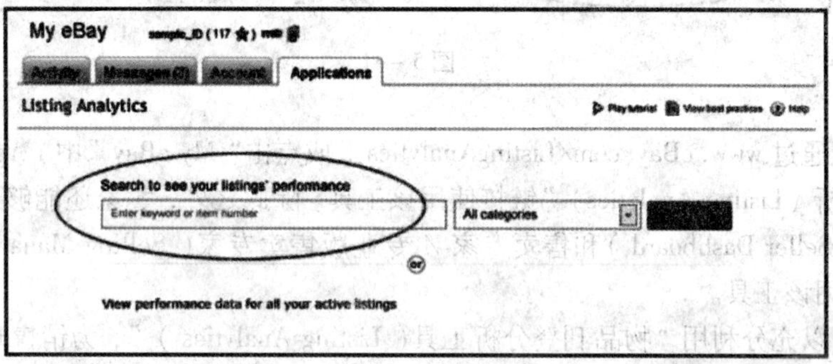

图 5－39

●通过刊登方式、物品排名等排序方式来查看在线物品的各项数据；同时，卖家可以比较最佳匹配（ Best Match ）中第一页排名前五的拍卖和一口价物品的各项数据，来调整自己的物品，提高曝光率和排名。

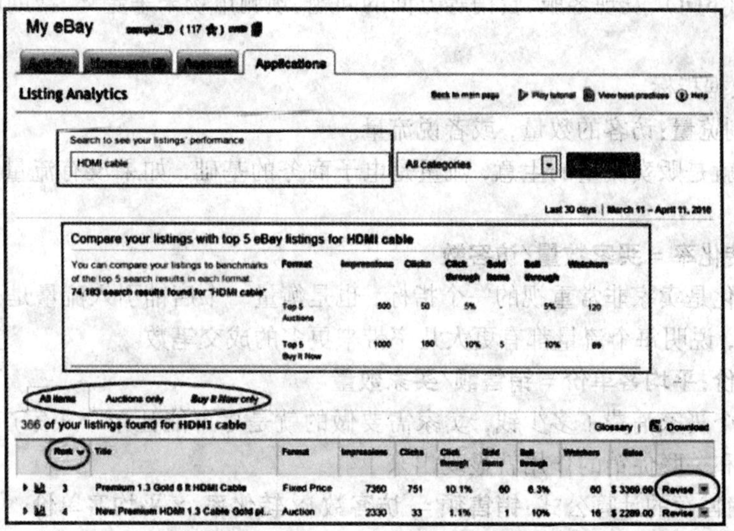

图 5－40

• 卖家还可以查看您指定物品的各项指标的趋势图，并查看改善物品表现的建议。

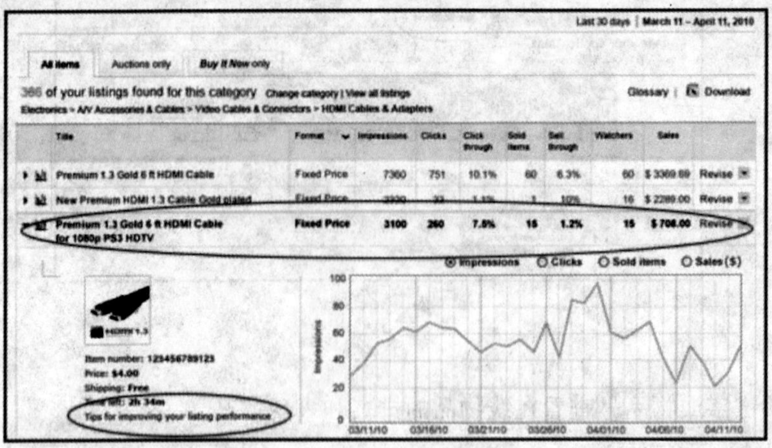

图 5 - 41

• 卖家可通过 www. eBay. com/ListingAnalytics ，或点击“ My eBay ”中“ Application ”标签下的“物品分析（Listing Analytics）”链接使用该工具。除此之外，卖家还能够通过物品页面，卖家成绩表(Seller Dashboard)和售卖专家 / 专业版售卖专家(Selling Manager/Selling Manager Pro ）使用该工具。

• 卖家可以充分利用“物品刊登分析工具(Listing Analytics ）”，为销售旺季做准备，为物品增加曝光率、提升销量。

(2)流量分析

流量分析之前提——数据

①数据的作用：

数据分析就是店铺商战中的雷达。分析线上活动成效、考核相关人员绩效(KPI)、监控推广的投入产出(ROI)、发现客服、营销等方面的问题、预测市场未来趋势、帮助改进销售环节中的问题。

②eBay 数据指标

访客数/浏览量：访客的数量，或者说流量。

电子商务就是贩卖流量的生意，流量是电子商务的基础，如果没有流量，营销工作也就没有基础。

转化率：转化率 = 买家数量/访客数

流量的转化是卖家非常重视的一个指标，也是衡量一个店铺引入流量是否优质的重要指标。转化率高，说明每个流量都有更大几率带来更多的成交笔数。

平均客单价：平均客单价 = 销售额/买家数量

即平均每个买家消费了多少钱，卖家需要做的就是尽可能让单个买家产生更多的购买，这时套餐搭配和关联促销的作用就显现出来了。

销售额：销售额的计算公式：**销售额 = 访客数 ×转化率 ×平均客单价**

根据这个公式，很容易发现，要想增加销售额，首先要有流量，有了流量后再想办法转化流量，转化就是访客购买产品，以及产生多少购买。提高其中任何一个指标都可以增加店铺的销售额。

·不过大家要排除一点:流量是在一定基数情况下产生成交的。例如:现在1流量,成交1笔,成交率是100%,这能说明这个产品非常好了吗?除非在今后的1个星期或更长的时间里,流量更大后还能继续保持非常高的转化率,那时候才能说这个产品非常好。

第三、eBay 流量分析工具——数字酋长

①通过概览数据了解账号整体的运营数据,上面的数据指标、访客数(UV)、浏览量(PV)、转化率、客单价等在系统中都有非常详细的数据。

②安排最优上下架时间(这是关于流量最直观的用法)

通过查看流量和流量的的对比,找出属于自己流量的高峰期,不同地区,不同类目的流量高峰期是有差异的,找到自己的才是最好的。通过店铺的24小时流量趋势功能,分析一段时间内的24小时流量叠加,找到这个流量高峰期。

找到流量高峰后,再带着辩证的方法去尝试测试不同高峰时段刊登 Listing 的效果。

③了解流量的变化趋势

了解销售策略的改变对流量的影响,例如当卖家对销售策略进行改变时,总是想知道这种改变带来的效果怎么样,例如:全店包邮等等,这时就可以观察一段时间内的流量变化趋势。

了解节假日促销(如圣诞、情人节、父情节等)或者专题促销(如店铺周年庆之类)的促销活动的效果。

总结经验,为下一次做活动提供效果评估参考。

小贴士

eBay 为了刺激各国平台交易量,不时会提供优惠活动,包括折扣、高曝光、免费广告等,促使卖家去其他分站刊载产品。现在,随着 eBay 对小语种市场的加快布局及扶持,小语种市场持续升温,越来越多的卖家转为主动去开拓小语种分站市场。eBay 卖家认为,西欧小语种市场相对成熟,西语及葡语系还有待培育,而在俄罗斯和巴西,速卖通是 eBay 的强大对手。至于 eBay 小语种市场的运营,该平台的卖家表示,根据 eBay 平台特点,多刊载多销量定律仍适用,产品上架是营销核心,多账号同步可增加刊载量,提高效率。

第四、增加店铺流量六步走

很多新手不知道怎么让自己的网店流量提上来,今天就来分析一下网店流量提升问题,坚持做到以下6点,保证店铺流量爆增

①选择合适的消费群体

选择合适的商品及合适的顾客群,eBay 的主要消费群体是年纪较轻、思想前卫的能经常上网的群体,所以销售的商品要以适合这些群体的口味为主。但就具体的商品而言,还要从性别、文化、职业等方面进行细分。

②富有内涵的文字描述

为什么那块被称为钻石的毫无实际用处的小石头它的价格往往会超过一辆小汽车、一套房子呢?就是因为它被赋予了人类情感中最渴望的“恒久远和永流传”的超级浪漫想像力。

使得拥有它的人能感觉到情深隽永、意味深长而盛销不衰。同样，在网上买卖商品，因为看不到实物，实际上买的也是一种?

③清晰突出的照片展示

照片应该清晰、突出主题。拍摄时最好用大光圈或近镜拍摄（千万不要用闪光灯），这样就会产生产品特别清晰而背景比较模糊的效果，从而突出了主题。你也可以配上些简单的文字说明，起到画龙点睛的效果。如果想对产品的细节或整体效果进行强调，更可以用照片局部放大叠加的方法进行处理。这方面可以用 PHOTOSHOP、我行我速等图片美工软件轻而易举地得到解决。其中我行我速使用简单方便，更适合初学者使用。

④适当应用广告推荐位

由于 eBay 的商品太多，许多买家不一定能看得到卖家的商品，买家往往不知道卖家的商品躲在哪个角落。所以如果商品很多，可以选出最有代表性的商品，花点钱做个首页或分类推荐，使它成为引向小店的一块指路牌。顾客可以通过它来光顾小店，了解更多的商品。

⑤坚持申请推荐位

虽然说现在的推荐位浏览率不是很高，但卖家也要去申请，至少会有人可以看到。

⑥坚持多交流

坚持与老顾客多交流，不仅能够增强卖家的买卖技巧，同时也达到增加回购率的效果。

知识链接

上架产品是最好的推广

eBay 卖家李列介绍，已经有 eBay 账号的卖家要开拓小语种市场，可以用原有账号，登陆到相关国家的后台进行产品上架。其公司在英语、德法市场卖的都是游戏相关的产品，他表示能卖的产品都可以上一上，相对来说，eBay 的店铺卖的还比较杂，SKU 丰富，相当于一个大类的“小百货”。

李列认为卖家进入小语种市场的语言门槛还不是很高，客服如果懂德、法语言当然更好，如果不懂，产品描述通过机器翻译后，优化提升下也就够了，再者平台消费者直接下单的几率也比较高。另外，物流上和其它卖家一样，目前他选择的是邮政的方式，针对德法市场的物流已经相当成熟，不会有什么问题。

关于 eBay 小语种市场的运营，李列认为跟传统的英语市场一样，产品上架是营销核心，和速卖通强调活动、打折不一样，eBay 强调上架、强调账号，强调额度，额度越高可以获得越多的产品发布，账号信誉更好，排名靠前，更容易获得曝光，产品上架是最好的推广，有刊载就有曝光的机会，上架直接和拍卖，一口价相关，拍卖是 eBay 引流的主要方式。

深圳某跨境外贸企业西班牙语市场负责人 Ana Zhang 也曾负责过公司 eBay 平台的运营。她认为，eBay 产品上架特别重要，新账号就是靠拍卖来引流量，因为产品上下架时间是排名因素之一，所以上架时间很重要。

按照 eBay 平台规则，店铺的产品上架一般要交上架费，成交后平台也抽取成交费用，所以在上架的过程中，产品售价的组成设置有很多讲究，产品定价和运费之间存在着博弈，如何取巧，卖家可以多研究相关的规律。另外，面对上架费用和账号额度限制，卖家也在寻找办法在成本不涨的情况下，保证更多的曝光率，所以在上架的过程中，如何设置拍卖和一口价也非常重要，远远不是上传一个产品到平台上那么简单，很多时候要注意多个拍卖之间的时间关联，在设置时又要计算最优成本。

5. eBay 营销技巧工具介绍

关联营销

(1)定义

关联营销是指实现更多关联销售的营销手段，是在原有产品的基础上，尽可能扩大销售范围和品种，让原先买一样产品就走的买家购买其他的产品。

(2)浅析关联营销

关联营销的好处:增加账号的额外流量，也可以说提高流量的利用率;提高账号的平均成交率;提高平均客单价

目前 eBay 上的关联促销展现为分 3 大类:

①编写代码嵌入关联促销

自己编写形式，优点:能深度结合模板，更具有整体和统一性。缺点:量大后无法维护关联产品的状态，而且不容易灵活地变化关联的产品

②第三方自动实现关联促销

第三方自动实现关联促销，以数字酋长为例。优点:操作简单，自动化，任意的定制。缺点:不能 100% 与每一个卖家的模板相互融合。关联促销需要定制显示。目前数字酋长支持

配置颜色等，与模板融合，目前能兼容99%的卖家模板。定制过的关联促销显示，能完美融合到模板中，也是未来的趋势。从模板和刊登的角度融合关联促销。

③eBay官方自带的捆绑销售方式

eBay自带的捆绑销售，如果卖家手动编写关联促销会遇到下面的几个问题：手动编写代码嵌入到Listing中，效率比较低下，而且当listing达到一定的数量后比如几千甚至上万后，光靠人工已经无法进行状态维护，比如当嵌入代码中的Listing下架了，价格变动了，标题、图片修改了，或者要换上新的产品都是很难做及时到的。

(3)关联营销的目的

首先明确营销目的：是针对某几款产品进行促销，还是清仓甩卖等等，不同的产品和营销目的，关联营销的方式也是不同的。

①先了解客户群的特征以及自己店铺产品结构，比如是销售母婴用品的店铺，你的客户群：婴儿和孕妇，比如婴儿玩具、营养品、婴儿服饰、孕妇营养品、孕妇服饰等等。先要对自己的客户群和店铺产品结构有所了解。

②通过数据分析，了解目前listing的浏览情况，了解店铺目前的整体运营情况。比如可以通过Best Listing找到最近7天内浏览量最高的产品。如果卖家发现一款新产品的浏览量非常高，成交率也非常好，那卖家就可以多用关联促销的方式提高曝光量。

③了解卖家的单品特性，适合什么场景或者具备什么特点等。

四、跨境电商案例

BellaBuy：运营型跨境出口电商

（中国电子商务研究中心讯）中国跨境电商不乏黑马，Wish2年时间就成为了北美最大的移动购物平台。都是做出口移动电商平台的，BellaBuy总是会被叫为“小Wish”。确实有很多相似之处：专注移动端、中国商户对欧美的出口生意、都是平台不自营。

外界乍一看很像，但是BellaBuy的CEO William看来，二者之间其实迥然不同，“Wish是家技术型公司，而我们是家运营型公司。”

技术vs运营

Wish创始人张晟在接受媒体采访时表示，Wish专注于精准的自动算法，智能推荐。强于技术。

William告诉创业邦，考虑到大数据行业整体并不算太成熟，BellaBuy将运营看得很重。“我们的做法是先锁定群体、品类、商品，然后依据平台的标签，帮消费者进行商品筛选，因为足够垂直，所以自带导购性质。”

在运营做好的基础上，再用技术作为辅助，给用户打标签，做到更加个性化。

William表示，之所以会有这样的策略，源于公司的定位。据了解，Wish做的是综合类、全品类、全人群，而BellaBuy做的是垂直用户——15到30岁欧美年轻女性，是垂直平台与综合平台的区别。

所以BellaBuy第一步是平台标签，第二步才是用户标签，而运营就是做好平台标签的基本功夫。

据介绍，为更好地做好平台标签，BellaBuy将于今年8月上线第二版，融入更多时尚元素节点。

“我们的特点，一是垂直，二是移动，在移动端，我们也有更多交互方面的改版考虑。”William 表示，他认为移动电商时代，流量思维已落后，用户思维才关键。移动电商的交互，更需要考虑到个人、人性需求，考虑当地用户需求，分享、社区、互动、逛、玩，都是 BellaBuy 的交互改版关键词。

“低价不等于性价比”

在价格上，二者也略有不同，BellaBuy 比 Wish 客单价略高，更强调性价比。

“做性价比就要做品控，我们的质量管理非常严格。”William 说道，BellaBuy 在品控方面一是自建质量标准，为不同的品类，在诸如安全环保、欧美尺码、色差等一系列方面建立基础标准。”

二是招商要求严格。首先，BellaBuy 精选原本就门槛较高的亚马逊的商家，招入自己平台。其次，运营人员在招商时，会实地认证，对商品、团队、运营能力等情况上门核查。

再次，同一公司不允许多账号，只能开同一家店，且每一个商家都只允许发布 100 个商品，以此来激励商家把最好的商品放到 BellaBuy 平台，部分商家评价、销量好的情况下，会将权限逐步开放到 200 个商品或更多。

最后，BellaBuy 平台，以产品方向在小而美、专而深的卖家为最主要对象。“在商家管理上，我们采用的是客户经理负责制，比如一个客户经理，负责数十个商家，那么这些商家出现疑问，可以找对应招商经理解决。”William 补充道。

据创业邦了解，BellaBuy 是 William 的第二次创业。起初，他在阿里巴巴 B2B 部门负责外贸商家拓展，积累下许多平台知识及供应链运营经验。辞职后，他成为一个俄罗斯跨境电商卖家，在选品、物流、支付等方面积累下很多跨境电商知识。从已有优势和蓝海创业两方面考虑，他选择了移动跨境电商平台。

2014 年 8 月，BellaBuy 正式成立公司以来，沉淀了不少数据，模式也不断清晰。所以，William 认为，在模式、团队、数据、订单量等方面，打好基础之后，进入了迎接新一轮融资的时期。

“在成熟并不断发展的世界跨境电商舞台上，移动的变量在升级传统跨境电商，我们希望通过 BellaBuy 为起点，打出更多的平台去服务更多的消费者及商家”，William 说道。

思考：

1. 各种跨境平台只是为卖家展示商品，而真正需要的是什么样的运营技术？

2. 市场上的变化莫测，需要的不是平台上的服务，而是作为卖家的我们能提供什么样的服务？

小贴士

在本章的课程中，首先学习关于店铺定位方法和货源选择问题解决，让卖家在开店前有着充分的准备，然后使卖家快速进入跨境的赚钱轨道上。

其次店铺在运营过程中巧妙地运用站内外推广方式让店铺的曝光量、浏览量、访客数、点击数、转化率大大提升，在社交软件上，能巧妙地与客户交流，还能与客户建立友好的关系。

【知识检测】

1. 产品定价需要考虑的因素有哪些？与营销方式有哪些关系？
2. 店铺选品前需要准备哪些数据分析？
3. 如何站内优化才利于店铺经营？
4. 站外推广的内容需要从哪些方面着手？如何才能让站外营销达到效果？

【拓展阅读】

盘点:跨境电商入门:创建网店之前应注意的事项

如果想要创建一个网站或者是开设一家网店，而且确保它能够顺利开展下去，那么需要注意的事项有很多。

在推出购物网站之前，需要考量的几点建议:

提前拟定推行计划

当要推出自己的网站之前，最好先拟定计划。一个网店的推出涉及到很多的细节，拟定计划可以让后期工作更具有组织性，也会避免重要步骤的遗忘。通常情况下，拟定的计划主要包括:准备相应的社交媒体资料、安装谷歌网站分析工具(Google Analytics)密切关注网店的流量，并最终确定相应的促销活动。

善于利用社交媒体平台

在卖家为网店的推行东奔西走时，也要准备好自己的社交媒体账户。社交媒体平台有利于卖家与潜在客户进行沟通。它不仅有利于网店的推广，同时对卖家的业务发展也很有帮助。卖家可以通过发布视频或者图片的形式，提供有关你业务的一些信息。依靠社交媒体平台，还将能够得到消费者的实时反馈，也能通过它发布新上架的商品或者未来的一些销售计划。

确定营销计划

卖家的营销计划必须是配合网店的推行。一旦正式营业，必然要接触到各种各样的市场营销活动。除了使用社交媒体之外，也需要考虑一些特殊奖励，或者是邮件推送以及博客文章的宣传。营销计划做得越好，卖家将更容易获得成功。

多番测试自己的网店

在启动网店之前，卖家需要确保功能的可操作性。比如，做为首次来这家网店购物的消费者，是否能过轻松找到想要的商品？是否能够清楚地将商品添加到购物车？需要多少环节才能到达结账页面？网站导航页面必须要慎重考虑，如果网站上有任何地方让人产生困惑，就需要花时间去做相应的更改。

确保网站内容的准确性

准备工作中还有一项很费时间，那就是编辑网站内容，确保商品描述的准确性，这也包括营销材料。尽管在这项工作方面需要花费很多精力，但一个精准的网站比包含错误的网站更具专业性。所有网站的内容都应该是清晰的、语法合理以及准确的拼写。在这方面，卖家可能需要雇佣一个专业的校对员或者是编辑去帮助你确保内容的完整以及准确。

学习模块四　技能提升篇

第六章　跨境电商网店店长篇

【知识要点】

1. 掌握网店的询盘管理与纠纷处理。
2. 了解数据分析的重要性及应用。
3. 熟悉各大网站营销与推广的方法和技巧。

【核心概念】

1. 进行合理的询盘分析和订单与客户的管理，可以有效地完成订单交易。
2. 利用数据分析统计店铺数据，可以从中分析出店铺的定位及发展方向。
3. 站外营销与推广给商铺、企业带来的客流量是无限的。

【情境导入】

敦煌网：卖家需5天内响应协议纠纷

日前，敦煌网对平台协议纠纷政策进行了调整，协议纠纷中，卖家需在5天内进行响应。

敦煌网方面表示，这次调整从2015年3月9日开始实行，若买家开启协议纠纷后，卖家没有通过系统在五个自然日内予以响应，系统将视卖家无反馈，并直接执行买家选择的解决方案。

据此，敦煌网方面建议卖家关注订单情况，当协议纠纷开启后积极与买家协商解决方案，以避免由此产生的风险。

一、客户管理

(一)客户询盘及回盘

在店铺进入正轨后，每天都会收到来自不同国家、不同客户、不同类型的询盘，在回复询盘的时候，要考虑客户的意图，以及针对国家文化的回复技巧，让询盘变成订单，是询盘操作的最终目的。

处理询盘的大致流程如下：

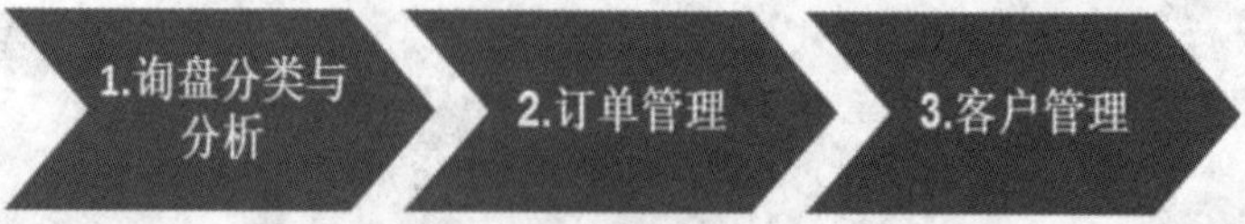

1. 询盘基本分为四类：

明确目的型	无明确目的型	潜在客户型	垃圾信息、推广型
• 这类客户是最有需要的，可以从他们询问的内容中看出来，回复方式比较简单，简明扼要地解决了他们的疑问，打消他们的顾虑，一般就能得到订单了。	• 这类客户是最难开发的，因为这类客户的选择变动性较大，所以在一两次交谈中就要推荐出他们较为感兴趣的产品才能得到订单。	• 这类客户通常可以认为是带着“对比”心理来的，回复这类客户比较考验基本功，需要向客户介绍产品性能，展示出产品最突出、最有竞争力的一面。	• 这类信息一般是公司之类的群发式推广信息或者毫无意义的垃圾信息，一般不予处理。

2. 询盘分析：

卖家每天收到的询盘来自不同国家和地区，不同国家和地区有各自的文化和习俗，分析客户的习惯，做好细节服务是促进客户成交的必要条件，因此，在回复客户询盘时，有几个重要细节需要注意：

语言	风俗习惯	时差
• 语言是一个国家文化的象征，所以回复客户询盘时，尽量使用客户所在国家的语言，甚至可以附上原文（英文），以显示很专业。	• 每个国家有他们的风俗习惯，在推荐产品或者介绍产品时要尽可能地避讳客户所忌讳的。	• 跨境电商是一个全球性的贸易活动，时差是避免不了的因素，所以回复询盘的时候，1.客户的即时消息要即时回复。2.下班后的消息上班第一时间回复。3.需要电话联系客户的时候要算好时差。

小贴士

宗教信仰

1. 信奉伊斯兰教的国家

禁酒;妇女蒙戴面纱(外国人也一样),每天祷告五次;禁忌食用猪肉;在斋月里,日出之后和日落之前不允许吃喝;忌讳用左手向客人传递食物;用左手洗澡,认为左手不干净,用右手拿食品不礼貌;宴会上不饮酒,以果汁代酒。

2. 信奉印度教的国家

印度教徒不吃牛肉,认为牛是神圣不可侵犯的。把牛奉为神牛,牛在大街小巷行走,车辆行人要礼让;把母牛视为“圣牛”,老死不能宰杀,甚至当母牛不能自己寻觅食物时,有的还被收入“圣牛养老院”中供养。

3. 信奉佛教的国家

缅甸的国教为佛教。佛教徒占缅甸总人口的95%;缅甸人十分尊敬僧侣,僧侣出门上车、坐船其他人都得起立让座;僧侣的食物由佛教徒来斋奉;只有当过和尚才算成人。

(二)客户订单管理

客户订单管理是卖家与买家第一次接触,客户下单后,卖家要主动出击,及时主动地与买家联系,有几点注意事项:

1. 付款订单

主要内容包括确认客户所选产品的属性等等,并告知备货情况,表现卖家的专业性:

【例1】

Dear XXX,

Very glad to hear from you. You choose pajamas ready to accept the shipping, the XL size suitable height 170-178cm, weight 48-55kg, to confirm that this condition and have any questions, please communicate with us. Thank you.

Best regards!

Vivian

2. 待付款订单

联系内容按照先后顺序可以打招呼、对产品做再进一步的介绍,并告知客户及时付款:

【例2】

Dear XXX,

Thank you for your order.

We found that your order has not been paid. The product is one of best selling products from our store and it is made of high quality leather, when you have any questions please feel free to contact us. we will help you within 24 hours. We will prepare for your order at once after you pay. Thank you again.

Best regards!

Vivian

3. 待确认收货订单

该内容主要是确认客户是否已经收到包裹，并且询问使用情况与体验，并给予评价：

> 【例3】
> Dear XXX,
>
> Thank you for your shopping on our store. Do you receive your order? If yes, would you please offer us a positive feedback. Your shopping experience is very important to us and our business. And it is a good way to help others to make purchase like you.
>
> If you have any dissatisfaction, please give us the opportunity to resolve the problem before leave us a negative feedback. Thanks!
>
> Best Wishes!
> Vivian

(三)老客户服务及二次成交

1. 未成功交易的客户

在数以万计的询盘中，总会有一部分形成不了交易的客户，对于这些客户，需要进行管理及跟进，那么，以什么形式去促成交易，把“未完成”变成“完成”呢？

- 对于未完成交易的客户，将其系统化地记录入Excel表格，对其个人资料及与其对话中得到的信息等记录入表，以便再次跟进时查看。
- 定时定量地发送店铺促销、折扣、爆款，或其初次询盘的产品现状等相关推荐信息，引导客户点击、浏览产品，寻找其感兴趣的产品，提高成交率。

2. 成功交易的客户

每完成一次新的交易后，将新增一位老客户，那对于老客户，就必须再次跟进，促成第二次交易，提高回头率，培养忠诚客户。

- 将其分类型、分层次地记录入Excel表格，对其个人资料、购买产品的信息等记录入表，以便再次跟进时查看。
- 推送新品上架信息以及其感兴趣的相关产品信息，引导客户点击、浏览产品，提高再次成交率。
- 为不同类型、层次的老客户设置特殊优惠。
- 需要对老客户进行回访、调查等一系列相关售后服务，引导买家再次进店消费。

（四）客户纠纷处理及技巧

1．产生纠纷的原因

买家发起纠纷主要分为以下几个原因：

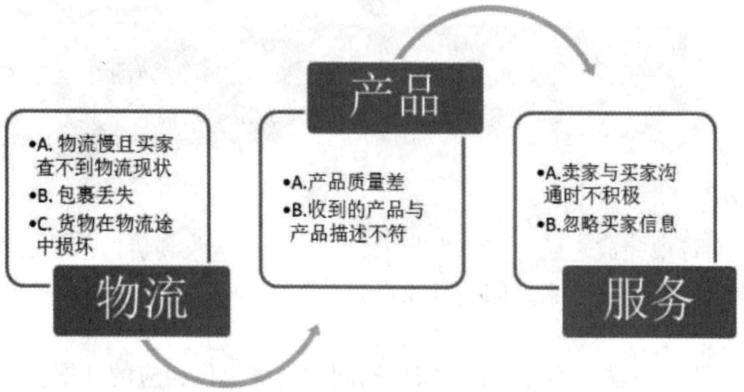

在平台纠纷的统计数据中，发现纠纷产生的原因最多的是关于物流和产品描述不符这两个，几乎是各占50%。随着大家的服务意识逐渐上升，经营经验不断积累，因为服务原因引起的纠纷是相当少的。

2．纠纷的类型

（1）协议纠纷：

协议纠纷是指在卖家填写货运单号后的4－120天内，买家提起纠纷，开始和卖家进行沟通解决货物问题的协商阶段。

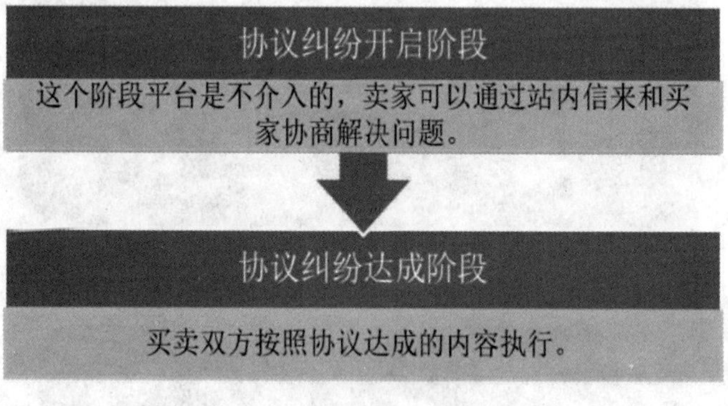

（2）平台纠纷：

买卖双方在协议纠纷阶段未达成协议的纠纷、或是买家主动将协议纠纷升级，协议纠纷升级为平台纠纷，那么平台会作为第三方介入。

平台纠纷开启阶段

需配合平台提供相应证据，取得纠纷裁决的主动性，为减少自己的损失提供契机。

↓

平台出具裁决处理意见阶段

卖家需依据平台做出的裁决执行相应步骤。

(3)售后纠纷：

售后纠纷是在订单完成之后由买家发起的，针对买家未收到货但系统已经放款给卖家或买家收到货但卖家未提供应有服务的一种投诉。

3. 纠纷回应

(1)买家投诉货物与描述不符，请买家根据问题类型提供相应的证据。

【例4】

Dear XXX,

We sincerely regret that the items you've received in order XXXXX were not as described. Our goal is to resolve any dispute as quickly and conveniently as possible.

Choice #1: You have claimed the items did not work/work properly. As such, we must ask that you please make a video recording to illustrate this issue and send them directly to my email: XXXXXXXX. This will allow us to verify the problem and help resolve it to your satisfaction.

Choice #2: You have claimed the items did not work/work properly. As such, we must ask that you please take some photos to illustrate this issue and send them to my email: XXXXXXXX. This will allow us to verify the problem and help resolve it to your satisfaction.

We apologize for the inconvenience and look forward to hearing from you.

Best Regards,
Vivian

(2)包裹扣关，请买家支付关税清关。(确定是买家承担关税的情况)

【例5】

Dear XXX,

We sincerely regret that your shipment has been detained by customs. Please contact your local customs office directly to make arrangements to pick up your parcel.

As you may be aware, you will need to pay an import tax or customs fee according to your country's customs policy, regardless of your order size.

If you have any further questions, please feel free to contact me.

Best Regards,
Vivian

(3)货物在途，买家投诉物流过慢。

【例6】

Dear XXX,

We sincerely regret that you've yet to receive your shipment. We have looked into this matter, and can share the following information about your order (No. XXXXX):

Tracking No: XXXXXXX
Status: XXXXXXX
Shipped Date: XXXXXXX

Standard shipping times are approximately 7-15 business days, however with increased holiday demand there may be a delay in international delivery times. We promise a full refund including original shipping charge if the item is not delivered in XX days after receipt of payment. Your satisfaction is our utmost priority; please contact us if you have any concerns.

We apologize for the inconvenience. Your understanding is greatly appreciated.

Best Regards,
Vivian

(4)货物丢失，询问买家是否愿意重新发货。

【例7】

Dear XXX,

We sincerely regret that you haven't received your parcel yet. We can confirm that we sent your order on January 10, 2014; however, we were informed by the shipping company that the package has been delayed due to problems on their end.

We can arrange reshipment or a full refund to you. Please let us know what is your preferred option and we'll resolve this matter as quickly as possible.

We apologize for the inconvenience. Your understanding is greatly appreciated.

Best Regards,
Vivian

(5)平台裁决退货退款，告诉买家退货地址，并表达希望后续继续交易的期望。

【例8】
Dear XXX,

We are pleased to inform you that as a result of DHgate's arbitration, we may bring the dispute to a successful resolution. Regarding your order (No. XXXX), you are eligible for a return or refund.

We have already provided our return address on DHgate but we'll confirm it here as well:

Contact name:
Address:
Zip Code:
Tel: (very important for us receive the item)

Please also be reminded:

1. Returned goods must remain intact and in original condition
2. Remember to mark "Order No." and "Returned Goods" on the parcel.

Please let me know your shipment tracking number so we may be able to better ensure there are no shipping delays and we can apply your refund to you as quickly as possible.

We appreciate your cooperation and thank you for giving us the opportunity to serve you.

Best Regards,
Vivian

4. 纠纷规避

(1)发货后通知买家已经发货，并提供运单号或查询网址等信息。

【例9】
Dear XXX,

Thank you for shopping with us.

We have dispatched your order (order No: xxx) on January 20th by EMS. The tracking number is xxx. It should take 5-10 business days to reach your destination. Please check the tracking information here: www.xxxxx.com for updates. Thank you for your patience!

If you have any further questions, please feel free to contact me.

Best Regards,
Vivian

(2)包裹显示在途，请买家耐心等待。

【例10】

Dear XXX,

Thank you for your patience.

We confirmed that your order was mailed (order No: xxx) on January 20th. However, the tracking information shows it's still on the way. We were informed that the package did not arrive yet due to a shipping delay from the delivery company.

If you do not receive your package before January 20th, we can resend your order or apply a full refund to you as per your choice.

If you have any further questions, please feel free to contact us directly and we will be glad to assist you.

Best Regards,
Vivian

(3)查询买家已签收包裹，提醒买家确认收货并留好评。

【例11】

Dear XXX,

The delivery tracking information shows that your order (order No: xxx) has arrived to your shipping address. Please make sure your items have been received in good order and then confirm satisfactory delivery.

If you are satisfied with your purchase and our service, we will greatly appreciate if you give us a positive rating and share positive feedback on your experience with us to help inform others.

If you have any questions or problems, please contact us directly for assistance and we will be glad to assist you.

Best Regards,
Vivian

小贴士

国际物流的基本活动有哪些?

国际物流具有克服时间和空间的阻隔以及克服国界阻隔的功能,其基本活动包括:

(1)运输活动。

国际物流中的运输活动与国内物流中的运输活动的最大差异在于前者的运输距离长。

(2)保管和流通加工。

(3)包装。

(4)装卸。

(5)信息。

(6)报关和相关文书单据制成。

另外,在国际物流活动中涉及大量的贸易合同和文书,这也是国际物流活动区别于国内物流活动的一个明显特征。这些贸易合同和文书涉及运输、报关、保险、结算等方面,且运输方式多样。

二、数据分析

(一)数据分析的概念和意义

所谓的数据分析是指将产品一段时间内的访客数、浏览量、曝光量、价格等录入到excel表格中,并用逻辑化的思维方式进行思考,从数字的起伏变化中,寻求商品销售的规律,把握商品销售趋势。

在跨境电商发展至今,"大数据"一词被越来越多的业内人士所提及,从侧面可以看出大数据时代悄然来临,数据分析行业迈入了一个全新的起点。那么究竟"大数据"的意义是什么?随着"大数据"成为跨境电商时下最火热的行业词汇,数据仓库、数据安全、数据分析、数据挖掘等关键词围绕着大数据的商业利用价值也逐渐成为行业人士争相追捧的关注焦点。然而大数据技术的意义不在于掌握庞大的数据信息,而在于对大数据中那些有利用价值的数据进行专业化分析、处理,如果把大数据作为一个产业来解释,那么这个产业实现盈利的关键就在于提高对数据的"分析能力",通过"分析"实现数据存在的"价值",所以说数据分析是决策过程中的决定性因素,也是大数据时代让数据发挥该有的价值的最关键环节。

(二)数据的分析、原理及特性

1. 数据分析原理:

数据分析观念是统计学的主核心,统计学的其中一个重要研究对象是数据,通过收集数据以及对数据的分析来帮我们解决问题。有关专家学者说:"数据是信息的载体,这个载体包括数,也包括言语、信号、图像,凡是能够承载事物信息的东西都构成数据,而统计学就是通过这些载体来提取信息进行分析的科学和艺术。"、"统计与概率领域的教学重点是发展学生的数据分析意识,培养学生的随机观念;难点在于,如何创设恰当的活动,体现随机性以及数据获得、分析、处理进而作出决策的全过程。"可见,统计学的一个核心就是数据分析,不管是统计还是概率，其基础来源都是对数据的分析。

数据分析观念本质上是对数学基本思想的体现，在数据整理、描述和分析前，首先必须将数据进行分类，分类是数据整理、描述和分析的开始；然后再进行必要的排序、归纳和整理；最后把整理后的数据运用统计图表等形式直观地表示出来，并加以适当的说明和分析，为做出的决策和推断提供依据。在系统化的分析过程中，往往需要分类思想、归纳思想、类比思想和统计思想等数学思想的参与，其中，最重要的就是统计思想。

2. 跨境电商数据分析指标：

(1)访客数(UV)

访客数就是指一天之内到底有多少不同的用户访问了你的网站。访客数主要是以 cookie 为依据来进行判断的，而每台电脑的 cookie 也是不一样的。有些情况下 IP 数会大于真实的访客数。

(2)访问次数

访问次数是指访客完整打开了网站页面进行访问的次数。如果访问次数明显少于访客数，就说明很多用户在没有完全打开网页时就将网页关闭了；如果一个访客 30 分钟内没有新开或刷新页面，或者直接关闭了浏览器，到他下一次访问网站时，就记为一次新的访问。

(3)浏览量(PV)

浏览量和访问次数是相互呼应的。用户访问网站时每打开一个页面，就记为 1 个 PV，同一个页面被访问多次，浏览量也会累积。

(4)平均访问时长

平均访问时长是用户访问网站的平均停留时间。平均访问时长等于总访问时长与访问次数的比例，而访问时长主要是根据访客浏览不同页面的时间间隔来计算的，因此最后一页的访问时长是无法计算的。

(5)跳出率

跳出率是指访客来到网站后只访问了一个页面就离开网站的访问次数占总访问次数的百分比。跳出率是反映网站流量质量的重要指标，跳出率越低说明流量质量越好。

(6)转化率

转化率等于转化次数与访问次数的比例。转化率可以用来衡量网络营销的效果。

3. 数据分析的特性和一般步骤：

(1)实用性：数据处理是为具体应用服务的，是有目的有意义的。

(2)规律性：数据处理是在总结事物的特性的基础上，按预定的规则收集处理信息的。

(3)高效性：由于计算机技术的发展，越是庞大的数据项目，越是能体现数据处理的高效性。

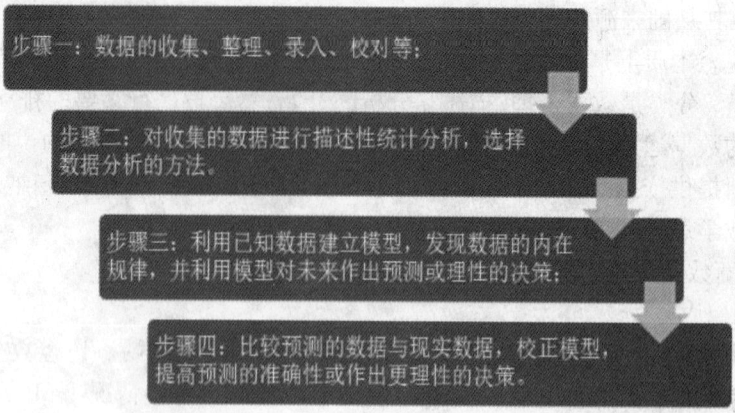

（三）数据分析方法与技巧

1. 每日数据汇总

（1）流量相关数据：IP、PV、在线时间、跳出率、新用户比例；

（2）订单相关数据：总订单、有效订单、订单有效率、总销售额、客单价、毛利润、毛利率；

（3）转化率相关数据：下单转化率、付款转化率。

这是最基本的，每项数据提高都不容易，这意味着要不断改进每一个发现问题的细节，不断去完善购物体验。

（4）跳出率：跳出率高绝不是好事，但跳出的问题在哪里才是关键。在一些推广活动或投放大媒体广告时，跳出率都会很高，跳出率高可能意味着人群不精准，或者广告诉求与访问内容有巨大的差别，或者本身的访问页面有问题。常规性的跳出率倾向于登录、注册、订单流程 1－3 步、用户中心等基础页面，如果跳出率高于 20%，可以根据跳出率来改进购物流程和用户体验。

2. 每周数据分析（核心）

用户下单和付款不一定会在同一天完成，但一周的数据相对是精准、稳定的，所以把每周数据作为对比的参考对象，主要的用途在于对比上周与上上周数据间的差别，重点指导运营内部的工作，如产品引导、定价策略、促销策略、包邮策略等。对比数据，为什么订单数减少了？但销售额增加了？这是否是好事？对比数据，为什么客单价提高了？但利润率降低了？这是否是好事？对比数据，能否做到：销售额增长，利润率提高，订单数增加？这不是不可能。所有的问题，在运营数据中都能够找到答案，运营做了某方面的工作，产品做出了某种调整，相对应的数据也会有一定的变化。如果没有提高，说明方法有问题或者本身的问题并不在于此。

运营数据：总订单、有效订单、订单有效率、总销售额、客单价、毛利润、毛利率、下单转化率、付款转化率、退货率。

3. 用户分析

转化率体现的是 B2C 的购物流程、用户体验是否友好，可以叫外功。复购率则体现 B2C 整体的竞争力，绝对是内功，这包括知名度、口碑、客户服务、包装、发货单等每个细节。好的 B2C 复购率能做到 90%，没有复购率的 B2C 绝对没有任何前途，所以这也能够理解为什么很多 B2C 愿意花大钱去投门户广告，为了就是获取用户的第一次购买，从而获得长期的重复购买。

所以运营的核心工作，一方面是做外功，提高转化率，获取消费者第一次购买行为，另外一方面就是做内功，提高复购率，B2C 根本也就在重复购买。所以 B2C 是个综合学科，做好每门功课真是不容易，不过也就是依靠每个细节，才奠定了 B2C 发展的基石。

4. 流量来源分析

流量来源分析最重要的意义是：

(1)监控各渠道转化率，这是运营的核心工作，针对不同的渠道做有效的营销，IP 代表着力度，转化率代表着效果。

(2)发掘有效媒体，转化率的数据让我们很清晰地了解什么样的渠道转化效果好，那么以此类推，同样的营销方式，用在同类的渠道上，效果差不到哪去。

(3)流量分析是为运营和推广部门指导方向的，除了关注转化率，还有像浏览页数、在线时间，都是评估渠道价值的指标。

5. 内容分析

主要的两项指标：退出率和热点内容。

(1)退出率是个好医生，很适合给 B2C 检查身体，哪里的退出率高，基本会说明有些问题，重点关注登录、注册、购物车、用户中心，这些是最基础的，但也是最关键的。一般可以列出 TOP20 退出率页面，再重点讨论为什么，然后依次进行改进。

(2)热点内容这部分是用来指导运营工作的，消费者最关注什么，什么产品、分类、品牌点击最高，这些数据在新的运营工作中做重点引导，推荐消费者最关注的品牌、促销最关注的商品等等。

6. 商品销售分析

商品销售是内部数据分析，根据每周、每月的销售详情，了解经营状况，做出未来销售趋势的判断。

(四)例：阿里巴巴速卖通平台数据分析

什么是速卖通商铺运营？

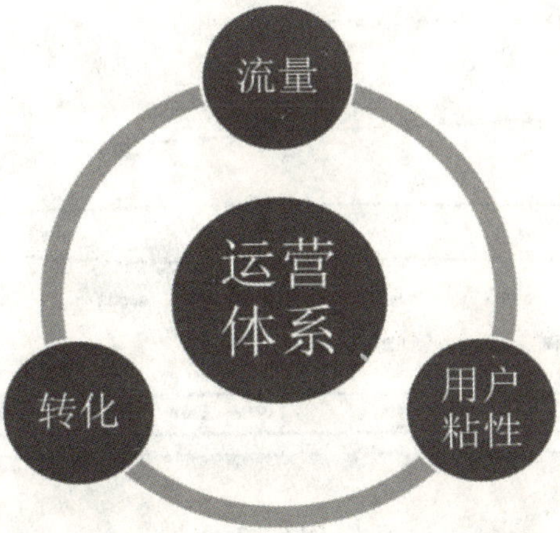

运营是用来解决前期流量、中期转化和后期用户粘性的一个数据分析系统，整个运营体系只有三个关键：流量(引流)、转化(优化)、用户粘性(营销)。速卖通的行业数据常常会影

响到卖家的店铺运营，每天必看哪些数据很多卖家需要有所了解，从以下几方面进行讲解：

1. 行业概况：

(1)行业条件、时间筛选；

(2)行业所选时间主要数据以及周增幅；

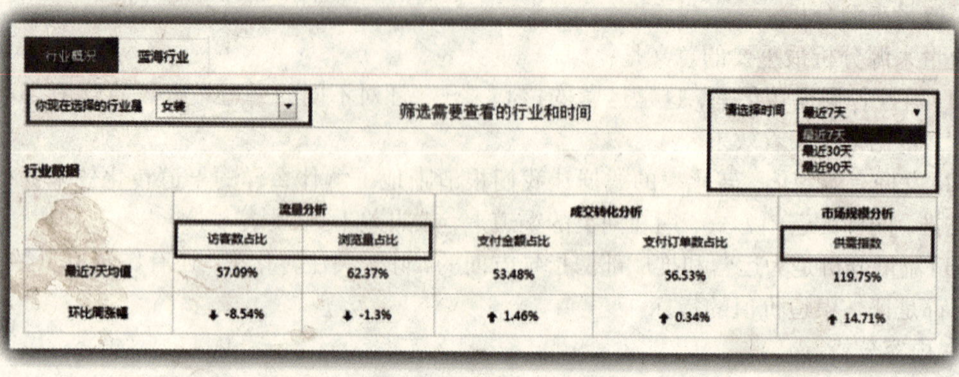

图 6－1

①访客数占比:统计时间段内行业访客数占上级行业访客数比例。

②浏览量占比:统计时间段内行业浏览量占上级行业浏览量比例。

③供需指数:统计时间段内行业下商品指数/流量指数，该值越大，竞争越激烈，越小，竞争越小。

(3)行业趋势以及明细数据

通过行业趋势可以查看行业最近 7 天、30 天、90 天趋势;可以选择两个行业进行对比。可以自定义指标查看指标趋势。

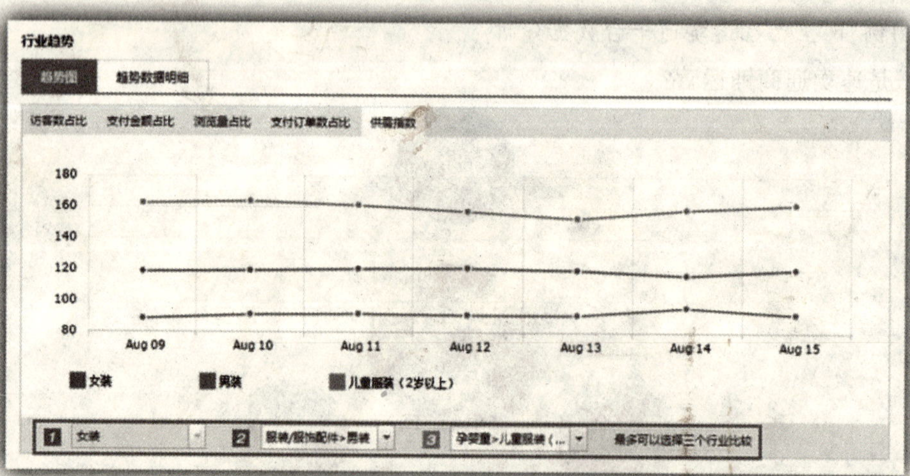

图 6－2

注:点击明细数据，可以查看并下载到本地。

行业趋势

趋势图 | 趋势数据明细

下载最近30天原始数据

	流量分析		成交转化分析		市场规模分析
	访客数占比	浏览量占比	支付金额占比	支付订单占比	供需指数
2015-08-09	57.06%	61.37%	54.6%	57.33%	118.95%
2015-08-10	56.37%	62.06%	54.64%	57.9%	119.61%
2015-08-11	56.26%	62.5%	53.25%	56.62%	120.75%
2015-08-12	56.39%	62.54%	53.02%	55.36%	121.47%
2015-08-13	57.56%	62.8%	52.55%	55.71%	119.92%
2015-08-14	58.54%	63.08%	53.87%	56.64%	116.71%
2015-08-15	57.63%	62.09%	52.53%	56.09%	120.71%

1

图 6－3

(4)行业 TOP 国家分布

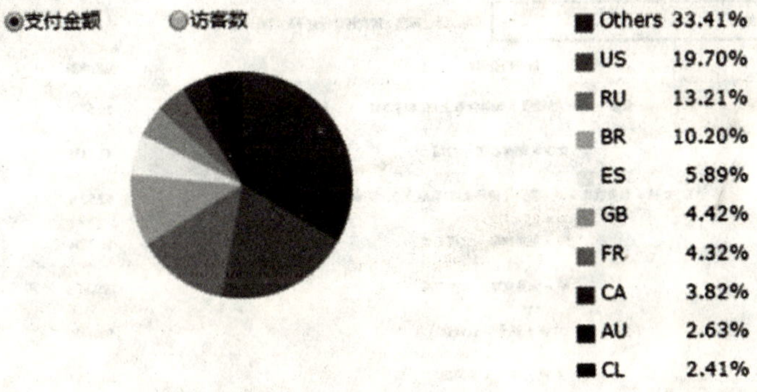

图 6－4

2. 蓝海行业：

(1)时间筛选：可以选择最近 7 天或者最近 30 天。

(2)一级蓝海行业：选择上面时间段，展示下面一级蓝海行业，越蓝竞争越小。

(3)鼠标移到圈圈上，展示该行业供需指数以及该行业商品售出率。

(4)点击圆圈，展示该行业的流量、交易、售出率以及供需指数等。

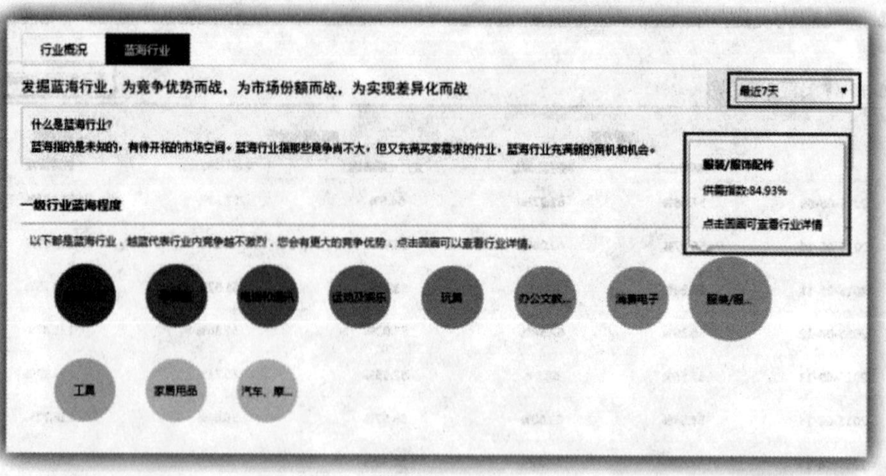

图 6－5

(5)蓝海行业细分：

通过蓝海行业细分可以选择您想查看的行业。

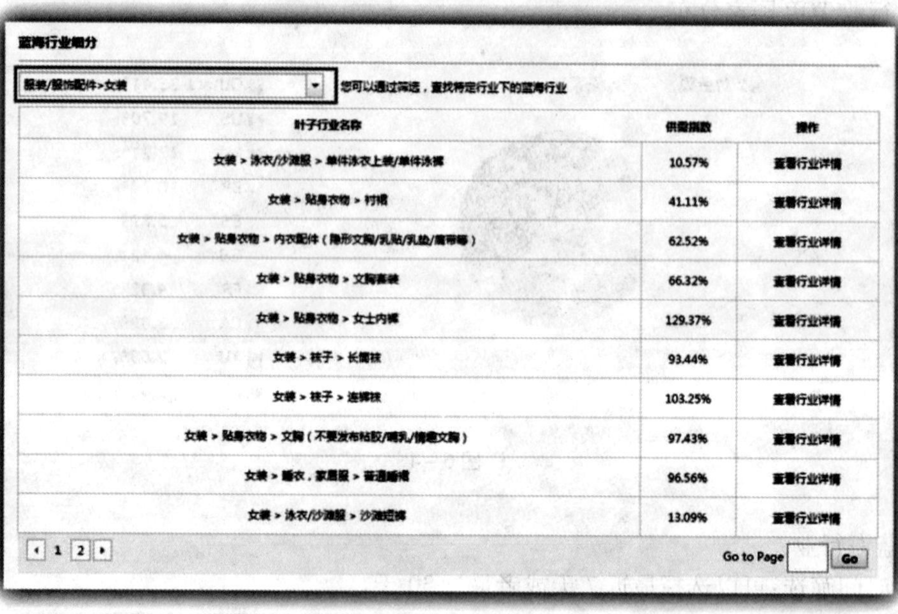

蓝海行业细分

服装/服饰配件>女装 ▾ 您可以通过筛选，查找特定行业下的蓝海行业

叶子行业名称	供需指数	操作
女装 > 泳衣/沙滩服 > 单件泳衣上装/单件泳裤	10.57%	查看行业详情
女装 > 贴身衣物 > 衬裙	41.11%	查看行业详情
女装 > 贴身衣物 > 内衣配件（隐形文胸/乳贴/乳垫/肩带等）	62.52%	查看行业详情
女装 > 贴身衣物 > 文胸套装	66.32%	查看行业详情
女装 > 贴身衣物 > 女士内裤	129.37%	查看行业详情
女装 > 袜子 > 长筒袜	93.44%	查看行业详情
女装 > 袜子 > 连裤袜	103.25%	查看行业详情
女装 > 贴身衣物 > 文胸（不要发布粘胶/哺乳/情趣文胸）	97.43%	查看行业详情
女装 > 睡衣，家居服 > 普通睡裤	96.56%	查看行业详情
女装 > 泳衣/沙滩服 > 沙滩短裤	13.09%	查看行业详情

◂ 1 2 ▸ Go to Page Go

图 6－6

3. 实时风暴：

通过实时风暴可以及时了解店铺流量变化，判断商品信息优化、营销活动等调整带来的直接效果。还可以在流量集中的时段调整客服工作时间及直通车投放时间。

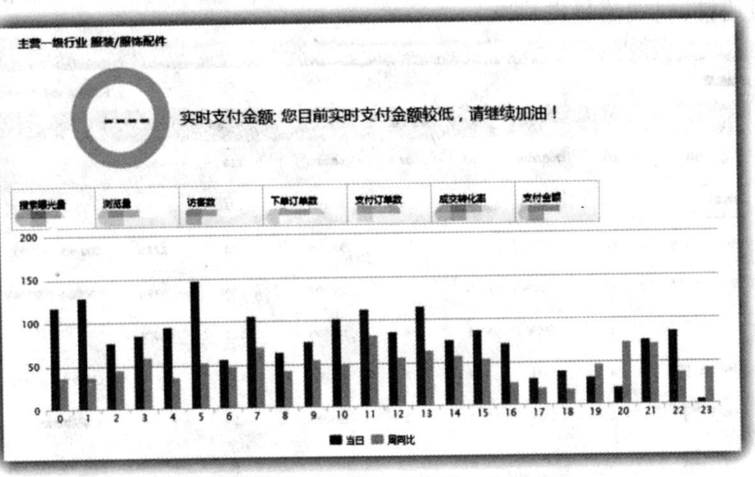

图 6－7

4. 商铺核心指标分析：

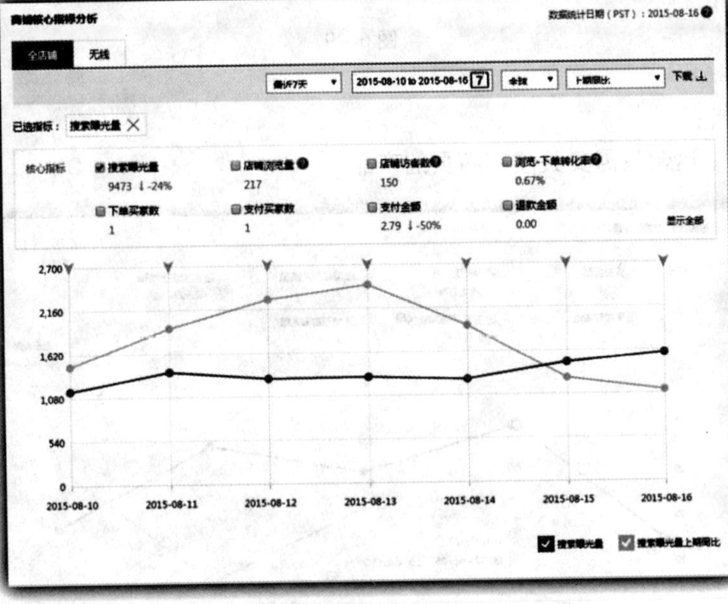

图 6－8

5. 商铺流量来源：

(1) 流量主要由：付费流量（P4P，联盟营销）；自然搜索；回头客流量（收藏夹，购物车）；站外流量（SNS 营销）组成。

(2) 如何诊断流量状态：

初始店铺：付费流量占比可稍多，导入流量测试市场；

成长型店铺：付费流量占比增大；

稳定阶段店铺:付费流量占比减少。

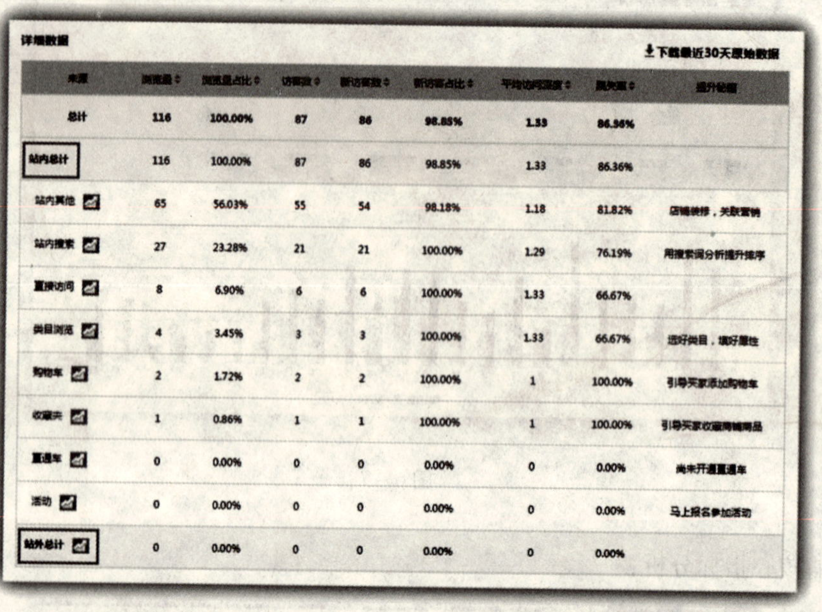

详细数据　　下载最近30天原始数据

来源	浏览量	浏览量占比	访客数	新访客数	新访客占比	平均访问深度	跳失率	提升秘籍
总计	116	100.00%	87	86	98.85%	1.33	86.36%	
站内总计	116	100.00%	87	86	98.85%	1.33	86.36%	
站内其他	65	56.03%	55	54	98.18%	1.18	81.82%	店铺装修，关联营销
站内搜索	27	23.28%	21	21	100.00%	1.29	76.19%	用搜索词分析提升排序
直接访问	8	6.90%	6	6	100.00%	1.33	66.67%	
类目浏览	4	3.45%	3	3	100.00%	1.33	66.67%	选好类目，填好属性
购物车	2	1.72%	2	2	100.00%	1	100.00%	引导买家添加购物车
收藏夹	1	0.86%	1	1	100.00%	1	100.00%	引导买家收藏商铺商品
直通车	0	0.00%	0	0	0.00%	0	0.00%	尚未开通直通车
活动	0	0.00%	0	0	0.00%	0	0.00%	马上报名参加活动
站外总计	0	0.00%	0	0	0.00%	0	0.00%	

图 6－9

6. 商品分析:

如图 6－10，运营只需要关注前两页的产品:

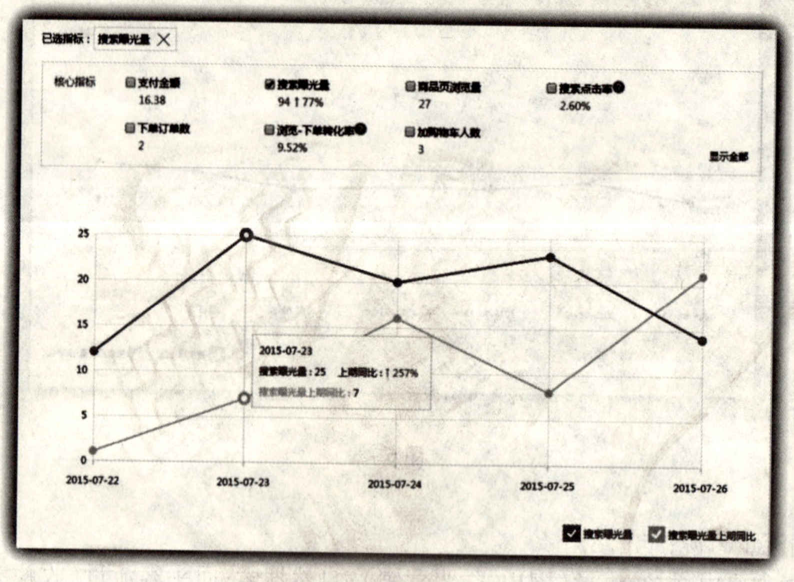

图 6－10

注意:若单品各项数据降低，分析标题以及产品排名情况，优化产品后，观察曝光的变化。

7. 搜索词分析:

(1)热搜词:近段时间买家搜索指数高的关键词。

(2)飙升词:搜索指数同比上一个时间段内累计搜索指数的增长幅度。

(3)零少词:蓝海关键词。

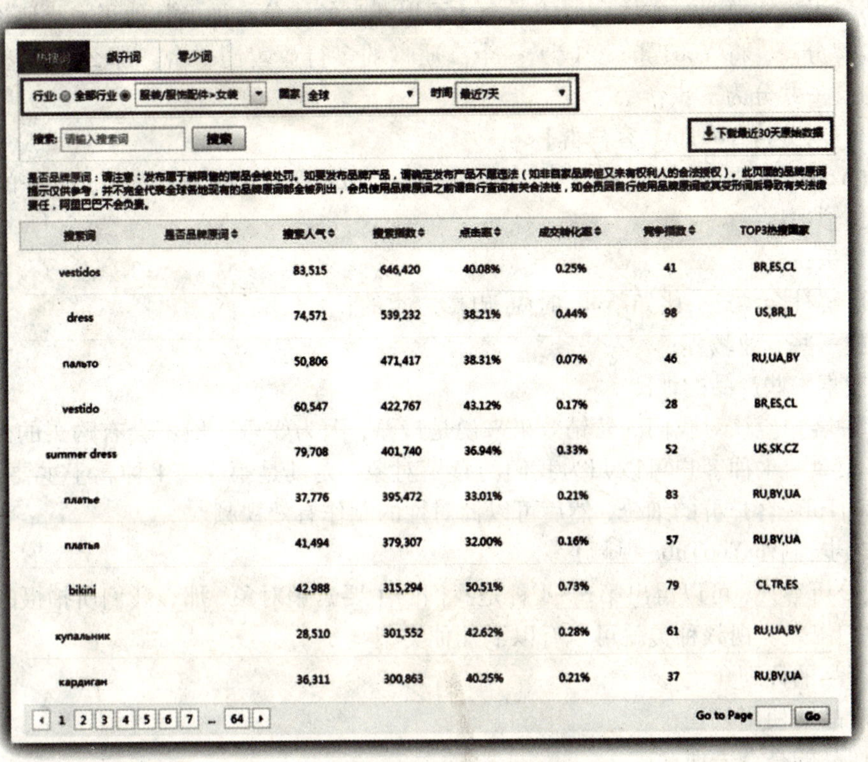

搜索词	是否品牌原词	搜索人气	搜索指数	点击率	成交转化率	竞争指数	TOP3热搜国家
vestidos		83,515	646,420	40.08%	0.25%	41	BR,ES,CL
dress		74,571	539,232	38.21%	0.44%	98	US,BR,IL
пальто		50,806	471,417	38.31%	0.07%	46	RU,UA,BY
vestido		60,547	422,767	43.12%	0.17%	28	BR,ES,CL
summer dress		79,708	401,740	36.94%	0.33%	52	US,SK,CZ
платье		37,776	395,472	33.01%	0.21%	83	RU,BY,UA
платья		41,494	379,307	32.00%	0.16%	57	RU,BY,UA
bikini		42,988	315,294	50.51%	0.73%	79	CL,TR,ES
купальник		28,510	301,552	42.62%	0.28%	61	RU,UA,BY
кардиган		36,311	300,863	40.25%	0.21%	37	RU,BY,UA

图 6-11

8. 如何利用好搜索词分析:

(1)发布产品、优化标题(高转化、大流量、相关性的词);

(2)优化直通车(成交转化率降序排列,找出和产品相关的词);

(3)使用零少词获取免费流量;

(4)下载飙升词发现买家近段时间搜索习惯及买家喜好的产品;

(5)小语种优化(可使用翻译工具)。

9. 单品关键词排名跟踪:

从诊断中心的排名查询工具查看单品的关键词排名情况,并关心该产品旁边的卖家情况。

三、站外营销

(一)视频营销:

一提到视频营销,很多人马上会想到精美形象视频、病毒传播、微电影、品牌营销,继而联想到昂贵的视频制作费用,觉得视频营销只适合于像宝洁、联合利华等大公司。其实不然。

随着市场的发展与各大视频网站的火速崛起，视频营销也可以通过很低的成本带来高质高量的询盘和订单。一个小小的手机视频，也可以给小企业带来大利益。

YouTube 的用户涵盖了全球主流的消费群体，买家通过视频获得产品的操作方式、运行过程和效果展示，甚至还可以从不同的角度观察所需产品。视频通过多角度的动态展示，解决了大部分买家需要通过实体商店或展会才可以获得的体验。加上其他买家或评论者的互动留言和口碑分享，将 YouTube 变成了一个高质量的多行业营销平台。那么究竟怎么做 YouTube 视频，一共分为三步：

【第一步:分析 YouTube 客户群】

在做 YouTube 视频之前，得先来思考一下 YouTube 视频的客户群，YouTube 的客户群可以分为几个类型：

(1)娱乐；

(2)了解社会动态，比如新闻、时尚、电影之类的；

(3)找一些专业教程；

(4)搜索一些产品的评测。

第 1 种客户应该对我们的营销效果来说是最差，因为娱乐一般不会有购买的想法，目的性很弱。第 2 - 4 种客户可以归为我们的营销对象，尤其是第 3 - 4 种属于主要营销对象。通过对 YouTube 客户群的细分，然后可以针对性的制作有效视频。

【第二步:制作 YouTube 视频】

通过分析客户，可以得出第 3 -4 种是我们的主要营销对象，那么我们所拍摄的视频也要围绕着它们出发。视频种类就可以有以下几种类型：

(1)产品的详细介绍；

(2)产品的使用教程；

(3)产品的亮点表现；

(4)客户使用评价。

大家再做视频就要围绕这几个类型花心思了。至于拍视频的技术，在制作视频的时候最好需要外国语言(根据主要针对的市场)介绍，外国人当模特，效果会比较理想。简单的视频是无法出效果的，所以 YouTube 视频营销不是一项低成本的营销渠道。

【第三步:上传视频】

上传视频，其实是个很简单的步骤而已。在这里，主要有跟 SEO 相关的知识点。针对 Google 的更新，对 YouTube 视频的排名友好提升，在设计视频标题的时候要选择合适的关键字，视频描述里面也可以适当添加关键字。一般带长尾词的视频可以快速被收录在 Google 首页或者第二页。

YouTube 视频营销属于口碑营销的一种，通过产品介绍，产品使用和产品评价相结合的方式，来提升客户对产品和品牌的印象，从而达成交易。合适的 YouTube Gurus 可以帮助自己做产品评测。在 YouTube 里面，有很多视频主通过获取免费样品，或者收费来帮助企业做产品评测。这些 YouTube Gurus 对于客户群体来说可信性高，传播速度快，最大的特点就是他们是当地人，也是真实分享使用心得，所以视频的效果会比较好。

(二)社交网站营销：

社交网络营销的核心是关系营销。社交的重点在于建立新关系，巩固老关系。任何创业者都需要建立新的强大关系网络，以支持其业务的发展。其特点是：

(1)直接面对消费人群，目标人群集中，宣传比较直接，可信度高，更有利于口碑宣传。

(2)氛围制造销售，投入少，见效快，利于资金迅速回笼。

(3)可以作为普遍宣传手段使用，也可以针对特定目标，组织特殊人群进行重点宣传。

(4)直接掌握消费者反馈信息，针对消费者需求及时对宣传战术和宣传方向进行调查与调整。

1. Facebook：

说起 Facebook 营销，都说有四要点：嘴甜，多留下一些肯定的评论、留言；脑转，多想多做，利用一些可以利用的资源；手勤，多加活跃人士，多加有影响力的知名人士；腿快，多到好友家里转转。

(1)营销要点：

① 头像和个人资料：

头像不要太商业化，广告性质太强容易引起人的反感；个人资料在填写的时候要注重突出要表达的产品或者品牌概念，个人资料需设置对所有人可见。

② 写日志：

日志是推广的人发表软文最佳场所，多注意原创，并在发布日志后利用分享和消息通知功能让你的好友看到最新的动态。

③ 状态：

如果日志写得太过火，显得小题大做，发条状态淡化一下，如果嫌状态不显眼，多加点表情。

④ 产品推广：

文字简明扼要为好，切忌长篇大论，因为没有人愿意浪费大量时间在读文字上；产品链接最好选择短链，因为长链看起来很乱，给人不舒服的感觉；语言特点，是社交网站，因此在描述内容时要有亮点，让好友喜欢或者分享或者点击，切忌语言不温不火过于平淡化。

(2)具体操作：

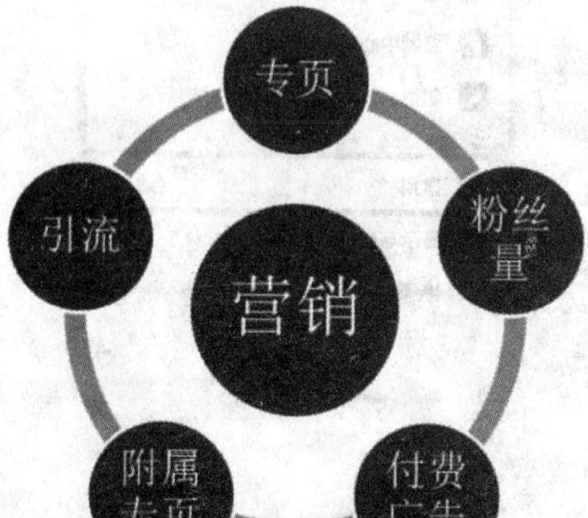

① 官方专业的运营，一般只是一些当天活动，以及相关的事件。可以在社区基础上做商务，但不可在商务的基础上去运营社交。官方如果运营专页的话，不可每天发过多的广告帖，一天顶多一个跟官网相关的 POST，避免用户退订。

② 粉丝量的来源有很多，有一些商家可能会直接买一些有粉丝的账号，毕竟人群容易受到影响。来源有很多：外部购买，定期刷量；合作号引粉；Facebook 平台付费点赞；官方粉丝引流（配合营销，关注送优惠券等）；粉丝分享。

③ 关于 Facebook 广告平台等其他付费，要选择切合自己公司和产品的广告类型进行营销。

④ 要打理好附属专页的运营，提高粉丝的活跃度，定期跟粉丝互动并且送点小礼物。每天或者定期偶尔发一帖跟网站相关的广告，这样用户既不反感，商家也可以获取必要的效果，切忌杀鸡取卵。

⑤ 除了官网 Facebook 粉丝以及附属专页 Facebook 粉丝，做社区做得好的人，是那群专门做社区大号营销的而不会是商家，因此可以寻找一些社区大号。

2. Twitter：

（1）手机版 Twitter 注册使用方法：

原理：ipad/iphone 手机要连接网络最好是 WIFI 比较稳定的情况下设置 VPN 上网才行，以雷光 VPN 为例示范，下面是具体操作方法：

① 打开手机菜单界面 选择“设置”；

② 选择“通用”；

图 6－12

③ 选择“VPN”；

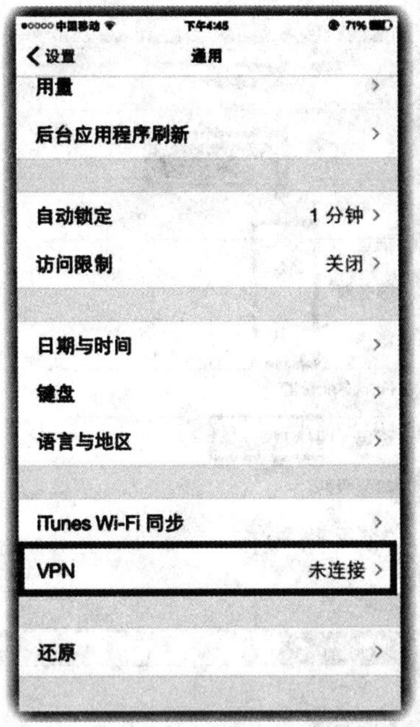

图 6 – 13

④ 选择“添加 VPN 配置”；

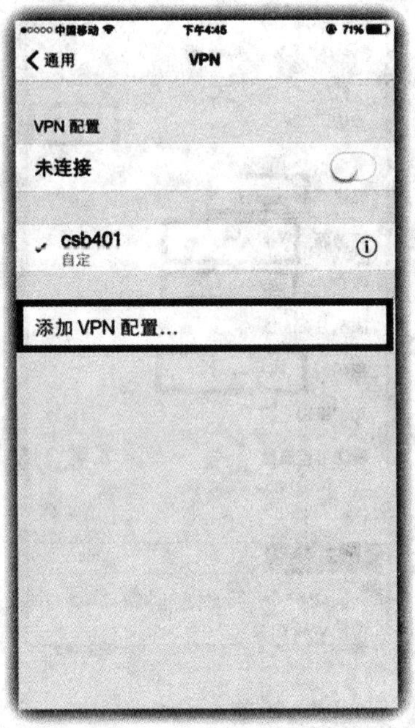

图 6 – 14

⑤ 协议类型选择“PPTP”，“描述”可随意填写，填入服务器，填入用户名和密码(没有可以去申请一个 VPN)，“加密级别”为“自动”。

图 6 – 15

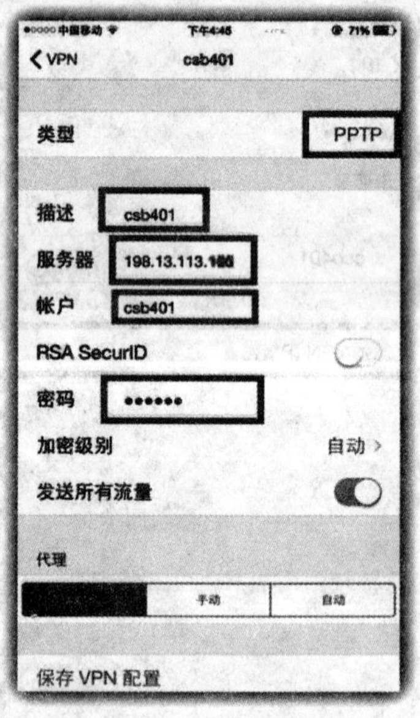

图 6 – 16

代理类型选择“手动”，下面的服务器端口鉴定都不填，设置好之后点“存储”；

⑥ 点击“VPN”开关，开启 VPN 连接，连接成功，右上角会出现" VPN" 小图标 OK，连接成功！不使用 VPN 时，在“设置”里面断开 VPN 连接；

图 6 – 17

⑦ 现在请尽情享受网络新生活吧!

图 6 – 18

点上图中的注册,按照步骤填写资料，成功后会进入页面，按提示一步步操作，记得到邮箱去激活推特官方发的验证邮件哦。

⑧ 想要搜索明星的推特及他的账号，Follow 人数最多的那个就是了!

图 6 – 19

(2)营销方式：

尽管Twitter目前还在探索盈利模式，但是大企业已经开始将它作为一款营销工具。利用Twitter进行营销的方式，大致存在以下五种：

① 客户服务

Twitter可以为企业提供用户追踪服务，缩短了企业对客户需求的响应时间。使用扫描工具对Twitter用户进行实时跟踪，以发现解决用户的问题。另外，由于可以访问用户的Twitter地址，这些企业主可以将优惠和活动信息直接发送到用户手中。

② 产品、品牌信息传播

Twitter开发了“品牌频道”，企业可以在Twitter构建品牌页面，同时组建多种品牌小组，同一品牌的粉丝能够聚合在一起。而企业通过平台可以向用户发送各种新品、促销信息，Twitter的即时性和分享性，让一个消息可以迅速遍布有相同兴趣爱好的Group、Team，甚至用户之间也发生互动，他们也可能把信息转发给其他好友。

③ CRM，与客户对话

网络整合营销原则强调，营销主体与营销客体之间需要进行交互化运动，而要与客户建立对话正是Twitter营销的黄金法则。越是影响力大的Twitter，其内容中与他人交流的比重越高，通过交流建立长期的互动关系，才能转化为市场回报。

④ 对老式广告的创新

户外和报纸等传统广告形式的最大缺点就在于无法有效地量化广告的覆盖面，利用Twitter则可以使得这种无法衡量的媒体变得可以衡量。使用户外广告的营销人员可以为Twitter用户提供一种激励措施使得他们乐意主动汇报，自己见过该广告牌。Twitter支持PC和移动设备，而且最多只能容纳140个字符，因此对户外广告的反应可以在瞬间产生。

⑤ 获取用户信息的新渠道

针对自己的产品或服务搜集数据的成本非常高。市场研究、产品开发等项目从组织到执行都会耗时数月。Twitter鼓励用户提供个人信息和个人喜好，发布个人的日常生活信息；Twitter是获取用户意见的理想平台。

(3) Twitter对比Facebook的优劣势：

① 优势：

Twitter提供了一个开放便携的信息传播平台，对所有人公开，降低了门槛，只需加Follow，就可以关注任何一个想关注的人，而Facebook是相对封闭的，只有成为好友才可以看到对方的信息，不利于资源的分享。

Twitter在实时搜索领域领先于Facebook的优势在于，几乎所有的Twitter用户都采用了公开账户，这就意味着这些用户所发布的信息都可以被检索到的，而Facebook只能检测到用户公开的信息。

② 劣势：

Twitter的用户规模远远小于Facebook，不利于竞争；Twitter的功能比较单一，只有文字和链接，不如Facebook的功能齐全，有照片、视频等多媒体功能。

3. Pinterest：

Pinterest是目前全球最火爆的图片分享网站，有来自世界各地的图片分享者，也会有很多公司在上面进行商业化分享，宣传公司产品。

目前 Pinterest 网站有 2 种风格，一种是完全基于图片，用户之间的交流只是通过图片作为桥梁。另一种是图片与文字结合的形式，用户可以用图片和文字 2 种形式进行交流，这些网站大都会提供小组、小站等类似的版块给相同兴趣的用户进行交流。那针对这样的 2 种风格的网站，营销策略也是会有所不同的：

对于完全的图片性的网站，做营销有两个关键：

(1)尽可能的争取进入网站的首页

像这类纯粹用图片说话的网站，90% 的用户进行图片浏览都是通过首页，他们关注的重心也大都会是首页所推荐的图片。所以要想让自己的平台更多的得到曝光，就一定要想办法让自己的分享更多的能够出现在首页。

而要做到让自己的图片会在首页更多的展示，要做的就是去分享那些迎合各网站风格的图片，用时尚的标题去吸引用户的关注。还有就是要去摸清楚这些网站首页图片的展示原则，利用一些手段去迎合这些规则，争取上首页。比如说刷喜欢、刷评论等，都是可以去操作的。

(2)与超级用户进行互动

所谓的超级用户就是在该网站拥有相当人气的用户，这些用户是大家关注的重心，所以在与他们进行沟通的时候，实际上就会得到更多的曝光。

适当的在超级用户身上做一些营销策略也是很有必要的。比如给他们送些礼品，然后旁敲侧击地让他们帮忙做些宣传，如果能够成功，对该品牌会是相当有帮助的。

而对于同时基于图片和文字的网站，营销也会有两个关键点：

(1)小组是的营销重心所在

小组有 2 大好处，一是累积活跃用户非常多，二是小组之间的话题传播性非常的好。所以在这类网站当中，如何去做好小组的营销是非常关键的，而且这会比在自己的主页进行分享，吸引别人的关注来的容易的多。

做小组的营销也非常的简单，无非就是去挖掘一些不错的图片，然后分享到相应兴趣的小组当中，用用户所关注的话题去吸引用户的眼球，同时是曝光自己的一个过程。当然能够争取到小组活动的赞助资格，那也会是非常重要的。

(2)引导组长成为意见领袖

这类网站你不需要去找那些超级用户，你只需要去找到小组的组长，然后想办法让这些小组成为我们的意见领袖即可。注意引导的方式和方法，与他们多交流。适当的时候做一些活动，刺激用户，以谋取更多的关注。

4. Google +

Google + 是一个 SNS 社交网站，作为搜索引擎巨头 Google 在社交媒体方向的延伸，可以通过你的 Gmail 账户登录，在这个社交网站上可以和不同兴趣的好友分享好玩的东西。

(1)Google + 如何变为店铺流量：

① 众所周知，Google 是国外使用率最高的搜索引擎，而 Google 搜索结果前三名已经占据搜索流量的半壁江山，Google + 信息已经开始动摇 Google 个性化搜索结果前三名。而这是其他社交平台如 Facebook、Twitter 和 Pinterest 所无法比拟的。

② Google + 作为社交网络其社交属性，为卖家自主从站外为商铺导入站外流量提供无限可能。

③ Google + 的社交属性，为卖家更好地维护老海外买家提供渠道，添加老卖家，分享最新的促销新品信息，可以增加买家粘性。

(2)Google + 营销基础：

① 受众数量很重要，想拥有受众，确保一定的内容，每日保证35个左右的主动添加数量，不要触底Google+每日的最高添加数量，否则在几天后添加好友数量会受到严格限制，直接到5个或者直接被警告，甚至封号。

② 利用相关社区高度曝光：首先挖掘一部分热门社区表现为member数量大几千几万甚至几十万。其次要分别试探社群与你发布内容的互动程度，初期维护10个左右热门高互动社区即可。最后等粉丝数量到一定程度，自己创建社区，集合自己的粉丝群，以及吸引其他加入。可以有自己的社群自动控制产品社群曝光度。

③ 利用自己的竞争对手，寻找与竞争对手互动的人，找到互动信息与自己产品相似的，添加好友，这部分人很可能成为你的粉丝，回圈几率大。

④ 利用与自己的互动的社群人，主动添加好友，回圈几率大。

⑤ 要有自己的内容风格，保证一定的发布频率，初期粉丝较少，发布较大量内容，为自己的信息页创建基础内容，中期粉丝具有一定规模，一定要注意频率，Google+建议 每天3－7条左右，发布时间不要太集中。

⑥ 内容：一定要集中在一个行业甚至更小的范围，格式尽量丰富，幽默共鸣内容，建议与信息页主题相关，不要太大量，也不要模糊信息页的主题。低俗内容不要发，会影响到整个信息页。

⑦ 更细化的运营经验，针对不同行业，不同产品，积淀的不同受众群或在运营维护中慢慢积累有所体会。

⑧ 持续，持续一定要持续，想要看到效果，得拥有一定的粉丝基数和优质的内容，半年是一个不错的时间检验。半年后的粉丝数是4位数，内容足够多，之后的运营需要更专业，此处不赘述。

(三)博客营销

博客营销其实就是一个媒体发布平台，但利用博客时千万不能当做单纯发广告的平台，那这样不仅你的博客权重上不来，而且也失去了博客的本身价值利用点了。打造博客可以尝试以下几种策略：

1. 老板打造个人名博、企业官方博客

这个也就不言而喻了，打造个人博客也是个人魅力的展现。这种方式相信也是众多老板最常用的方式，名气永远都是最有说服力的。或者利用企业官方名字做一个企业博客，效果也是相当明显的。现在很多公司都开始上线了官方博客，不仅让消费者有了交流平台而且很多程度上增加销售。

2. 企业员工博客

策略一：通过员工的嘴，讲述公司温情等等多个方面，或者让他们记录下每天的工作心得等等，其实这是一种非常好的公司宣传而且对公司管理方面也有帮助的。

策略二：员工自己打造名博，以给企业带来名气。当你的员工有一个名博，老板绝对很有底气地去对外宣称自己公司多棒，这么有名的员工都在我们公司，我们公司一定很强的！

3. 邀请名博写博客

策略:利用名博的嘴来阐述公司的观点和评论，或者制造冲突和话题，无论是正面还是负面都可以。其实往往这种方式做负面反而带来的效果更好，而且现在很多企业都利用这种类型的文章而成名，有对立才会有冲突，有冲突才会有关注，有关注才会有知名度。当然，冲突千万别冲公司的文化或者产品下手。

4. 让消费者写博客

策略:通过这些最底层、最普通的用户会带来意想不到的效果，当然这种效果最好的也是最难的。让消费者来主动写关于你的文章，卖家可以通过活动方式会好吸引用户。

知识链接

Tumblr

Tumblr 是全球最大的轻博客网站，含有 2 亿多篇博文。轻博客是一种介于传统博客和微博之间的媒体形态。

与 Twitter 等微博相比，Tumblr 更注重内容的表达;与博客相比，Tumblr 更注重社交。因此，在 Tumblr 上进行品牌营销，要特别注意“内容的表达”。

比如，给自己的品牌讲一个故事，比直接在博文中介绍公司及产品，效果要好很多。有吸引力的博文内容，很快就能通过 Tumblr 的社交属性传播开来，从而达到营销的目的。跨境电商网站拥有众多的产品，如果能从这么多的产品里面提炼出一些品牌故事，或许就能够达到产品品牌化的效果。

(四)论坛营销

论坛营销就是企业利用论坛这种网络交流的平台，通过文字、图片、视频等方式发布企业的产品和服务的信息，从而让目标客户更加深刻地了解企业的产品和服务的一种网络营销方法。

1. 论坛帖的类别:

【事件贴】迎合网友价值观的具备话题传播力人物及事件的帖子。

【亲历贴】讲述网友身边真实的生活故事和体验的帖子。

【攻略贴】解决网友生活中碰到的疑难，给网友带来帮助的帖子。

【搞笑贴】轻松、有趣，能够给网友带来会心一笑的帖子。

【揭秘贴】满足网友窥探欲望，不同于官方新闻角度资讯的帖子。

【悬疑贴】能够引发网友好奇心，带来不断猜测和讨论的帖子。

【感动贴】能够给网友带来视觉或心灵的美好和感动的帖子。

【典藏贴】具备收藏价值的经典帖子，可能是优秀的网民原创作品(文字、图片、视频、Flash)，甚至是经典的广告创意!

2. 发帖需要注意的几点:

(1)借助于他人的热帖

要想创造出受欢迎的帖子不是一件容易的事情。可以在论坛上寻找一些那些回帖率很高的帖子，再拿到其他论坛进行转帖，并在帖子末尾加上自己的签名进行宣传或加上自己的广告进行宣传。

(2)长帖短发

一般论坛中看帖的人都是没有耐性的！太长的帖，不管它有多大吸引力，都很少有人能够把它看完！所以一定要长帖短发！如何长帖短发呢？长帖短发并不是叫你把帖尽量缩短！而是将一帖分成多帖，以跟帖的形式发！就像电视剧一样，分多次帖！但要记住不要超过7帖！并且可以每隔一段时间再发一帖，以让他人有等待的欲望。

(3)发广告要巧妙

帖子发表时不要一开始就发广告，这样的帖子很容易被当作广告帖删除，怎么办？可利用长帖短发方式，在后面的跟帖里发广告，一般不会被删除。一个帖子刚刚发表时，版主一般要进行检查，如果此时有广告内容，一般会被删除，但经过一段时间后再对原帖进行修改，重新将广告内容加上，这样的成功率要高一些。

(4)用好头像和签名

头像可以专门设计一个，宣传自己的品牌，签名可以加入自己网站的介绍和连接。

(5)发帖要求质量第一

发帖不在乎发帖的数量多少、发的地方多少，而帖子的质量特别重要。为什么呢？因为发的多，但总体流量不多，发帖的关键是为了让更多大数人看，变相地宣传自己的网站。所以追求的是最终流量。所以发高质量的帖子，专注一点，可以花费较小的精力，获得较好的效果。另外，如果帖子质量好，很可能被别人转载。

(6)利用回帖功能

如果要在回帖中发广告，一定要争取在前5位回帖，这样被浏览的概率要高一些，这时就要搜寻那些刚刚发表的帖子。

(五)WeChat微信营销

由于移动互联网的快速发展，一个崭新的传播时代已经来临。微信营销，这个以分众和精众市场为目标诉求的营销模式，正是这个营销新时代的先锋和代表。集文字、语音、视频于一体的微信，正在深刻地改变着社交与生活，以微信朋友圈口碑传播为主要表现形式的微信营销，因为拥有了海量用户和实时、充分的互动功能，正成为营销利器。

1. 营销优势：

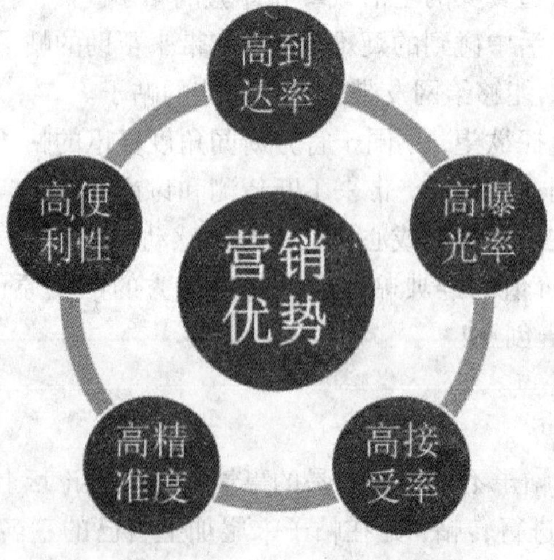

2. 营销方法与技巧：

(1)助力思维:病毒式传播，全民嗨；

助力营销，是病毒式传播的一种，它是通过朋友间的不断转发支持，实现快速传播和全民关注。助力思维通常的方式是，技术公司在制作活动微网页时，添加助力一栏。用户参加活动时，在活动页面上输入姓名、手机号码等信息后，点击报名参与，即进入具体活动页面。用户如想赢取奖品，就要转发至朋友圈并邀请好友助力，获得的好友助力越多，获奖的几率也就越大。为发挥助力者的积极性，也可以让参加助力的好友抽奖。就这样，因为有大奖的吸引，就可以通过报名者与其众多好友的关注和转发，达到了泛传播的目的。

(2)抢红包思维:精众传播，立竿见影；

抢红包思维，顾名思义就是为用户提供一些具有实际价值的红包，通过抢的方式吸引社会积极参与，引起强烈关注，找到潜在客户，并实施针对性营销。抢红包的思维方式比较适合电商企业，客户得到红包后即可在网店中消费，这样一来，既起到了品牌推广作用，又拉动了商城销售。

(3)流量思维:痛点营销，快速传播；

互联网时代，流量为王，网站如果没有流量，那就简直是“无源之水，无本之木”。而对手机上网族而言，流量就像“人之于水，车之于油”。因此，抓住消费者的痛点，也就抓住了营销的根本。流量思维的基本思想是转发送流量，用户只要转发某家公司或某个产品的微网页，就可以得到一定的流量。

(4)游戏思维:兴奋点营销，蝴蝶效应；

游戏思维的概念很简单，就是通过游戏的转发传播，来认识某个品牌。在微信的战略发展方向中，游戏与社交是其重点，足见游戏在移动互联网上的地位。微信小游戏的特点普遍是设计新颖，而且呆萌，规则简单却不单调，可以在短短几分钟内吸引到大量用户。

(5)节日思维:传递的是温情，传播的是品牌；

逢年过节，互致问候是中国人的良好传统。在经历了书信、电话和短信贺年祝节后，今年开始，微信祝福逐渐流行，一段语音、几句文字、一个视频，简单却温暖。节日思维，就是利用节假日人们相互送祝福的机会，在微信文字或视频中植入品牌形象，恰到好处地进行传播推广。

(6)大奖思维:高转发率，广参与性；

“重赏之下，必有勇夫”。自古以来，奖与赏是很多人难以拒绝的诱惑。借用互联网的说法，设奖促销，是搔到了用户的痒点。在当下的微信营销中，给奖甚至给大奖，是媒体和企业用得最多的招数，实力雄厚的，用房子或车子作为大奖;实力稍弱的，也常常用年轻人最爱的 iphone6、ipad 等通信工具，或者门票、电影票和旅游券等作为奖品，而且效果良好。

(7)众筹思维:聚沙成塔，集腋成裘；

众筹是指用团购或预购的形式，向用户募集项目资金的模式。相对于传统的融资方式，众筹更为开放，更为灵活。对圈子的精准把握，是微信适合众筹最核心的竞争力。

(8)生活思维:自然而然，润物无声；

生活思维，就是把人们所关心的日常生活知识，发布到微信平台上，通过这些信息的转发，起到良好的传播作用。如今，人们对生活质量的要求越来越高，对生活知识的需求也越来越大，有关生活类的知识在网络上的转发率相当高，凡是与生活、旅游、美食、教育等相关的信息，都会引起人们的关注。而这些信息不但适合转发，而且很多人还会收藏，这样一来，即是对信息进行了二次传播。因此，在这些生活类信息中植入产品图片、文字或者做链接进行传播，是个不错的思维方式。

(9)新闻思维:让品牌随新闻飞扬;

新闻思维，是借助突发性新闻或关注度较大的新闻夹带图片进行传播。移动互联网时代，新闻的传播速度已经是以秒计算，地球上任何一个地方发生的重大新闻，都能在瞬间传递到地球的角角落落。而它在微信圈的阅读量，往往是以十万甚至百万计。因此，如果在转发率如此高的新闻中植入广告，其传播影响力自是不可估量。

(10)测试思维:因为风靡，所以广泛。

测试思维，也就是通过一些小测试，比如智商测试、情商测试、心理测试等来对一些品牌进行传播。今天的微信圈内，各类测试甚是风靡，这些测试情商、智商的题目，抓人眼球，很容易让人点进去测试。而这些测试的最后，往往都会跳出“分享到朋友圈，分享后测试答案会自动弹出”，这么一来，无疑进行了二次传播，而藏在这些题目开篇或结尾的网站或咨询机构，也在再传播上宣传了自己。

四、跨境电商案例

Facebook 社会化媒体营销:红牛

红牛这个品牌相信没有几个人不知道的。这么牛的品牌也在 Facebook 上进行营销，可想而知 Facebook 蕴藏营销价值。红牛是一款已经建立了雄厚粉丝基础的流行功能性饮料。看看他们的一些聪明做法。

第一次上他们主页的时候，很难躲开他们强有力又有趣的行动号召。如果觉得他们的号召还不够，他们还暗示成为粉丝之后有什么在等着你(注意灰调的视频，不关注红牛，就看不了)。这与前面讲到的 PETCO 的明确列出好处的做法不同。选择最适合的吧。

图 6－20

粉丝在主页停留的时间越长、回访越多，他们转告好友并且最终选择你的产品服务的机会就更大。

为此，红牛开发了一系列游戏，开通了自己的电视频道。即便没有那么多钱做专业的游戏开发或者开通自己的电视频道，这对于思考如何让粉丝回到页面也有一定的启发。

图 6－21

图 6－22

视品牌而定，想办法与粉丝见面也许是值得的。活动标签能很快告诉粉丝们在哪儿可以找到你。红牛惯用这招。

图 6－23

看看红牛的标签。他们很创造性地在标签框里融合了品牌 logo。然而，由于有海量的标签，活动标签很快就消失不见。这就告诉我们要合理地给标签排序。

【问题：】

1. 本案例中，红牛在 Facebook 营销中运用了多少种策略？
2. 红牛的品牌营销主要体现在哪些地方？

知识总结

在本章课程中，首先掌握了询盘、客户的管理和订单纠纷的处理。询盘和客户的系统化管理是店铺一个重要的组成部分，对客户的二次营销有很重要的作用；纠纷订单的类型有很多，不同的纠纷有不同的应对方式，解决一个纠纷就等于挽回一个客户。

其次了解了数据分析的分类以及重要性。数据分析是大数据时代下最重要的一步，做出好的数据分析可以看出店铺近段时间的不足以及下一段时间的走势。

最后熟悉了各大网站的站外营销及推广方法和技巧。站外营销及推广对店铺的引流有很大的作用，还可以对产品在众多国家的定位进一步了解。

【知识检测】

（一）名词解释

协议纠纷　数据分析　站外推广

(二)简答题

1. 数据分析的分类有哪些?

2. Twitter 对比 Facebook 的劣势是什么?

3. 适合进口的站外营销与推广有哪几个?

【拓展阅读】

醉汉路灯下找钥匙——大数据的研究方法可笑吗?

一天晚上,一个醉汉在路灯下不停地转来转去,警察就问他在找什么。醉汉说,我的钥匙丢了。于是,警察帮他一起找,结果路灯周围找了几遍都没找到。于是警察就问,你确信你的钥匙是丢到这儿吗?醉汉说,不确信啊,我压根就不知道我的钥匙丢到哪儿。警察怒从心中来,问,那你到这里来找什么?醉汉振振有辞:因为只有这里有光线啊!

图 6-24

这个故事很简单,看完这个故事,有人可能会感叹醉汉的"幼稚"、"可笑"。但不好笑的是,"乌鸦笑猪黑,自己不觉得"。这个故事也揭示了一个事实:在面临复杂问题时,我们的思维方式也常同这个醉汉所差无几,同样也是先在自己熟悉的范围和领域内寻找答案,哪怕这个答案和自己的领域"相隔万里"!

还有人甚至认为,醉汉找钥匙的行为,恰恰就是科学研究所遵循的哲学观。前人的研究成果,恰是是后人研究的基石,也即这则故事中的"路灯"。到路灯下找钥匙,虽看来有些荒唐,但也是"无奈之下"的明智之举。

数据那么大,价值密度那么低,你也可以去分析,但从何分析起?首先想到的方法和工具,难道不是当下你最熟悉的?而你最熟悉的,就能确保它就是最好的吗?

沃顿商学院著名教授、纽约时报最佳畅销书作者乔纳伯杰(Jonah Berger)从另外一个角度解读这个故事:在这里,浩瀚的黑夜就是如同全数据,"钥匙"就好比是大数据分析中我们要找到的价值目标。他认为,"路灯"就好比我们要达到这个目标的测量"标尺",如果这个标尺的导向有问题,顺着这个标尺导引,想要找到心仪的"钥匙",是非常困难的!在我们痴迷于某项自己熟悉的特定测量标尺之前,一定要提前审视一下,这个测量标尺是否适合帮助我们找到那把"钥匙",如果不能,赶快换一盏"街灯"吧!

学习模块五　风险防范篇

第七章　跨境电商风险与防范篇

【知识要点】

1. 掌握跨境支付、物流、汇率等产生的风险。
2. 熟悉风险的预防和控制。
3. 了解影响跨境电商发展的有利因素与不利因素。

【核心概念】

1. 跨境电商整个蓝海市场在迅速发展的过程中拥有巨大的商机和潜力，也存在着更复杂和棘手的国际交易风险问题。

2. 对于风险的预防和控制，需要国家与企业相配合，互相协助。

【情境导入】

多手段强化跨境风险管控 对冲汇率风险

“一带一路”沿线65多个国家，40多亿人口，这些国家政体不一，经济发展水平良莠不齐，监管标准环境差别大，不少国家国别风险较高。而周期长、金额大，融资结构复杂等现实，也加大了发展“一带一路”沿线区域金融业务的风险。

中国银行指出，考虑到“一带一路”沿线各国的实际情况，中行加大了差异化的授信政策支持力度，给予沿线机构、重点区域和重点行业信贷资源倾斜。他特别强调，金融支持是否跟得上取决于风险管控。

作为在海外深耕百年的大型商业银行，中行对海外业务风险有着独到的理解。“只有把各类风险防范做扎实，才能更好地推进‘一带一路’战略的实施”，中行支付清算部总经理张青松指出。为促进项目融资方面风险管控的提升，中行需完善“一带一路”特别管理框架，合理设计融资产品和工具，有效的风险和规避风险。利用多种技术手段缓冲风险，并强调与多边金融机构合理开展合作。

一、跨境电商收款及物流风险

(一)国际支付风险、预防和控制

商务部公布的全球贸易格局报告中预测，未来几年内中国跨境电商进出口额将增长至6.5万亿元，年增速超30%。随着中国政府“2025中国制造”远景规划的不断推进，我国外贸商品有望在国际市场上取得更大的市场份额。

然而对于中国商家来说，跨境电商行业不仅意味着巨大的商机和潜力，也存在着比线下市场和国内电商交易更复杂和棘手的交易风险问题。有效应对这类新型风险需要防范于未然，事先了解在线跨境交易中可能存在的各类风险和解决方案，以便及时搬开这块“绊脚石”。

1. 操作的短板

第三方支付服务是通过网络提供相关服务，包括至少七个环节，在境内买家、第三方支付、境外商户、相关银行之间发生关系;交易系统的某个环节出错，都可能导致安全风险传导到第三方支付平台上。例如在银行的支付系统中，交易资金从买方到第三方支付平台，再由第三方支付平台到收款方，资金在三者之间流动可能会出现一定的错误，尽管这些错误出现的概率为人们所接受。

2. 信息的泄露

买卖双方的数据被第三方支付平台所存取，如个人信息、交易记录、认证信息等，其数量之巨大实在令人担心。我国目前尚欠缺相关的法律条文和技术规范来对第三方支付企业对于数据的收集、存储和使用立一根标杆。

3. 退单

如果“退单”这个术语对你来说比较陌生，那么你可要多加留心。退单是指顾客通过发卡行撤销订单付款。造成退单的原因多种多样，以下是一些常见类型:

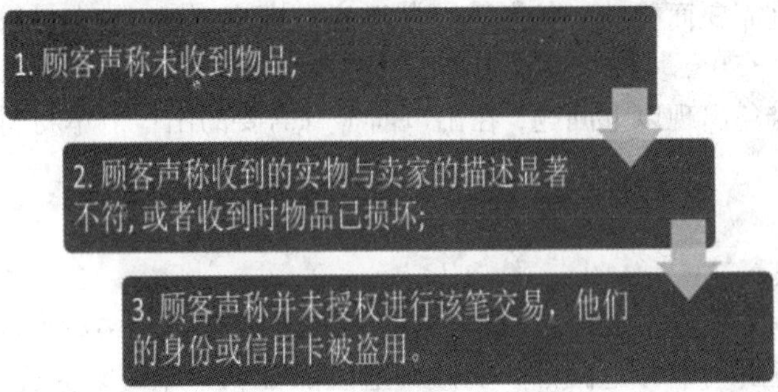

如果商家可以积极回应顾客反馈，提供明确的退货政策，或在适当情况下在买家发起退单申请前就已开始处理退款要求，一些退单是可以被避免的。倘若是顾客声称未授权交易而产生的退单问题，选择一个合适的支付工具则显得尤为重要。

4. 抵挡网络欺诈

在亚洲，网络欺诈屡见不鲜。据2013年Sophos网络安全报告显示，亚太地区的企业及消费者更容易受到网络安全的危害和骚扰;在全球最易受网络犯罪侵袭的十大城市中，亚洲城市占得8个席位，中国更被列为第二大具有高风险级别的国家。

精密的网络欺诈预防机制和工具已被全球广泛采用，以预防诸如个人信息及信用卡盗用等问题。然而，采用不同的网络欺诈预防机制往往会产生不同的防范效果。因此，选择一款安全可靠的在线支付工具成为降低跨境交易风险的重要环节。

当然，卖家也可以自己采取一些措施来鉴别是否是因为信用卡被盗或账户被盗而产生的欺诈交易，如通过搜索引擎的IP地理定位服务跟踪并核实买家的送货地址。交易存根，建立买家黑名单，限制买家购买条件和电话核对买家信息也是有效的防范手段。此外，卖家需要紧密监测和核实收货地址为高欺诈风险的国家的订单，付款后提出变更收货地址的要求，邮寄至同一地址的多个订单和由于超额支付而提出的电汇退款申请，以及其他可疑行为等。

（二）国际快递的风险、预防及控制

国际物流运输途中，包裹出现遗失、破损、海关扣关以及包裹退回的现象时有发生，主要分为国内风险和国际风险：

1. 国内风险：

（1）转运中货物破损或丢失

常见的货物破损或丢失，有可能是这几种原因造成的。一是某些货代为了追求更大的利润，选择更换偏远的渠道造成的，导致货物上网的信息非常慢；二是由于物流线路较长，一些较远的城市容易出现车辆颠簸、转运碰撞，造成货物丢失或破损；三是个别货运代理对高价值产品扣货，这是极个别的现象，在平时的物流中不常见但却有发生；四是物流操作人员不规范操作或暴力分拣。另外，香港出货的货品还要面临香港代理查货的风险。面对这些问题，商家们要选择正规的货运代理公司，产品要严格包装好。

（2）海关查验

商家在国内海关查验方面容易出现的问题主要有三个：第一是假冒产品，我国坚决打击假冒产品，因此海关对假冒产品的查验也是严格的；第二是海关禁止出口的产品，电池、粉末、液体、贵金属等禁止出口的产品是无法通过海关查验的；第三是冲关问题，主要指的是商业快递，有些商品是需要商检的，有些货代会建议商家虚报货值、货量较大商品的品名和价格冲关，一旦被海关查出，货物将会被退回，严重的将被罚款。因此，商家要遵纪守法，按海关规定出口，尽量避免出现以上问题，在出口前了解需要的出口清单材料，如商检证明、报关文书等等。

2. 国际风险：

（1）未通过航空安检

我们都知道，危害航班干扰信号、易燃易爆产品、涉嫌假冒伪劣的产品都无法通过航空安检。因此，商家运输货物中有危险品，要做好危险品证明，并在航空公司备案；有电池类产品，要做好MSDS证明；避免做涉嫌假冒伪劣的产品。

（2）转运途中的风险

包裹在到达目的国时要经过很多中转，这个过程中就容易出现很多问题。国际物流中转过程中的丢失、恶劣天气导致的包裹投递延迟、分拣人员暴力分拣、中转拆包导致的外包转破损都是在转运途中较容易出现的问题。如果货物中有易碎物品，商家要多贴易碎品标签，在发货前多垫泡沫、气泡袋、打木架或木箱，以加固好自己的产品，保证产品安全；在货物货值较高的情况下，建议商家购买保险；面对时效要求高的货物，商家要注意选择物流方式。

对于速度要求高的产品，可以选择商业快递。商业快递费用高，可以全程追踪，在5－7

天左右到达目的，丢包和客户撤销付款的风险小。速度要求不高的情况下，可以选择航空小包。航空小包可以发2Kg以下的货，特点是便宜、方便，全球通邮，价格统一，但时效不稳定，更新信息慢，丢包和客户纠纷风险大。不同国家的物流环境，特别是物流软环境的不同，不同国家的物流运输方式差异化就很大。

(3)清关问题

常见于关税过高，买家不愿清关，买家国家限制进口产品，侵权产品被海关查扣，申报价值与实际不符，货物需要退回或当地弃件及销毁等等都是比较常见的清关问题。为了避免出现这些问题，商家要了解产品在目的国海关清关要求，尽量避免涉嫌侵权仿牌产品，尽量如实申报产品价值，特殊情况：客人要求低申报，要保留好证据。申报品名要尽量详细，避免只写“礼品”“配件”。

小贴士

· 西欧、北欧、南欧可以用DHL、TNT，这两种清关能力强。TNT在荷兰、比利时优势明显。

· 在东欧，DHL优势区有卢马尼亚、保加利亚、摩尔多瓦、匈牙利等，EMS优势区有希腊、俄罗斯、土耳其等。

· 在亚洲，韩国、日本泰国等东南亚国家适合发FedEx、DHL。FedEx时效快，DHL具有速度快的特点，但它的价格高。印尼建议发DHL，因为它的清关能力强。

· 加拿大、美国等美洲国家，FEDEX、UPS、DHL比较适合，它们的清关能力强，速度快。墨西哥适合FEDEX，阿根廷、巴西适合中国邮政EMS。要注意巴西需要提供税号。中南美FEDEX价格优势，但要小心清关风险。

· 大洋洲，DHL、UPS速度快，但价格高；TNT、FEDEX价格低，但相对网点少。要特别注意澳大利亚的产品包装要贴上“MADE IN CHINA”。中东地区适合中东快递ARAMEX、EMS。非洲的商业快递非常贵，偏远地区多，建议发EMS。

(三)汇率风险

在多数人眼里，受汇率变动影响最深的，除了倒卖外汇的人之外，也就是与从事跨国贸易的个人或企业关系最为密切了。如果前期的定价及成本结算没有考虑到远期的汇率风险，往往在最后收汇结汇时就会有麻烦。但对主要以“零售”为主的跨境电商而言，影响真的微乎其微吗？或许你会认为，汇率的变动可能会影响传统大宗出口贸易，毕竟量大，单价的变更会影响整体成本，同时运费也会跟着进一步调整。但对多数以“个”为销售单位的跨境电商，汇率的变动其实对单价及运费的影响是很小的。

1.跨境贸易是构筑人民币跨境流动基础

东亚各经济体在产业结构上与我国存在较大互补性，贸易往来频繁，构成了人民币跨境流通的基础。现在，人民币已经成为周边国家和地区贸易的主要结算货币，并在东南亚区域内贸易中表现出较好的可接受性，说明人民币作为区域贸易国际结算货币的市场需求已经基本形成。另外，人民币也逐步成为部分国家的储备货币。目前，我国已与26个国家和地区央行或货币当局中签订人民币互换协议，其中有19家为我国周边区域国家。虽然人民币在各国外汇储备中的占比仍较低，但这是人民币发挥价值储备这一重要国际货币职能的开端。经过多年的布局，人民币区域化已经取得突破，周边国家对人民币的接受程度持续上升。我国的产能和技术能力早已具备了实施“一带一路”规划的能力，但只有人民币逐渐具备区域货币的性质，我国资本与产能的输出才能找到合适的载体。

2. 使用人民币结算规避美元汇率风险

我国与沿线国家的人民币跨境使用已初具成效。在该合作中心内，人民币可与周边国家货币自由兑换、挂牌交易，开展人民币融资业务。如今伴随“一带一路”战略，跨境业务新机来临。

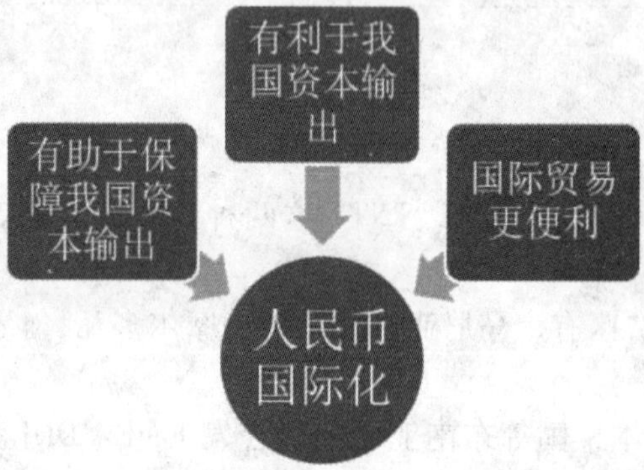

在人民币国际化程度提高后，使用人民币对相关国家融资，这些国家再用人民币向我国企业采购产品便是顺理成章之事。因此，使用人民币交易可以使双方企业避免因美元币值波动所产生的汇率风险，规避全球货币政策分化引起的潜在风险。人民币结算能规避大宗商品美元价格下跌的汇率风险。大宗商品市场供大于求的局面短期内难以破解，美元持续走强对商品价格更是不利。

二、跨境电商出口退税风险与对策

（一）跨境电商出口退税风险分析

近年，国务院常务会议制定了各种扶持中国跨境电子商务发展的各项政策和公告；如《关于实施支持跨境电子商务零售出口有关政策的意见》、《关于跨境电子商务零售出口税收政策的通知》、《关于外贸综合服务企业出口货物退（免）税的公告》等。其中出口货物退（免）税是对跨境电商零售出口最大的支持，但是出口货物退（免）税带来的风险有：

1. 虚构可抵扣税额。外贸型跨境电子商务企业通过虚假进货、虚构委托加工、虚构视同自产货物等形式取得虚开的进项发票或收购凭证，虚增进项税额，骗取出口退税。

2. 虚构出口业务。生产型跨境电子商务企业通过将纯内销业务改为内销和出口业务混合操作，通过“假报出口”或“借货出口”的运作方式，利用以次充好、低价高报，以少充多、虚增数量，无货出口、空箱闯关等手法，将真假、虚实的货物结合在一起，蒙混过关，以达到骗取出口退税的目的。

3. 中间代理商“买单”业务。代理出口人一手包办几乎所有的手续，既提供虚假货源，又介绍假冒外商客户，异地报关、异地“供货”，避开税务部门的审核监管。

4. 虚假报关出口。跨境电子商务企业采取低价高报、低退税率商品虚报为高退税率商品、不得退税的商品虚报为应退税商品等手段，非法获取虚报出口货物的退税单证，进而骗取出口退税。

(二)跨境电商出口退税对策研究

1. 经济利益驱使。经济利益驱使是骗取出口退税的主要动机与目的，且与退税利益相比骗取出口退税所付出较小。

2. 跨境电子商务企业外贸出口方式的影响。随着异地“供货”的比重的增加，给出口退税管理制度带来极大的挑战，使得部分外贸企业更多地进行跨地区作案、采用异地“供货”方式骗取出口退税。

3. 增值税税制尚不完善。我国的出口退税制度是建立在增值税制度基础上的，而目前增值税制度还不够健全。增值税征税范围较窄且多种抵扣凭证并存;税收优惠政策过多。

4. 出口退税管理机制不健全。我国出口退税的管理方式和手段不适应出口退税管理工作要求，出口退税审核管理模式与外贸出口要求不适应;出口企业征、退税管理脱节。

5. 部门间协调机制不健全。我国目前的出口退税管理属于条块分割管理模式。由于各职能部门的管理内容、要求和目的不同，部门之间缺乏充分的沟通协调、协作配合不到位、共享信息不充分、跨部门的信息传递不畅，出现了出口退税管理上的灰色地带和自区。

三、跨境电商商品监管及信用风险

(一)跨境电商商品监管新问题

跨境电商的“要速度”给传统程序式监管模式“慢节奏”提出新要求。众所周知，电商追求速度，最好是“零等待”。例如出于保证食品安全的需要，结合传统外贸特点，现在实行的是“先检验合格后放行”的进口食品检验监管模式，这种模式从受理报检到出证放行，客观上要完成必要的检验检测等具体工作，需要一定的时间周期和工作程序，难以突破“零等待”这样的时间瓶颈。如何调整监管方式，达到最大限度地满足跨境电商的速度要求又履行好进口食品安全监管的职责，对进口食品检验监管方式进行必要的调整是跨境电商给进口食品检验监管提出的新课题:

跨境电商的“低门槛”迫切需要建立新规距。电商经营者往往以商业利益为首要的追求目标，受市场要素影响较大，在质量控制方面缺乏标准意识和专业手段，尤其在缺乏刚性市场准入制度的情况下，电商业者自设门槛，但这个门槛是“低”的，某些业者在质量安全控制方面往往服从市场要求甚至低于市场要求，于是出现了大量的产品质量投诉事件，假冒伪劣产品充斥市场。国内消费者迫切需要监管部门对跨境电商领域的进口食品进行监管，跨境电商市场自身要良性有序发展，也需要“强体”，需要监管部门对市场进行规范，需要设好“门槛”，设置好准入条件和监管规则，使市场合规矩。

相关法律法规跟不上跨境电商新业态的发展。作为一种促进社会经济发展的新型商业形态，国务院、地方政府都相继出台了一些支持电商发展的政策，如《商务部等部门关于实施支持跨境电商零售出口有关政策意见》等等，但在电商经营准入管理、产品质量安全管理、消费者保护等方面的法律法规还是不健全，各地区各部门对跨境电商管理也缺乏统一的制度设计，客观上出现了各地做法不一致、监管宽严不统一等"乱"象。于是，不合格产品就会"找"薄弱环节予以突破，存在质量安全监管上的风险。

跨境电商灵活的经营手法给检验检疫监管带来困难。电商经营有碎片化特性，从进口食品来说，有批次多、数量少，甚至单件、面向个体消费者、交易频次高等特点。最常见的模式：一种是电商经营者利用保税政策在保税仓库备货后，再通过网络平台接受个人订单，然后生成包裹以个人物品的形式销售到国内；另一种是通过网络平台在境外直接形成个人订单，以个人物品的形式入境。这些经营手法非常灵活，以个人包裹形式化整为零地进口，照搬传统监管方式进行监管是不现实的，存在监管制度滞后的问题。大量进口食品正在以这样或类似的方式流入国内，有些是不符合我国国家标准的甚至是假冒伪劣的，有些还重新进入到国内流通领域。

（二）信用风险

跨境电商的出口信用风险是指企业在对贸易过程中，出口方提供给进口方商业信用后，由于进口方自身在交易过程中涉及的第三方或者进口方国家不可抗力因素导致出口企业无法按期按量地收回货款所遭受损失的可能性。出口信用风险主要表现为海外买家信用风险（海外买家拖欠、拒收、破产风险）、海外银行信用风险以及国家政治风险。

1. 跨境电商出口信用风险的产生原因

（1）客观因素

①国际环境的变化

国际环境无时不在变化中。诸如贸易政策的变化，经济萧条，利率变化。汇率变化等等，这些变化都会影响出口信用风险。比如，有的国家发生政变，导致经济形势恶化，这种宏观环境的变化会大大影响出口信用风险。

②信用风险管理水平

国际间不平衡。许多发达国家在信用风险管理方面积累了大量的经验，也形成了有效的机制和制定了相关法律，而相反，包括中国在内的许多发展中国家在这方面还没有经验，有时还会由于狭隘的本国利益作祟，大大增加了出口信用风险。

（2）主观因素

企业内部职责不明。

现在，一些企业内部没有一个确定的风险规避操作规则，内部职责不是很明确，无法进行统一的协调，使得信用风险增加。企业没有建立完善的客户资信管理体系，多数企业往往忽略了这个环节，这是由于客户信息的收集、整理和分析，没有销售任务那么迫切，企业对于潜在客户往往疏于做事先和全面了解。而一旦开始了业务往来，肯定来不及做深入了解，只能根据片面资料匆匆做出决策，同时也埋下了隐患。交易完成后，却失去了搜集客户信息的迫切性，不再对客户信息进行补充和动态追踪，错过了采取补救措施的机会，一直到发生了拖欠事实，一切都晚了。

2. 跨境电商出口信用风险如何控制

国际信用风险管理是全球经济一体化加速发展的产物，并随着跨境电商的发展而不断完善。在全球贸易额不断攀升的今天，国际信用风险管理已成为国际贸易体系中的重要组成部分。国际信用风险管理的实施需要出口企业、金融部门和国家相关部门之间相互协作。

建立信用管理体系

- 在接触新客户时，对客户进行资信调查是最基本的信用管理手段。跨境电商企业可以通过银行获取客户银行的相应资料。同时，还可请进口商银行协助提供进口商在该银行的资信状况。出口企业要善于运用银行在这方面的资源。如果需要对进口商进行更详细和深入的了解，可以通过一些国际咨询服务公司直接对其进行详细的资信调查。在对进口商的资信情况了解后，企业就可以据此选择最合适的贸易方式。其次对“老客户”的付款状况也要监督，随时了解、注意老客户是否有延迟付款的情况发生。

重视人力资源的管理、员工考核和培训

- 国家对跨境电商的条例政策都是在不断改进中的，所以就需要对业务员进行定期培训，不断更新业务知识，同时还要了解世界各地不同港口的惯例，接触各种与货物合同履行相关的环节，例如商检、装运等。在我国外贸合同纠纷中，不论是出口公司对合同履行的不重视、不能按质按量履行合同，还是由于合同条款有纰漏、业务操作不规范，而给国外公司钻空子的机会，都属于这方面的问题。

借鉴国际通行的信用管理方式

- 国际保理业务是一种介乎于托收和信用证之间的、兼具商业和银行双重信用功能的货物收付方式。时至今日，对众多的中国出口企业而言，国际保理业务还是一个非常陌生的概念。目前，我国的保理商数量有限，保理业务发展缓慢。

四、跨境电商知识产权及法务

(一)跨境电商知识产权风险及规避

美国现行商标法《兰哈姆法》对商标权采取强势保护，规定复制、伪造、模仿或欺骗性模仿注册商标的标志用于任何商品或服务的销售、许诺销售、分销或广告宣传，可能引起混淆、误认或欺骗，都应当在商标注册人的民事诉讼中承担责任。在电子商务平台中，中国商户与美国买家就仿冒品牌商品进行沟通聊天，就已经形成了许诺销售的事实，依照美国法律就有可能承担相应责任。美国品牌商通过一些手段确定中国商户涉嫌侵权后，也就可以根据相应聊天记录向美国当地法院提起诉讼，美国品牌商通过一些手段确定中国商户涉嫌侵权后，也就可以根据相应聊天记录向美国当地法院提起诉讼，由此可见，美国对商标权的强势保护不仅体现在立法条文中，在司法实践中，提起诉讼的低立案门槛和诉讼便利性，也使得知识产权维权力度大大加强。

不可否认的是，虽已加入 WTO 十余年，但中国知识产权保护工作和西方国家仍有较大差距，而这正是中国商户进入世界市场必须面临的法律问题。中国商户在进入跨境电子商务活动中，应充分认识到中外知识产权保护法律的不同之处，有效规避法律风险。建议在政府职能部门指导下尽快成立应对跨境知识产权诉讼组织，实现跨境诉讼的信息共享、“抱团”应诉。商户在收到跨境商标权起诉书后，应该积极应诉，但由于诉讼成本的高昂以及参与诉讼知识的匮乏，导致商户不知、不愿、不敢参与诉讼，而建立积极维权的相应组织，及时共享应诉信息，“抱团”签约律师，可以有效降低诉讼成本。

国内商户顺利参与跨境电子商务的长远之策，还是应当努力提升自身知识产权保护意识。跨境电商业务均是通过互联网进行，而互联网具有无国界、跨地域性等特点。在开展跨境电子商务过程中，学习国外的相关法律并善于运用维护自身商业利益，是解决问题的关键所在。

(二)跨境电商商标权诉讼

因涉及商标侵权而被起诉的商家主要包括以下三类：确实出售品牌商仿冒商品、将自己的PayPal账户转借给他人，以及无故被诉的商户。无论属哪一类商户，收到跨国商标权起诉后，中国商家应立即开展以下事项：

1. 立即停止销售被控侵权的商品。如果有买家满意的替代品，应当立即停止在美销售被指控的侵权产品。这一举动并非承认侵权，而是尽可能降低有可能的赔偿数额。如果没有替代品，又没有任何不侵权的法律意见，谨慎的做法仍然是停止销售。

2. 聘请合适的律师处理案件。由于跨国商标权诉讼是在美国当地应诉，聘任的律师必须是具有美国执业资格的当地律师，在聘选律师方面一般应当遵循以下原则：律师在品牌商提起诉讼地最好有办公室；律师深谙知识产权诉讼业务并具备相应技术背景；律师了解中国语言文化或配备相应技能的法律助手；律师执业经历有以往代表中国公司在美诉讼的经验。美国律师事务所往往按小时收费，在案件初期很难提出一个准确的费用数字，因为所用时间的长短取决于案件的复杂程度、原告和被告诉讼的力度以及案件调解的早晚。但中国公司可以要求一个费用范围，并对于超过一定时间的工作采取预先批准制度。在聘任律师时，可以同时向多家美国知识产权律师事务所发出邀约，选定若干家事务所作为竞标对象，并指定日期要求答复。一般的事务所都会在短期内提出一个诉讼方案。

3. 尽力寻求诉讼期间的调解。美国知识产权诉讼在判决之前，原告和被告双方都可以寻求调解。从实际情况看，大多数案件在判决前都已经和解。对于中国商家而言，囿于诉讼成本的高昂，多数案件符合商业利益的策略仍然是尽快调解。繁琐冗长的知识产权诉讼程序不仅耗费双方当事人的金钱，还要花费很多的时间精力，不能集中精力进行正常的生产经营活动。因此，制定短、中、长期的调解策略会节省很多费用，尽可能迅速达成调解方案，保障PayPal账户内资金有效运转起来，这也是对自身商业利益最大限度的保护。

五、影响行业发展的有利因素和不利因素

(一)影响跨境电商发展的有利因素

“跨境”影响因素是区别于境内电子商务而言，两境之间完成一次交易活动的过程中涉及到许多因素，比如：跨境交易的意愿从何而来？跨境的贸易信息如何获取和传播？怎样完成跨境交易？如何进行跨境支付？怎样完成跨境位移？研究这六个因素能够为我国更好地抓住全球电商大发展的契机提供帮助：

1. 跨境社会文化因素

跨境电商活动有别于国内传统的电子商务活动，世界范围内趋于融合的社会文化会对跨境电商交易的意愿和营销效果等因素产生影响。首先，跨境电商中使用的语言文字不同。根

据行内人士的分析，Web 用户运用母语进行网上采购的金额是非母语的 3 倍；其次，交易国家中消费者的教育水平与消费观念影响着人们对跨境电商活动的接受度。目前，我国的 80、90 后年轻人因为追求时尚和个性，且对国外大品牌或设计新颖的商品充满兴趣而成为消费主力军，这是跨境电子商务进口活动交易意愿产生的有利因素。

2. 跨境营销因素

跨境电商活动在不同国家之间开展，买卖双方存在文化背景、地域、经济、政治等多方面的差异，如何实现顺畅的信息获取与传播从而促成交易是跨境交易双方共同面临的问题，因此，使用搜索引擎营销（SEM）、网络广告联盟（Affiliate Marketing）、社交网络营销（SNS）及电子邮件营销（EDM）等网络营销方式显得尤为重要。以 SNS 为例，它利用 Facebook、Twitter、人人、微博等社交网站与工具进行营销，有着降低营销成本、准确定位目标客户、互动性强等优势，在国外很流行且营销效果显著。

3. 跨境电商平台因素

跨境电商活动依赖于网络平台，包括展示产品信息与解决交易问题，我国跨境电商平台的建设直接影响跨境电商出口模式 B2B、B2C 的成交情况。商务部近年的数据显示，我国跨境电商平台的企业已经超过 5000 家。

4. 跨境支付因素

近年来，我国积极宽松的经济政策促进了跨境支付市场的发展，越来越多跨境电商意识到便捷、稳定及安全支付渠道的重要性。在实际支付过程中，由于网上银行和电子信用卡支付对买卖双方普遍存在风险，使得第三方支付平台受到更多青睐。另据近几年年的调研数据显示，我国跨境支付用户集中在 25 – 35 岁的较高学历人群，且境内跨境电商网站支付用户选择第三方支付平台的占比远高于信用卡在线支付。

5. 跨境物流因素

当消费者有了跨境交易的意愿，且获得了必要的信息，又经过顺利支付，就剩下唯一不能完全通过网络实现的商品跨境位移。目前，集装箱海运主要适用于跨境大额贸易，普通国际快递、跨境 B2C 企业集运、第三方物流仓储集运及海外仓储等方式更适合交易频率高、交易额度小的跨境电商活动。据近年海关统计结果显示，我国进出口快件、邮件总量中约 3.49 – 3.98 亿件是通过电子商务的方式实现；为此，中国邮政积极开展了跨境物流快递业务。

6. 跨境检验和关税因素

跨境电商需要经过海关检验、征收关税等环节，跨境 B2C、C2C 电商为了节约成本多采用快递、邮政小包等方式逃避关税和海关检验。自 2012 年 2 月起，海关总署在上海、重庆、杭州、宁波、郑州等地开展试点，近两年，在出口方面，通过“清单核放、汇总申报”的管理模式解决电商的出口退税和结汇问题，累计验放出口清单超过 25 万份，归并形成出口报关单 1393 票，价值约 2925 万元；进口方面，建立了网购保税进口模式和直购进口模式，累计验放进口包裹约 6 万票，货值 2048 万元。总体上，我国正在努力修改相关监管条例并尝试便利化模式以顺应跨境电商的发展，虽然试点措施主要集中在零售业，但跨境 B2B 也有较好的外贸流程相匹配。

（二）制约跨境电商发展的问题

虽然跨境电商取得了突破性发展，但是一些制约跨境电商发展的矛盾和问题正在逐步显现。跨境物流存在高运费、关税和安全性等难题，支付环节则涉及外汇兑换和资金风险，在出现纠纷时如何做到公平仲裁、保障买卖双方利益也是需要深入研究的课题。

1. 跨境电商的通关问题

在跨境电商快速发展的同时，一些矛盾和问题也逐步显现。一方面，社会和企业要求进一步提高通关效率，降低贸易成本，解决外贸电商结汇、退税难的问题；另一方面，跨境快件、邮件数量的快速增长，对海关的监管提出了新的挑战。

这一趋势也引起了政府有关部门的关注。国家发改委官员近日公开表示，跨境电商交易种类多、频次高、单次交易体量小，在通关、结汇、退税时容易遇到问题，须进行服务管理创新。

2. 跨境电商的支付问题

调查显示，多家商户的网上交易中，货到付款的方式成为主流，银行、邮局汇款方式次之，选择第三方支付企业进行网上支付的用户，大都是网上消费的忠实拥护者，或者是使用了有第三方信用机构参与的支付行为，2013 年 10 月份，支付宝、汇付天下等 17 家第三方支付公司获得跨境电商外汇支付业务试点资格，正式获得首批跨境支付全业务试点牌照。此举将有效推动外汇跨境支付一站式服务平台的发展，提升支付机构结售汇的能力与效率，加快中国电商企业的国际化进度。

在民间跨境结算需求持续高涨的背景下，在国内第三方支付企业盈利模式简单、同质化竞争严重的现状下，支付机构若能抓住客户需求，不断推出实用的跨境支付服务，将有利于分流国内竞争、进一步聚拢优质客户，为支付机构带来新的发展空间。虽然从短期看，第三方支付机构跨境支付的产品、服务和市场份额现在还不足以和商业银行相提并论，但由于第三方支付机构在互联网平台、交易流程、青年用户支付习惯等方面具有优势，不排除在某些业务领域形成差异化优势进而挤占商业银行市场份额的可能。面对第三方支付机构跨境支付业务悄然增温，商业银行应当坚持“以客户为中心”的原则，与时俱进，创新求变，体察、发掘客户需求的细微变化，向客户推出更便捷、更贴心的服务，不断开拓跨境金融领域新蓝海。

3. 跨境电商的信用问题

权威调研数据显示，国内约 1 亿在线消费者受到虚假网络信息侵害，诈骗金额高达 150 亿元。有能力网购而不进行网购的消费者中，80% 是出于信用及安全方面的担忧。相比国内电商交易，跨境电商的信用体系更加脆弱，更需要完善，需要跨地区、跨文化的信用体制来支持其复杂的交易环境。在实际操作中，由于各国法律不同且存在地区差异，缺乏统一的信用标示，各国的信用管理体系尚不能很好地应用到跨境电商领域。

在我国，由于市场培育尚未成熟，企业信誉相对较弱，因此在建设跨境电商信用体系过程中，许多方面都需要政府直接参与，如电子认证需要以政府的信誉作补充。政府还应该与企业共同建立信用评价激励机制，激励个人和企业参与网上信用评价。在法律框架之外建立依靠信任机制发挥作用的第三方在线机构，是跨境电商贸易信用建设不可或缺的一部分。当然，也需要通过建立完善的社会信用保障机制，形成“诚信为本、以德经商”的商务环境，才可以有效地保障跨境电商的交易可靠性和安全性，促进跨境电商的迅速发展。

4. 跨境电商的物流发展滞后问题

跨境电商物流业作为现代物流业领域中的新生事物，已经展现出蓬勃发展的生机，伴随着跨境电商交易市场的进一步成熟，跨境电商物流企业还将存在着巨大的上升空间。未来的跨境电商物流企业应该更加强调全球供应链集成商的角色，通过高效处理库存、仓储、订单处理、物流配送等相关环节，整合最佳资源，为小额跨境电商提供综合性的供应链解决方案。

政府应该加强物流基础设施建设，规划物流发展蓝图，制定促进、推动第三方物流发展的相关政策，加快对中心城市、交通枢纽、物资集散地、港口和口岸地区大型物流基础设施的建设和统筹规划，充分考虑物资集散通道、各种运输方式衔接能力以及物流功能设施的合理配套，兼顾近期运作和长远发展的需要、自身特点和周边环境设施的匹配并注重硬件建设与软件管理相结合。如今，跨境电商已经得到国家高度重视，自 2013 年 10 月 1 日起已在开展跨境电商通关服务试点的上海、重庆、杭州、宁波、郑州等 5 个城市实施，随后将在全国有条件的地区推开，基于发展跨境电商一体化、配套化的要求，也需要加大对第三方物流的科学扶持与规划管理。

六、跨境电商案例

中兴通讯:价值一千万的跨境电商教训

提到跨境电商的教训，其实一千万对中兴通讯来说确实太少了。为什么这么说呢？中兴通讯从 2000 年开始走向国际，在这十几年的发展过程中所付出的代价绝对不止是一千万。针对中兴通讯在海外所面临的商务、物流等供应链方面的教训和经验，希望可以为大家带来一些启发和帮助。

案例一:巴基斯坦。在产品分类方面，有的需要征收 20% 的关税，有的却是零关税，企业应灵活处理。海外关务方面是面临的最大风险，需谨慎处理。在商务模式方面，要考虑到汇率以及当地的实际情况，在签订合同的时候才能做到有的放矢，否则造成的成本是不可估量的。此外，还要考虑到汇率、收款等商务风险，很多合同都要签订软条款。

案例二:巴西。巴西这块最大的问题是关税，各种关税加下来超过 50%。在巴西这边，一般是按照散件方式进行出口;在巴西报关，如果你以散件的方式可以先延迟交关税，先把产品交付给客户以后，再缴纳关税，这个就可以降低关税的风险。

经验 :清关文件。海关关务需要把握文件、单证、报关价格和产品分类四个关键点。一是文件要齐全，文件和实物要相符，包括税的编码和申报品形，还要重点关注进口许可证;其次，单、证、物要相符;同时，报关价格非常重要，一方面价值要合理，另一方面还要考虑避税;再一个是产品的分类保证经济性。四个关键因素保障企业既合理合法又可以节省成本，同时要保证清关的时效性。

经验二:出口管制。最后一个是关于出口管制这块，大家在卖产品的时候需要关注，特别是卖电子产品。美国是把伊朗和朝鲜作为禁止的国家，包括一些电子类产品，我们要销往这些地方的话一定要考虑的这个处理的问题。而在亚太组织、东盟之间国家贸易之间的关税是为零，这个是很重要的。

经验三:重视知识产权。比如美国有家流氓公司收购了很多在通信、电子行业的专利，然后就到处去投诉，包括中兴、华为等公司都有“中枪”。流氓公司在不同的国家去投诉和举报，无休无止地投诉式骚扰，令跨境企业疲于应付。

【问题:】

1. 两个案例中使中兴通讯亏损的风险是什么，该如何规避？
2. 中兴通讯除了案例中遇到的风险，还可能遇到什么风险？

知识总结

在本章课程中，首先掌握了跨境电商所遇到的各种风险以及熟悉跨境电商风险的预防与控制。跨境电商自产生之日起，就遭遇各种各样的问题，但是有些问题在多方配合之下是可以克服和改善的。

其次了解了影响跨境电商行业发展的有利因素与不利因素。从中国海关近年来颁布的新规来看，对小额外贸持非常谨慎的态度，加强包裹监管力度；快递公司越来越重视电商并逐渐加大投入，如今物流问题逐步得到缓解；至于支付方式，在线支付不再一家独大。

最后总体而言，国务院、海关等不断有利好政策放出，配合企业带动跨境电商快速发展；支付、物流等一开始从跨境电商的不足中脱身，逐渐完善。

【知识检测】

一、名词解释

跨境风险　知识产权

二、简答题

1. 关于跨境进口电商有多少种风险需要规避？
2. 影响跨境电商发展的有利因素有哪些？

【拓展阅读】

PayPal 打假来袭：冻结账户 卖家喊冤

国际第三方支付公司 PayPal 在关于仿冒品的处罚规则向来严格，时常会让跨境卖家们苦不堪言。日前，大批跨境电商卖家 PayPal 账户突然遭到冻结，其理由是涉嫌侵权。不过，让有些卖家感到奇怪的是，其 PayPal 账户并没有进行过相关交易、不存在侵权、售假行为，甚至交易根本没有达成账户就被冻结了。更为蹊跷的是，所有卖家都收到了来自同一个自称是 Greer Burns & Crain（简称 GBC）美国某律师事务所的邮件通知。

卖家欧女士也反映了类似的情况。据其描述，有买家发来疑似仿牌的产品，问其有没有货，并称需要不少的量，还表示只接受 PayPal 付款。虽然欧女士的店铺并没有这个产品，但出于赚钱目的，欧女士想到可以现去采购，便同意接单，还提供了自己的 PayPal 账号。不过，尽管欧女士多次尝试均证明是有效的，买家的反馈是该 PayPal 账号无法使用，并执意不接受其他付款方式。为了迅速达成交易，欧女士向朋友借了一个账号，但买家仍然称无法使用。最终，欧女士没有等来账号提醒进款的信息，却发现自己向该买家提供的 PayPal 账号被冻结了。

卖家汪先生"冤情"尤甚，他声称自己并没有任何侵权售假行为，也没有进行过相关交易，只是把 PayPal 账号借给朋友收款，便遭到账户冻结的处理。而 PayPal 只是提示汪先生找律师解决，直至收到法院判决通知才会对账户解禁。汪先生指出，一般情况下，中小卖家根本承受不起美国律师的高额费用，所以很多人都会选择放弃，而 PayPal 账户中冻结的资金过段时间会被清零。即便卖家愿意花钱去诉讼，这也是一个相当复杂的过程，而且此次事件与以往不同。"以前，如果卖家有侵权行为，多数是品牌商直接向 PayPal 反映，或是 PayPal 自行查出结果进行处理。此次则是由同一家律师事务所自称得到品牌商授权来处理，但并未提供授权书，证据也只是一个简单的截图，还隐去了卖家被诱导的过程。再加上，所有卖家，不管涉嫌侵犯哪个品牌，都是收到同一个律所的通知，不排除‘买家’另有所图。”汪先生谈道。

据悉，目前，卷入这次事件的卖家不在少数，被冻结的 PayPal 账户少则几千美金，多则几十万美金。在大多数跨境卖家看来，此次事件疑点很多，但 PayPal 却没有站出来主持公道。卖家们指出，一方面，PayPal 收到律师函后，并未验证律师身份和法院传票，另一方面也没有调查卖家侵权违规是否属实，在交易没有达成的情况下，就直接将账户冻结。

对此，其官方称，PayPal 仅根据适用法律及 PayPal 服务法律协议采取行动。PayPal 冻结账户的情况有两种：一是基于风险的冻结，二是争议交易导致的冻结。“当 PayPal 收到法院给予的临时限制令后，必须根据法院要求对相应的账户予以冻结处理。PayPal 会将受理法院名称、案件编号、原告、涉嫌侵权的内容以及原告律师联系方式通知用户，建议用户及时与原告律师取得联系。一旦得到原告方通知不再对于某账户进行追诉，便会按照要求对相应账户进行解限。”而对于账户资金“清零”的说法，PayPal 方面解释称，当其收到法院判决书后，会根据要求执行扣除赔偿金，并根据法院要求汇入指定账户。理论上，客户账户在扣除赔偿金后仍然会有余额，但实际上，由于法院判决赔偿金额往往远大于客户的账户余额，因此才会出现账户归零的情况。

同时，PayPal 方面也表态，在打击利用 PayPal 安全支付平台进行违法活动方面，其将不遗余力、积极配合全球各地的执法机构进行调查和制裁。此外，PayPal 在“打假”问题上一直保持着相对严苛的风格。今年 10 月，其最新修改的《用户协议》规定，如果卖家由于 PayPal 自行合理判断销售假货而在“与描述显著不符”的补偿申请中败诉，卖家须无条件向买家提供全额退款和原始运费，并且不会收到退回的物品(物品可能会被处理或销毁掉)。

业内人士也指出，在跨境生意中，中国卖家往往因为卖假货、侵权而给海外买家留下不好的印象，这似乎成为了卖家们洗不掉的“罪名”。也正因为和“假货”脱不了干系，才被别有用心的“买家”抓住把柄、钻了空子。卷入这次 PayPal 账户冻结的卖家的确吃了亏，但这也给卖家敲了一个警钟：“一定要遵守各平台的运营规则，杜绝侵权售假行为。”

【附录】

一、跨境电商典型工作任务和技能要求

典型工作任务	工作流程	技能要求
B2C 趋势和主流平台	了解各主流 B2C 平台	了解跨境电商趋势、尤其是跨境电商的 B2C 发展现状和趋势； 了解 B2C 与 B2B(传统外贸)的区别和联系； 了解敦煌网、速卖通、eBay、Amazon 等主流 B2C 平台历史、特点和定位； 了解主流 B2C 自有平台(兰亭集势和大龙网)及其特点和定位。
开店申请	注册帐号、完成注册	了解各平台注册需要的资料和文件，重点熟悉速卖通和敦煌网的资料和文件； 熟悉各平台开店的注册流程和要求； 掌握并开通平台的卖家账号。
产品发布和审核	填写产品基本信息	了解产品分类的意义和分类在营销中的作用； 重点了解速卖通和敦煌网平台产品属性(标题、关键词、品牌、规格、自定义属性)涵义以及对于产品曝光的影响； 了解产品标题在网店产品营销中的意义和作用； 熟悉产品标题基本要素并掌握针对不同平台进行产品标题撰写(不是直接翻译)的基本技巧； 掌握根据不同平台要求撰写一个完整的产品标题(作用、要素、设置和优化、字符数)。
	填写产品销售信息	了解不同平台的产品定位和消费群定位； 了解产品价格构成要素，熟悉产品定价策略； 熟悉各种产品的计量单位或销售方式(按包或件卖)； 掌握根据产品重量进行价格区间零售和批发设置； 了解备货期和备货数量对于店铺的意义。
		参数； 了解店铺产品链接方式(内链、外链和互链并能够进行产品链接的操作)； 了解视频链接的作用、优秀产品视频的基本要素，并主要了解 YouTube； 了解公司介绍的基本要素。

续表

		熟悉产品标题基本要素并掌握针对不同平台进行产品标题撰写(不是直接翻译)的基本技巧; 掌握根据不同平台要求撰写一个完整的产品标题(作用、要素、设置和优化、字符数)。
	填写产品销售信息	了解不同平台的产品定位和消费群定位; 了解产品价格构成要素,熟悉产品定价策略; 熟悉各种产品的计量单位或销售方式(按包或件卖); 掌握根据产品重量进行价格区间零售和批发设置; 了解备货期和备货数量对于店铺的意义。
	填写产品详细描述	了解"好图片"的基本条件以及图片对于店铺营销的意义; 了解常用产品图片处理软件,熟悉 PS 工具,能够就具体图片进行基本处理; 了解各个平台产品图片要求(格式、大小和数量),并掌握图片下载、管理、上传和摆放的基本常识和技巧; 了解产品规格和参数在产品销售中的作用,能够针对不同产品确定相应规格和参数; 了解店铺产品链接方式(内链、外链和互链并能够进行产品链接的操作); 了解视频链接的作用、优秀产品视频的基本要素,并主要了解 YouTube; 了解公司介绍的基本要素。
产品发布和审核	产品包装和运费设置	了解国际快递在跨境电商(B2C)中的地位以及快递费用在定价中的作用; 重点了解速卖通、敦煌网后台运费模版的设置; 了解计重和计价的基础以及运费计算; 了解包装尺寸涵义,掌握包装尺寸的测量和设定方法。
	其他信息的填写	了解产品分组的意义和方法,能够根据店铺产品进行分组管理; 了解各平台产品发布的有效期; 熟悉产品有效期的上架和下架方式。
	产品发布和审核	各平台产品发布规则及技巧; 产品发布和提交; 审核结果; 未通过产品的修改和提交。

续表

交易和客服	站内信件处理 订单处理 物流跟踪	站内信(询盘、纠纷和跟进)和询盘回复技巧; 订单(特殊订单)处理流程; 掌握发货流程、根据物流状态与买家有效沟通; 了解售后服务的意义，重点熟悉速卖通、敦煌网平台售后服务的基本条款。
即时沟通的作用和应用	即时沟通工具和应用	了解现有主流即时沟通工具; 熟悉各平台相应的即时沟通工具; 了解即时沟通工具的作用，能够有效利用即时沟通工具提升与客户的沟通。
纠纷和侵权处理与信用管理	纠纷和侵权	了解侵权的常见方式; 了解常见的纠纷类型，重点了解交易纠纷; 熟悉各平台侵权和纠纷处理程序; 掌握各平台纠纷预防、申诉程序和方法。
	侵权行为和惩罚	了解侵权行为的伤害; 熟悉各平台对于侵权行为的惩罚方式(警告、减积分或者信用、暂时或永久封店)。
信用和评价	信用和评价管理	了解各平台信用档案和积分规则; 了解各平台评价和评价管理。
推广营销	平台活动和店铺活动 店铺优化、排名优化 店铺后台数据分析 选品策略选择 目标市场选择	各平台关键词优化; 了解各后台数据分析工具，能够读懂数据，掌握优化方法; 了解各平台活动和店铺营销活动手段; 利用后台数据进行产品详情优化及目标市场选择。
发货、 国际物流	发货流程 包装要求	了解发货流程; 了解各类物流的发货要求; 了解产品运输包装的作用; 熟悉填写运单、快递查件、挂号件处理、特殊件处理。
发货、国际物流	国际物流和国际快递	了解国际物流和国际快递在 B2C 中的地位和作用; 了解四大国际快递、中国邮政 EMS 的特点和各自地区优势; 了解大包和小包的分类以及各种国际小包; 了解国际快递包裹的实重和体积重两种计算方式、熟悉四大快递、EMS 和国际小包的计重公式; 熟悉国际快递分区和分区原则; 能够根据不同的商品特性、重量、目的国选择物流方式，实现安全、快捷和低成本的包裹递送。

续表

跨境支付	支付方式和工具结算方式、账务处理	了解各平台的支付方式，重点了解国际支付宝、Paypal 等主流支付方式的支付和信用保障； 了解各平台账户设置，支付额度；收款账户的类型； 熟悉放款流程； 掌握提现与手续费。
风险防范	各平台卖家风险应对措施	怎样防止物流丢货、如何防止买家利用信用卡诈骗、如何保证卖家得到货款。

二、全球知名跨境电商平台目录（略）

三、全球国家名称、货币和简写对照表

（一）亚洲：

国别	货币名称	标准符号	国家英文名称	名称缩写
中国香港	港元	HKD	Hong Kong	HK
中国澳门	澳门元	MOP	Macau	MO
中国	人民币元	CNY	China	CN
蒙古	图格里克	TUG	Mongolia	MN
朝鲜	圆	KPW	North Korea	KP
韩国	韩元	KER	South Korea	KR
越南	越南盾	VND	Vietnam	VN
日本	日圆	JPY	Japan	JP
老挝	基普	LAK	Laos	LA
柬埔寨	瑞尔	KHR	Cambodia	KH
文莱	文莱元	BND	Brunei	BN
菲律宾	菲律宾比索	PHP	Philippines	PH
马来西亚	马元	MYR	Malaysia	MY
新加坡	新加坡元	SGD	Singapore	SG
泰国	泰铢	THB	Thailand	TL
缅甸	缅元	BUK	Burma	BM

续表

不丹	努尔特鲁姆	BTN	Bhutan	BT
孟加拉	塔卡	BDT	Bangladesh	BD
斯里兰卡	斯里兰卡卢比	LKR	Sri Lanka	IK
马尔代夫	马尔代夫卢比	MVR	Maldives	MV
印度尼西亚	盾	IDR	Indonesia	ID
巴基斯坦	巴基斯坦卢比	PRK	Pakistan	PK
哈萨克斯坦	腾格	KZT	Kazakhstan	KZ
吉尔吉斯斯坦	索姆	KGS	Kyrgyzstan	KG
乌兹别克斯坦	苏姆	UZS	Uzbekistan	UZ
印度	印度卢比	INR	India	IN
尼泊尔	尼泊尔卢比	NPR	Nepal	NP
阿富汗	阿富汗尼	AFA	Afghanistan	AF
伊朗	伊朗里亚尔	IRR	Iran	IR
伊拉克	伊拉克第纳尔	IQD	Iraq	IQ
以色列	镑	ILS	Israel	IL
叙利亚	叙利亚镑	SYP	Syria	SY
黎巴嫩	黎巴嫩镑	LBP	Lebanon	JO
约旦	约旦第纳尔	JOD	Jordan	IB
沙特阿拉伯	亚尔	SAR	Saudi Arabia	SA
阿拉伯联合酋长国	迪拉姆	AED	The United Arab Emirate	AE
科威特	科威特第纳尔	KWD	Kuwait	KW
巴林	巴林第纳尔	BHD	Bahrain	BH
卡塔尔	卡塔尔里亚尔	QAR	Qatar	QA
阿曼	阿曼里亚尔	OMR	Oman	OM
也门	也门里亚尔	YER	Yemen	YE
土耳其	土耳其镑	TRL	Turkey	TR
塞浦路斯	塞浦路斯镑	CYP	Cyprus	CY

(二)欧洲：

国别	货币名称	标准符号	英文名称	名称缩写
欧盟	欧元	EUR	European Union	EU
冰岛	冰岛克朗	ISK	Iceland	IS
丹麦	丹麦克朗	DKK	Denmark	DK
挪威	挪威克朗	NOK	Norway	NO
瑞典	瑞典克朗	SEK	Sweden	SE
芬兰	芬兰马克	FIM	Finland	FI
俄罗斯	俄罗斯卢布	SUR	Russia	RU
白俄罗斯	白俄罗斯卢布	BYR	Belarus	BY
波兰	兹罗提	PLZ	Poland	PL
捷克	捷克克朗	CSK	Czech	CZ
匈牙利	福林	HUF	Hungary	HU
德国	马克	DEM	Germany	DE
奥地利	奥地利先令	ATS	Austria	AT
瑞士	瑞士法郎	CHF	Switzerland	CH
荷兰	荷兰盾	NLG	Netherlands	NL
比利时	比利时法郎	BEF	Belgium	BE
卢森堡	卢森堡法郎	LUF	Luxembourg	LU
英国	英镑	GBP	United Kingdom	UK
爱尔兰	爱尔兰镑	IEP	Ireland	IE
法国	法郎	FRF	France	FR
西班牙	比塞塔	ESP	Spain	ES
葡萄牙	埃斯库多	PTE	Portugal	PT
意大利	里拉	ITL	Italy	IT
马耳他	马耳他镑	MTP	Malta	MT
南斯拉夫	南斯拉夫新第纳尔	YUD	Yugoslavia	YU
罗马尼亚	列伊	ROL	Romania	RO
保加利亚	列弗	BGL	Bulgarian	BG

续表

阿尔巴尼亚	列克	ALL	Albania	AL
希腊	德拉马克	GRD	Greece	GR
梵蒂冈	欧元	EUR	Vatican	VA
立陶宛	立特	LTL	Lithuania	LT
乌克兰	格里夫纳	UAH	Ukraine	UA

(三)美洲:

国别	货币名称	标准符号	国家英文名称	名称缩写
加拿大	加元	CAD	Canada	CA
美国	美元	USD	United States	US
墨西哥	墨西哥比索	MXP	Mexico	MX
危地马拉	格查尔	CTQ	Guatemala	GT
萨尔瓦多	萨尔瓦多科朗	SVC	El Salvador	EV
洪都拉斯	伦皮拉	HNL	Honduras	HN
尼加拉瓜	科多巴	NIC	Nicaragua	NI
哥斯达黎加	哥斯达黎加科朗	CRC	Costa Rica	CR
巴拿马	巴拿马巴波亚	PAB	Panama	PA
古巴	古巴比索	CuP	Cuba	CU
巴哈马联邦	巴哈马元	BSD	Bahamas	BS
牙买加	牙买加元	JMD	Jamaica	JM
海地	古德	HTG	Haiti	HT
多米尼加	多米尼加比索	DOP	Dominica	DO
特立尼达和多巴哥	特立尼达多巴哥元	TTD	Trinidad and Tobago	TT
巴巴多斯	巴巴多斯元	BBD	Barbados	BB
哥伦比亚	哥伦比亚比索	COP	Colombia	CO
委内瑞拉	博利瓦	VEB	Venezuela	VE
圭亚那	圭亚那元	GYD	Guyana	GY
苏里南	苏里南盾	SRG	Surinam	SR
秘鲁	新索尔	PES	Peru	PE

续表

厄瓜多尔	苏克雷	ECS	Ecuador	EC
巴西	新克鲁赛罗	BRC	Brazil	BR
玻利维亚	玻利维亚比索	BOP	Bolivia	BO
智利	智利比索	CLP	Chile	CL
阿根廷	阿根廷比索	ARP	Argentina	AR
巴拉圭	巴拉圭瓜拉尼	PYG	Uruguay	UY
乌拉圭	乌拉圭新比索	UYP	Paraguay	PY
格陵兰	丹麦克朗	DKK	Greenland	GL

（四）非洲：

国别	货币名称	标准符号	国家英文名称	名称缩写
埃及	埃及镑	EGP	Egypt	EG
利比亚	利比亚第纳尔	LYG	Libya	LY
苏丹	苏丹镑	SDP	Sudan	SD
突尼斯	突尼斯第纳尔	TND	Tunisia	TN
阿尔及利亚	阿尔及利亚第纳尔	DZD	Algeria	AL
摩洛哥	摩洛哥迪拉姆	MAD	Morocco	MA
毛里塔尼亚	乌吉亚	MRO	Mauritania	MR
塞内加尔	非共体法郎	XOF	Senegal	SN
科特迪瓦			COTE O'IVOIRE	KT
多哥			Togo	TG
贝宁			Benin	BJ
尼泊尔			Niger	NE
冈比亚	法拉西	GMD	Gambia	GM
几内亚比绍	几内亚比索	GWP	Guinea - Bissau	GW
几内亚	几内亚西里	GNS	Guinea	GN
塞拉里昂	利昂	SLL	Sierra Leone	SL
利比里亚	利比里亚元	LRD	Liberia	IR
加纳	塞地	GHC	Ghana	GH
尼日利亚	奈拉	NGN	NIGERIA	NG

续表

喀麦隆	中非金融合作法郎	XAF	Cameroon	CM
乍得			Chad	TD
刚果			Congo	CG
加蓬			Gabon	GA
中非			Central Africa	CF
赤道几内亚	赤道几内亚埃奎勒	GQE	Equatorial Guinea	GQ
南非	兰特	ZAR	South Africa	ZA
吉布提	吉布提法郎	DJF	Djibouti	DJ
索马里	索马里先令	SOS	Somalia	SO
肯尼亚	肯尼亚先令	KES	Kenya	KE
乌干达	乌干达先令	UGS	Uganda	UG
坦桑尼亚	坦桑尼亚先令	TZS	Tanzania	TZ
卢旺达	卢旺达法郎	RWF	Rwanda	RW
布隆迪	布隆迪法郎	BIF	Burundi	BI
扎伊尔	扎伊尔	ZRZ	ZAIRE	ZR
赞比亚	赞比亚克瓦查	ZMK	Zambia	ZM
马达加斯加	马达加斯加法郎	MCF	Madagascar	MG
塞舌尔	塞舌尔卢比	SCR	Seychelles	SC
毛里求斯	毛里求斯卢比	MUR	Mauritius	MU
津巴布韦	津巴布韦元	ZWD	Zimbabwe	ZW
科摩罗	科摩罗法郎	KMF	Comoros	KM
安哥拉	安哥拉宽扎	AOA	Angola	AL

（五）大洋洲：

国别	货币名称	标准符号	国家英文名称	名称缩写
澳大利亚	澳大利亚元	AUD	Australia	AU
新西兰	新西兰元	NZD	New Zealand	NZ
斐济	斐济元	FJD	Fiji Islands	FJ
所罗门群岛	所罗门元	SBD	Solomon Islands	SB
瓦努阿图	瓦努阿图瓦图	VUV	Vanuatu	VU
基里巴斯	基里巴斯元	KIR	Kiribati	KI

【参考文献】

1. 黎孝先. 网上外贸实务. 北京:对外经济贸易大学出版社, 2013.
2. 徐文峰. 进出口贸易实操手册. 广州:广东经济出版社, 2013.
3. 丁红朝, 等. 网上外贸实务. 湖南:湖南师范大学出版社, 2014.
4. 顾永才, 等. 国际物流与货运代理. 北京:首都经济贸易大学出版社, 2010.
5. 百度:http://www. baidu. com
6. 阿里巴巴:http://www. alibaba. com
7. 支付宝:http://www. alipay. com
8. 谷歌:http://www. google. com. hk
9. 速卖通:http://www. aliexpress. com
10. 敦煌网:http://www. dhgate. com
11. eBay:http://www. ebay. com
12. Amazon:http://www. amazon. com
13. Wish:http:// www. merchant. wish. com/mobile

【参考文献】